Pas né pour ça

Jean-Claude Camus

Pas né pour ça

Ma vie avec les stars
Johnny, Michel et les autres…

PLON
www.plon.fr

Ouvrage publié
sous la direction de Florence Sultan

Photographies des hors-texte : © Jean-Claude Camus

12, avenue d'Italie
75013 Paris
Tél. : 01 44 16 09 00
Fax : 01 44 16 09 01
www.plon.fr

Dépôt légal : octobre 2017

Mise en pages : Facompo (Lisieux)

ISBN : 978-2-259-25981-1

À ma fille Isabelle
À mon petit-fils Joalukas

Prologue

Paris, Champ-de-Mars, 14 juillet 2009

Une foule immense est venue assister au concert que Johnny Hallyday offre aux Parisiens en ce jour de fête nationale. Le premier, au même endroit et avec la même star, remonte à juin 2000. Il avait rassemblé six cent mille spectateurs, et sa diffusion en direct sur TF1 avait été suivie par plus de dix millions de personnes ; le plus gros succès jamais enregistré pour un spectacle en *live* diffusé en simultané.

Cette seconde édition sera encore plus triomphale que la première. Nous avons tout mis en œuvre pour qu'il en soit ainsi. Depuis des semaines mon équipe et moi étudions les moindres détails du futur spectacle, plusieurs centaines de techniciens ont été mobilisées et un service d'ordre impressionnant mis en place, sans compter les services de la Mairie de Paris et de la préfecture de police. Dès le début de l'après-midi, le public s'est rassemblé dans la bonne humeur et l'enthousiasme sans qu'on ait eu à déplorer le moindre accrochage. Le don supplémentaire du ciel, c'est le temps extraordinaire qui règne sur Paris.

18 heures. On vient de faire rentrer les VIP dans la zone réservée, il ne reste que quelques minutes avant que le spectacle commence. J'ai beau avoir l'habitude, chaque fois c'est la même appréhension qui monte en moi. Un pépin de dernière minute est toujours possible, même si, par bonheur mais aussi parce que nous sommes tous attentifs au moindre détail, j'en ai peu connu dans ma carrière. Debout à côté de la scène, bardé de mes talkies-walkies qui me maintiennent en liaison permanente avec les différents services techniques et de sécurité, je prie une ultime fois les dieux du spectacle pour que la fête se déroule bien et que le succès soit au rendez-vous.

⋆

La scène est placée derrière la tour Eiffel, face à un Champ-de-Mars noir de monde jusqu'à l'École militaire. L'énormité de cette foule qui se perd dans le lointain est impressionnante. Un de mes assistants a avancé tout à l'heure le chiffre à peine croyable d'un million de spectateurs. Les lumières s'allument. Éric Jean-Jean, de RTL, souhaite la bienvenue au public avant l'arrivée de Johnny. Et soudain je l'entends lancer au public :

— Maintenant, je demande à Jean-Claude Camus de venir nous rejoindre sur scène !

Un tonnerre d'applaudissements retentit. Ma surprise est complète. Jamais je ne monte sur une scène, sauf parfois à la fin d'un cycle de concerts ou lors d'une dernière, en tournée. Je ne comprends donc rien à ce qui se passe et dont personne ne m'a prévenu. Mes jambes ne répondent plus. Je ne sais pas si quelqu'un me pousse ou si je trouve la force d'y aller tandis que la foule scande mon nom, « Jean-Claude… Jean-Claude… ». Je me retrouve face à une marée humaine, perdu et incapable de prononcer le moindre mot.

Éric m'accueille avec un large sourire. Il ménage ses effets pendant quelques secondes qui me paraissent une éternité avant de poursuivre en s'adressant au public :

— Aujourd'hui, 14 juillet 2009, je voulais qu'on souhaite tous ensemble un bon anniversaire à Jean-Claude Camus. Il fête en effet ses cinquante ans de carrière puisque son premier spectacle a eu lieu à Conches, en Normandie, le 14 juillet 1959. Alors, si vous le voulez bien, nous allons tous chanter : « Bon anniversaire, Jean-Claude… »

Et des centaines de milliers de personnes entonnent ensemble le chant rituel. L'émotion, imprévue, m'envahit, et je pleure toutes les larmes possibles. Aujourd'hui, quand j'y pense, j'en ai encore des frissons… Je remercie le public auquel je lance des baisers, je prononce quelques mots dont j'ai tout oublié mais que de nouveaux applaudissements et des hourras nourris ponctuent. Je quitte la scène, complètement chamboulé, et croise Johnny.

— Bon anniversaire, mon Jean-Claude, me glisse-t-il avec un clin d'œil affectueux.

J'arrive en bas des marches lorsque mon bras droit et ami Dinh Thien Ngo m'annonce de son habituel air grave :

— Il faut que je te parle.

Je me demande ce qui m'attend encore ; une mauvaise nouvelle après une bonne ? Il m'emmène sans un mot jusqu'à la tente VIP, où tous les promoteurs locaux de France, Suisse et Belgique sont réunis. Les promoteurs locaux sont les organisateurs des spectacles qui accueillent en province les tournées. Dinh Thien les a invités sans que je me doute de rien. Et on remet ça : « Bon anniversaire, Jean-Claude… » L'un d'entre eux me tend alors une affiche encadrée que je mets un certain temps à reconnaître. C'est celle du premier spectacle que j'ai organisé le 14 juillet 1959 à Conches, pas loin de ma ville natale de Beaumont-le-Roger. *Un spectacle de Pierre-Jean Beaumont,* précisait l'affiche, car j'avais gardé ce surnom un certain temps après mon service militaire. L'émotion monte encore d'un cran. Les promoteurs me renouvellent leurs vœux de bon anniversaire et m'offrent un juke-box d'époque, rénové, magnifique, doré, massif, que j'ai placé dans le salon de mon appartement à Neuilly. Leur hommage me touche autant que celui du public. Comme producteur, j'ai toujours soigné les promoteurs locaux et les ai aidés de mon mieux, y compris à bien gagner leur vie, et je les défendais lorsque j'étais président du syndicat. Alors que, aujourd'hui, c'est à quelle maison de production les étranglera en réduisant leurs pourcentages sur leur travail effectué. Le fait qu'à leurs yeux je reste une référence me va droit au cœur.

Nous passons ensemble un moment joyeux et agréable. Puis je file voir le spectacle grandiose de Johnny. J'ai du mal à réaliser les moments que je viens de vivre. Tout défile en accéléré dans ma tête. En un demi-siècle, je suis passé de Conches au Champ-de-Mars, d'un petit bal provincial à l'un des plus gros concerts jamais réalisés en France, de cent personnes à un million.

Je n'étais sans doute pas né pour ça, mais j'y suis quand même arrivé.

1

Une jeunesse normande

Je suis né le 28 octobre 1938 à Bernay, dans l'Eure, à quelques kilomètres de Beaumont-le-Roger où vivait ma famille. Mes parents appartenaient à un milieu modeste. Mon père exerçait la profession de jardinier dans une usine et ma mère gardait des enfants à domicile. Je suis le premier-né de la famille, quatorze ans avant ma sœur Annette. D'où, pendant des années, un sentiment de frustration chez notre mère qui vouait un profond amour aux enfants et ne voulait pas se limiter à un seul. Elle en mettra finalement trois au monde, un garçon et deux filles.

Mon enfance n'a pas baigné dans le bonheur. J'ai d'abord été privé de mon père pendant six ans, entre le début de la guerre et son retour d'Allemagne où il avait été retenu prisonnier. Ensuite j'ai mal supporté sa présence dans la mesure où pendant des années, à chaque bêtise que je faisais, j'ai subi les avertissements de ma mère : « Tu verras, ça va changer quand ton père reviendra ! » D'où mon rejet quasiment instinctif de cet inconnu lorsqu'il réintégra la maison.

Pendant toute ma préadolescence et mon adolescence, nous sommes restés des étrangers l'un pour l'autre ; moi menant ma vie à ma guise, comme pendant les années d'absence paternelle, lui tentant de renouer avec maladresse le fil d'une éducation qu'il sentait lui échapper.

Résultat : je commettais beaucoup de bêtises qui m'attiraient les foudres paternelles. Par exemple, si on me demandait d'aller chercher du cidre, je faisais le tour de la maison et j'ouvrais la cage des lapins, pour me venger. C'est simple, puisque j'étais catalogué comme sale gosse, je me comportais en sale gosse. Les enchères montaient des deux côtés, d'autant plus que mon père était un homme dur, aussi exigeant envers lui-même qu'envers les autres. J'ai donc de qui tenir, même si à cette époque j'étais loin de saisir cette proximité entre nous.

Je devais avoir dans les douze ou treize ans lorsque mes parents recueillirent à la maison un couple qui avait fait faillite après avoir pris un magasin en gérance. À partir de là a commencé pour moi un véritable drame. Chaque jour ou presque, de l'argent manquait dans le portefeuille de ma mère, et les soupçons, puis les accusations, se portèrent sur moi. Mon père me tenait des propos d'une extrême dureté, n'hésitant pas à lever la main sur moi pour me faire avouer des vols que je n'avais pas commis. L'ambiance familiale devint terriblement pesante. Quant à moi, incapable de m'expliquer et en butte aux soupçons perpétuels de mes parents, je plongeai dans un désespoir si profond que je ne trouvai plus aucun goût à la vie.

Un jour, j'avale un tube de cachets pour en finir. Ma mère découvre mon état. Je subis un lavage d'estomac, et me voilà hors de danger. Mais cela ne change pas grand-chose à la situation tendue qui règne entre mon père et moi ; pas d'explication, pas de dialogue, la situation est bloquée. Il faut dire que, dans ces années-là, au sein des familles et dans un milieu provincial, l'époque n'était pas aux explications. Les enfants subissaient en silence la loi paternelle que personne ne songeait à discuter. C'était comme ça, un point c'est tout.

Il fallut du temps pour que les événements tournent enfin en ma faveur. Alors que mon père ne comprenait toujours pas et continuait à me réprimander à la moindre occasion, on découvrit la cleptomane : c'était la femme que mes parents avaient recueillie. Elle exerçait la profession d'infirmière et faisait des piqûres à domicile. C'est lors d'une visite chez une patiente qu'elle fut prise en flagrant délit de vol.

Je n'ai vraiment saisi la personnalité de mon père qu'à l'âge de vingt ans, alors que je ne vivais plus sous son toit. C'est à partir de cet âge que nous avons commencé à nous rapprocher et à nous comprendre. J'ai alors appris à l'apprécier et à l'aimer, et ce fut réciproque. Ce caractère entier, c'était le mien. Sa droiture, son sens moral, son respect du travail bien fait, il me les avait légués. Lorsque j'ai commencé à m'occuper de spectacles, il a suivi mes premiers pas avec scepticisme, puis intérêt. Et lorsque la réussite a été au rendez-vous, il s'est montré fier de son fils et attentif à ses réalisations. C'est ainsi qu'il a tenu à venir jusqu'à un âge avancé, quatre-vingt-dix ans, aux grands spectacles parisiens. J'aimais alors voir ses yeux briller, et je sais qu'il était heureux.

Il était adoré de tous, techniciens autant qu'artistes. Pour ses quatre-vingts ans, j'ai organisé une belle fête, en plein Bercy de Johnny Hallyday, à la fin du spectacle, dans la grande salle de réception. Tout l'orchestre est arrivé en jouant *Happy Birthday*. Plus tard, à l'occasion de ses quatre-vingt-dix ans, nous nous sommes retrouvés à la salle des fêtes de Beaumont-le-Roger pour une superbe réception suivie d'un feu d'artifice inoubliable tiré à côté de la salle. Nous avions été longs à nous trouver, mais après, ce fut entre nous une entente formidable.

Quant à maman, elle participa elle aussi à plusieurs de mes aventures. Je la revois lors d'une tournée sous chapiteau, faisant la cuisine pour nous tous, mais surtout pour Michel Sardou. Lequel raffolait tellement de ses plats que je l'ai vu un soir sortir de scène et foncer pendant le rappel dans la caravane pour soulever le couvercle de la marmite. Il était impatient de voir ce que maman avait concocté pour l'après-spectacle ! À la fin de la tournée, il a tenu à lui offrir un joli pendentif pour la remercier d'une cuisine qui faisait son bonheur. C'était lors d'une de ces nombreuses tournées dont je garde la nostalgie. L'ambiance y était familiale et joyeuse, comme chez les artistes de cirque qui se produisent sous chapiteau et partagent tout. L'ambiance était très forte, on vivait ensemble pendant des semaines, tels des baladins, dans une atmosphère folklorique, et malgré un travail souvent harassant le quotidien revêtait un caractère facile et joyeux. Aujourd'hui, la France est équipée de belles salles capables d'accueillir un large public. Les chapiteaux ne servent plus guère qu'aux meetings des hommes politiques, et encore. C'est là une autre forme de spectacle, qui fait sans doute moins rêver les gens…

⋆

Avant ces futures retrouvailles avec mon père, il me fallut encore vivre des moments difficiles. J'avais une sainte horreur des études et n'ai obtenu comme diplôme que mon certificat d'études primaires. Il était clair que je n'avais aucune envie de pousser plus loin. Ce qui ne dissuada pas mes parents de me voir décrocher un diplôme plus prestigieux. Sans doute dans l'espoir d'un miracle, ils me collèrent en pension dans une institution religieuse, Saint-Anselme, à Bernay, pour y suivre les cours de sixième. Le plus étrange est que le miracle arriva. Malgré le caractère insupportable de l'internat, j'obtins de si bonnes notes que mes professeurs décidèrent de me faire sauter une classe.

Le résultat fut catastrophique. Arrivé en quatrième je décroche, je suis perdu, je m'effondre dans toutes les matières, sauf en français. Je perds le peu de moyens que j'avais acquis, j'en veux à la terre entière, et d'abord à cet internat que je ne supporte plus. Un jour, notre professeur de français nous dit : « Vous allez faire une rédaction sur la pension et l'école. » Je me suis lâché pour dire ce que je pensais de la pension, évoquant « les lourdes portes de fer qui se referment sur moi » et d'autres gracieusetés dont on devine qu'elles plurent beaucoup à l'établissement. Ma copie créa un tel remue-ménage que le directeur réunit l'ensemble des classes pour une lecture publique. Ai-je alors connu mon premier succès devant une salle enthousiaste ? Pas vraiment. J'ai aussitôt été fichu à la porte du collège.

Pour me punir, mon père me plaça jusqu'à la fin de l'année et pour le temps des vacances dans une ferme à Beaumont-le-Roger, chez les Janvrot, comme garçon de ferme. Mais il n'avait pas prévu que la punition se transformerait en sentiment de liberté. J'ai été parfaitement heureux dans la famille Janvrot. Lever à 6 heures, déjeuner d'un bout de lard avec tout le monde, départ aux champs sous le soleil, j'ai vécu là un bel été en pleine nature, tout à la joie de conduire le tracteur. Quand il est venu me rechercher, mon père n'a pas compris que je voulais rester tellement j'étais heureux dans cette vie. Je n'en demandais pas plus.

À la rentrée qui suit, nouvel essai scolaire. J'ai quinze ans et mes parents me mettent dans un établissement d'Évreux, le collège Isambard. Mais pas question d'internat. Je m'y rendais tous les jours en train depuis Beaumont. Là-bas je ne faisais rien, je ne travaillais pas du tout et ne m'intéressais à rien. Je séchais, je traînais, je dormais en cours. Cette période reste un affreux souvenir. D'ailleurs, je ne finis pas l'année, l'établissement me fiche dehors, considérant qu'il n'y a rien à tirer d'un garçon aussi rétif aux études.

Il ne me reste plus qu'à travailler. Oui, mais où et à quoi ? Je n'ai aucun métier, on est en plein hiver, les fermes n'ont besoin de personne. Mon père, qui vient de perdre son travail, trouve une nouvelle activité : il s'agit de déboiser toute une colline. Il m'emploie donc, ce qui lui permet de garder un œil sur moi, car entre nous la confiance ne règne pas. Me voilà donc bûcheron, autre expérience épouvantable pour moi qui ne suis pas manuel pour deux sous. L'expérience tourne court. J'atterris alors dans un laboratoire médical où je me rends à mobylette, seul agrément de la chose. L'expérience ne dure pas longtemps non plus. « Tu n'es qu'un bon à rien », maugrée mon père qui ne sait plus à quel saint se vouer avec un fils aussi maladroit, rêveur, incassable nulle part, au présent problématique et à l'avenir incertain.

★

C'est alors que, dans mon existence morne et sans but, se produit un événement décisif. Sur la place en face de chez nous s'installe le théâtre Montanari, célèbre à l'époque. Il s'agit d'une salle démontable qui peut accueillir dans les deux ou trois cents spectateurs et où la troupe joue chaque soir des spectacles en alternance, mélodrame, vaudeville, opérette militaire, comédie... La plupart des artistes vivent en caravanes, sauf certains qui logent chez l'habitant. Et comme mes parents disposent d'une chambre, ils hébergent un vieux comédien. Je parle avec lui, assiste aux spectacles, commence à fréquenter la troupe, m'intéresse au travail des artistes. Bientôt on me donne des figurations, puis des petits rôles où j'ai trois phrases à dire. Je suis heureux. J'ai découvert un monde qui me plaît et un métier que j'ai envie de faire. J'ai enfin un but : le spectacle. Sa passion est entrée dans ma vie. Elle n'en sortira plus.

Au bout de quelques semaines, le théâtre Montanari quitte la ville. Il faut dire que la troupe a été un peu poussée au départ par le maire de Beaumont, car les commerçants se plaignaient de perdre de l'argent, les habitants préférant aller au théâtre et consommer à crédit chez eux ! Je ne suis donc pas le seul à être fasciné par ce monde, puisque les grandes personnes que je côtoie chaque jour aiment mieux la magie au réel. La preuve : ils rognent sur le bifteck pour passer leur soirée en compagnie de comédiens. Mon chagrin est de courte durée. Les Montanari s'étant installés à Brionne, à quatorze kilomètres de Beaumont, je fais le mur le soir, en douce, et je pars en Mobylette les retrouver.

Et puis, un jour, ils quittent définitivement le coin. Je suis triste, seul, les soirées sont de nouveau mornes, ma famille me fatigue, je ne sais pas quoi faire de ma vie. Il faut pourtant que je travaille afin de gagner de quoi manger. Impensable que je reste chez moi à ne rien faire alors que j'ai abandonné les études.

Je me rends donc au bord de la mer pour y trouver une place, car je ne vois pas d'autre possibilité que de faire une saison dans un restaurant. On m'engage à La Bonne Auberge, à Villers-sur-Mer. L'endroit est assez réputé. En outre, le hasard veut que le théâtre Montanari se soit installé à une dizaine de kilomètres de là. De nouveau le monde du spectacle me rattrape. Le soir, lorsque je veux partir les retrouver et que le patron ne me surveille pas, je me poste en haut des marches d'entrée et, dès qu'un client se présente, je lui annonce d'un air navré qu'il est trop tard et que le service est fini. Je peux ainsi rejoindre les Montanari et retrouver le seul monde qui m'attire et me plaît : celui du théâtre.

J'ai donc quitté Beaumont-le-Roger très jeune, mais y suis resté attaché par l'affection. Mon métier de producteur m'y a même rattrapé. Bien des années plus tard, informé par un ancien ami qui avait travaillé avec moi, Daniel Richard, le maire, Serge Desson, a su que quelqu'un de Beaumont avait acquis une certaine notoriété à Paris. Il décida donc de donner une réception en mon honneur, de me remettre les clés de la ville et de baptiser l'école de musique de mon nom. Cette nouvelle m'honora beaucoup, mais donna lieu, sur le moment, à une expérience délicate. J'arrivai à Beaumont vers 18 heures pour découvrir la grande place noire de monde. Deux ou trois cents personnes étaient venues m'accueillir. De nombreux messieurs m'abordaient avec un grand sourire : « Jean-Claude, comment vas-tu ? Tu te rappelles, à l'école ? » Je ne remettais bien sûr personne, alors que tous connaissaient mon visage pour m'avoir vu à la télé. Je m'en sortis avec des sourires et en posant quelques questions anodines afin de donner le change et parvenir à reconnaître mes interlocuteurs.

La réception du maire et la soirée furent conviviales et chaleureuses. Depuis, mon nom reste attaché à cette école. Je m'y rends une fois par an afin de remettre les diplômes aux élèves. Le niveau est très bon. J'aide par ailleurs à son fonctionnement par un soutien financier annuel.

*

La saison s'achève à Villers-sur-Mer tandis que les Montanari, une fois encore, s'en vont au loin. À cette époque, je vis au jour le jour, sans idée précise de l'avenir. Le théâtre est la première chose qui me plaît, mais de là à penser en faire un métier… On verra plus tard. Car, dans l'immédiat, comme j'atteins les dix-huit ans, je pars à l'armée. La chance veut que je ne sois pas embarqué dans une guerre d'Algérie à peine naissante. Mon service sera donc calme et non belliqueux. Je suis mes classes à Chartres, où l'on me demande la spécialité que je souhaite apprendre durant mon service. Je réponds, un peu au hasard, infirmier.

Bien m'en a pris. La règle en vigueur pendant les classes était que les cinq meilleurs aux tests de fin de stage puissent choisir leur affectation. Lesquels tests consistaient en exercices pas très difficiles, puisque j'y arrive troisième, moi dont les études avaient été pour le moins approximatives.

Sans piston, sans connaître personne, je me retrouve alors infirmier au ministère de l'Air, place Balard, à Paris. De là, je suis transféré rue des Récollets, à côté de l'ancien hôpital Villemin, près de la gare de l'Est, dans un service pharmaceutique. J'occupe un petit bureau tranquille où on ne me donne pas grand-chose à faire. En particulier je ne me sers en rien de ce que j'ai appris comme infirmier, puisque je ne m'occupe jamais du moindre malade. Mon diplôme ne sera cependant pas inutile dans ma vie future. Mon grand-père ne voulait que moi pour lui faire ses piqûres, et bien plus tard Johnny Hallyday aussi lorsque, la voix enrouée, il avait besoin d'une injection de cortisone.

Je ne m'ennuie pas longtemps dans la mesure où je suis vite repris par ma passion. Mon idée est la suivante : je vais organiser un spectacle. Aussi, à partir de 18 heures, lorsque les bureaux se vident, je mets sur pied une sorte d'agence de spectacle, sous le faux nom de Pierre-Jean Beaumont. Je reçois des artistes, des chefs d'orchestre, des comédiens, tous de petite renommée. Cela dure à peu près six mois, durant lesquels mon supérieur ne se rend compte de rien. Il est vrai que j'achète ma liberté de manœuvre en me faisant pistonner par un certain général Mollard, lequel bien sûr n'existe pas. De temps à autre, ce prétendu personnage téléphone à l'officier qui occupe le bureau à côté du mien pour lui demander de prendre soin de moi et d'autoriser mes absences. En fait je passe moi-même les appels depuis le café d'en face. Le plus surprenant est que l'officier marche. Il me laisse agir à ma guise sans me contrarier le moins du monde dans mes projets. En somme, j'avais organisé mon premier spectacle, et il fonctionnait à merveille sur le maigre public à ma disposition : mon supérieur hiérarchique.

Arrive mon heure de gloire : un spectacle à Beaumont, où je fais venir un car de militaires du ministère. Ils constitueront une partie des spectateurs, raison pour laquelle je plante un grand drapeau français dans le jardin de mes parents. La ville était tout heureuse d'accueillir un spectacle de variété avec des militaires venus de Paris. L'affiche était loin d'être nulle. Je me souviens du chanteur Guy Marly, d'Annie Fratellini et d'une autre chanteuse, Marie-José Neuville. Le succès fut au rendez-vous. Quant à mon père, il était tout content de voir son fils faire enfin quelque chose.

J'avais une vingtaine d'années et déjà un certain ego. La preuve : j'arrivai à Beaumont coiffé d'une casquette de l'armée de l'air au lieu du képi réglementaire ! Je me mettais déjà un cran au-dessus. Sans doute pressentais-je que pour faire ce métier il faut se hisser plus haut que soi-même. C'est une nécessité, sinon vous n'êtes pas un créatif capable de tous les risques. La foi en soi-même fait avancer et permet d'engager, comme je le ferai quelques années plus tard, plusieurs millions d'euros sur un spectacle où tout peut basculer du côté de la réussite ou de l'échec.

★

J'ai pu continuer ma discrète activité d'organisateur de spectacle jusqu'au moment où un pseudo-comédien a voulu s'associer à moi, ce qui n'a pas fonctionné. D'où des embrouilles qui ont abouti à ce que je me passe de ses services, à la suite de quoi il m'a dénoncé par vengeance. Je me suis alors retrouvé au ministère de l'Air, aux arrêts. Mais comme les cellules, ou ce qui en faisait office, étaient gardées par des appelés, l'endroit était poreux. J'arrivais donc à m'échapper pour organiser des bals en Normandie. J'engageais des artistes amateurs, de petits chefs d'orchestre, pas de véritables vedettes. Je ne pensais pas plus alors à un avenir précis qu'à une profession déterminée. Les événements se sont enchaînés de façon naturelle, et je suis rentré dans ce métier par amour de ce que je faisais jour après jour plus que par un véritable projet. Bien sûr, tout cela restait à un niveau de réalisation très modeste, celui de bals et de mini-spectacles.

Et puis un jour je me suis fait de nouveau prendre et j'ai dû tout arrêter jusqu'à la fin de mon service militaire. Le temps passait, morne et vide. Un matin, je me suis retrouvé « rendu à la vie civile » sans la moindre sanction disciplinaire. Je n'en reviens encore pas aujourd'hui : à l'issue de ces vingt-huit mois, l'armée ne m'a pas infligé de rallonge de temps de service compte tenu des arrêts auxquels j'avais été condamné.

Sans doute avais-je déjà une bonne étoile au-dessus de ma tête.

2

Débuts professionnels

Une fois la porte de ma caserne franchie, je me retrouvai seul face à moi-même, sans diplôme ni expérience professionnelle. Quel métier allais-je faire, de quoi allais-je vivre ? Je n'en avais pas la moindre idée. Et pour commencer cette nouvelle vie dont j'ignorais tout, je ne savais pas où aller. Retourner chez mes parents, à Beaumont-le-Roger ? Hors de question. Ma seule certitude : j'étais libre et prêt à en payer le prix. Et il était élevé, puisque je me retrouvais seul et à la rue. Les deux premières nuits, je couchai donc à la gare de Lyon, sur un banc. Ensuite, ma mère m'envoya un peu d'argent pour me dépanner.

Il fallait se débrouiller. J'ai rapidement gagné de quoi vivre grâce à un petit restaurant de la rue Lepic où je faisais la plonge le soir contre de la nourriture et un peu de sous. Et je louais une chambre de bonne, rue de Tocqueville, dans le 17e arrondissement, avec les toilettes sur le palier. Je continuais d'organiser ma vie sans m'en faire plus que ça. C'était la bohème, mais je m'en sortirais. Et sans doute, comme je le pressentais déjà, grâce à ma seule passion, le spectacle. Au bout de quelques semaines, je trouvai une place chez Albert Monnier, grand photographe de l'époque, qui réalisait des cartes postales à partir de ses photos. L'une d'entre elles est restée célèbre : un anneau sur le quai, avec un clochard derrière. Me voilà donc représentant en cartes postales tout en organisant de temps en temps un bal. Le spectacle était encore loin de me faire vivre, même si les choses avançaient.

Je rencontrai un chef d'orchestre, Tony Ripoll, qui était également animateur comique. Je le plaçai dans un café au coin du boulevard Saint-Martin et de la rue Saint-Denis, juste en face du Théâtre de la Porte-Saint-Martin – tout au long de ma vie un tropisme me ramènera régulièrement à ce théâtre comme à ma véritable maison. Cet établissement, qui n'existe plus aujourd'hui, faisait caf'conc' le soir.

Nous sommes au début des années 1960, au moment où le rock'n roll arrive en France. Un jour, Tony Ripoll me parle d'un groupe qui s'est produit en matinée et qu'il a trouvé très bien.

— Tu devrais les écouter, me dit-il, je suis sûr qu'ils te plairont.

Ce que je fais. Et, en effet, je ne les juge pas mauvais du tout. Comme ils débutent, ils n'ont ni maison de disques ni producteur. Je n'hésite pas une seconde et me présente à eux comme organisateur de spectacles. Aujourd'hui encore, je me rappelle ce que je leur dis alors du haut de mes vingt et quelques années :

— Je m'appelle Jean-Claude Camus et je m'occupe de tout.

Il fallait un sacré culot pour sortir une phrase pareille ! Toujours est-il que j'honore ma promesse et me décarcasse pour les faire passer dans différents endroits. Et je les ai fait rentrer chez Pathé. Ils deviennent alors Dick Rivers et Les Chats sauvages. Ce sont les premiers artistes que je n'achète pas seulement pour un spectacle et dont je m'occupe à 100 %.

L'époque était facile. La variété française connaissait un boom sans précédent. De jeunes chanteurs, souvent inspirés des Anglo-Saxons, rencontraient alors le public de leur propre génération née à la fin de la guerre. Journaux et émissions de radio pour jeunes abondaient. Je fais d'ailleurs passer mes poulains dans la fameuse émission d'Albert Raisner, « Âge tendre et tête de bois », tournée au Marcadet Palace. Les Chats sauvages partent aussitôt en flèche, en même temps que les Chaussettes noires et Eddy Mitchell, ainsi qu'un grand blond aux yeux bleus, Johnny Hallyday. Celui-ci, je le regardais en pensant : « Le type qui sera avec lui, ce sera un roi... » J'avais déjà compris ce qui allait se passer, le raz de marée Johnny. Comment ? Je l'ignore. Sans doute devais-je avoir une sorte d'instinct, comme un sixième sens de la chanson et des chanteurs.

J'avais commencé par les bals en Normandie, je continuais avec Les Chats sauvages et d'autres vedettes débutantes de l'époque, entre autres les Sunlights, et Danny Boy et ses Pénitents, Vic Laurens et les Vautours.

Tout doucement, je changeais de catégorie sans que je puisse pour autant parler de véritable carrière, encore moins de réussite. J'étais un débutant dans un métier qui, lui, restait embryonnaire. J'habitais désormais un petit studio dans le 18e arrondissement, j'avais à peine de quoi vivre, mais j'étais heureux.

*

Les Chats sauvages devinrent rapidement des vedettes, avec de nombreuses dates à Paris et en province. La logistique des spectacles qui se déroulaient en dehors de Paris relevait à l'époque d'un folklore qu'on a peine à imaginer aujourd'hui. Nous avions peu de matériel à transporter. La sono n'avait rien à voir avec ce qu'elle est devenue, et puis les salles, sur place, possédaient leur propre matériel. Sur la galerie de ma DeSoto Diplomat, nous embarquions donc le petit matériel de scène, casions les valises dans le coffre, les Chats dans la voiture, et nous prenions la route. J'étais à la fois manager, chauffeur, installateur, ingénieur du son et de la lumière. Pour autant, je n'abandonnai pas les bals. À Tony Ripoll vinrent rapidement se joindre Marcel Azzola, André Verchuren, Yvette Horner et Achille Pellegrini pour des bals en Normandie, l'Ain, la Sarthe, la Saône-et-Loire et la Seine-Maritime. Nous arrivions dans le Sud à faire deux, voire trois représentations dans la journée : une en matinée, une autre à 22 heures, une troisième à minuit, car l'artiste vedette ne chantait qu'une heure environ. Le tout à vingt ou trente kilomètres de distance. Lorsque nous tournions sur la Côte d'Azur, nous retrouvions d'autres artistes vers 2 heures du matin à la terrasse du Vieux-Colombier, à Juan-les-Pins. Je me rappelle y avoir vu Brel, Vince Taylor, Eddy Mitchell et Les Chaussettes noires, Johnny Hallyday… Je ne connaissais pas vraiment Johnny, et bien sûr je ne travaillais pas avec lui, mais le personnage me fascinait déjà. C'était une époque formidable en termes d'entente et d'amitié entre vedettes. Nous courions sans cesse, et cependant nous avions l'impression d'avoir devant nous tout le temps que nous voulions. Nous étions jeunes.

*

Je sympathisai avec Jean-Claude Berthon, le créateur du magazine *Disco Revue*. Il avait des idées bien tranchées dans le domaine de la chanson, et nous décidons de faire venir Gene Vincent en France. Le spectacle se déroule à l'Alhambra, et c'est un énorme succès. À la même époque, 1963 ou 1964, je monte avec lui un festival de rock au Palais des Sports, avec entre autres Les Chats sauvages, Moustique, vedette éphémère, Gene Vincent, Burt Blanca. Là encore, le succès est au rendez-vous. Gene Vincent jouissait alors d'un succès de grande vedette à Paris, ce qu'il n'était plus vraiment dans son pays. Je m'occupai aussi pendant un temps d'un autre chanteur de rock, Vic Laurens, et de son groupe, les Vautours. Ils assuraient la première partie du spectacle de Fernand Raynaud, au Théâtre de l'Étoile, devenu plus tard L'Empire, et aujourd'hui disparu. Fernand Raynaud était alors une vedette de tout premier plan. Il avait un talent fou, mais un caractère impossible doublé d'une forte attirance pour l'alcool. Dès le début, les choses n'ont pas été faciles avec lui. Je me rappelle que, pendant les répétitions, il pouvait sortir deux ou trois fois de scène pour aller boire un verre dans le restaurant voisin du théâtre. Par ailleurs il avait un niveau d'exigence incroyable envers le public. Pendant une représentation, malheur à celui ou celle qui avait un manteau sur les genoux ou froissait un paquet de bonbons, ce qui l'agaçait au plus haut point. Il était alors capable de descendre de scène et de s'emparer du manteau ou du paquet de bonbons. Je regardais tout cela avec un certain étonnement. Peut-être commençais-je à me forger le caractère indispensable au métier de producteur. Il tient à la fois du talent diplomatique et du sens psychologique : comprendre les difficultés, chercher les meilleures solutions, conserver quoi qu'il arrive l'harmonie au sein de l'équipe et avec les artistes. La réussite d'un spectacle est à ce prix.

*

Je ne devais pas trop mal m'occuper de mes artistes puisque de nouveaux venaient vers moi pour solliciter mes services. C'est ainsi que le chanteur Moustique, bien oublié aujourd'hui, me demanda de m'occuper de lui. Et comme Bruno Coquatrix souhaitait qu'il passe à l'Olympia, Moustique m'interrogea sur cette offre. Mon avis fut plus que réservé. Bruno Coquatrix connaissait une seconde carrière, spectaculaire et brillante, avec la vague yé-yé qui submergeait les ondes radiophoniques et dont les 45 tours remplissaient les bacs à disques. Il avait pris le vent de la nouvelle chanson française et conduit l'Olympia vers les sommets de la notoriété. C'est ainsi que j'y ai vu les Beatles pour la première fois, en première partie de Sylvie Vartan. Mais il restait un colosse aux pieds d'argile. L'homme était couvert de dettes, allergique à la gestion et imprévisible dans ses choix stratégiques. Ne pas payer la note du restaurant où il régalait une dizaine d'invités et avait déjà un crédit long comme le bras ne le dérangeait pas le moins du monde. Mais en même temps il laissait l'équivalent de cinquante ou cent euros de pourboire sur la table.

Mes propos discourtois revinrent aux oreilles de Coquatrix. Lequel me fit venir, m'écouta parler, trouva que j'avais de l'énergie et des idées, et, contre toute attente, loin de me jeter par la fenêtre pour les propos que j'avais tenus sur lui, me proposa un bureau à l'Olympia afin que je m'occupe des tournées. J'acceptai. Comme entrée en matière, je présentai le spectacle des Chats sauvages et de Gene Vincent au Golf-Drouot, à l'époque le temple de la musique rock, le lieu *in* absolu. Je le fis gratuitement, pour continuer à m'introduire dans le milieu et à me constituer un réseau. Bien m'en a pris : je pense que le spectacle a généré la plus forte recette du Golf-Drouot !

Coquatrix était toujours à deux doigts du dépôt de bilan. Et, chaque fois qu'il frôlait la catastrophe, il faisait appel à Édith Piaf pour renflouer les caisses. J'ai donc eu la chance de voir à l'Olympia son dernier spectacle, avec Théo Sarapo. Son génie était intact et le spectacle d'une beauté déchirante, avec un duo admirable « À quoi ça sert l'amour ». Mais le mauvais état physique de Piaf était éprouvant. Un soir, en coulisses, alors qu'elle sortait de scène après avoir embrassé Théo Sarapo à pleine bouche, j'ai vu un visage barbouillé de rouge, ce qui lui donnait un effet saisissant, presque symbolique. On aurait dit qu'Édith avait le visage en sang.

Elle était excessivement généreuse. À la fin du dernier spectacle, elle tint à remettre à chaque employé du théâtre une enveloppe personnelle en remerciement. Parmi eux se trouvait celle qui allait devenir ma femme, Irène, alors standardiste. La somme qu'Irène a touchée était importante, pour ne pas dire faramineuse. Elle s'en trouva si gênée qu'elle alla voir Édith.

— Madame, vous avez dû vous tromper… C'est beaucoup trop…

— Non, mon petit, lui répondit Édith en lui mettant la main sur l'épaule. Je ne me suis pas trompée. C'est comme ça.

Grâce à cette somme, Irène a pu payer à ses parents émigrés polonais un voyage pour retourner dans leur pays. C'était leur rêve, eux qui n'avaient jamais eu les moyens de revoir Cracovie.

Dans le travail, je ne saurais dire comment était Bruno Coquatrix, parce que notre collaboration n'a duré que le temps d'une tournée hivernale complètement ratée avec Dick Rivers, Les Chats sauvages, Moustique et Gene Vincent. D'une certaine manière, j'étais trop en avance sur mon temps. Le style anglo-saxon faisait un tabac à Paris, mais ne remplissait pas les salles de province comme ce serait le cas quelques années plus tard. Notre moral à tous n'était donc pas flamboyant. En plus, c'était le moment où Gene Vincent se séparait de sa énième femme, ce qui le déprimait totalement. Je n'ai jamais vu ça : une profonde tristesse, les bières qu'il buvait sans cesse pour oublier sa peine… Lorsque nous roulions en voiture, je tentais des heures durant de lui remonter le moral, mais sans succès. Il n'arrêtait pas de pleurer. Certains soirs, il ne voulait pas entrer en scène tellement il était envahi par la détresse. Je le consolais comme je pouvais, tout en veillant à ce qu'il ne boive pas trop pour pouvoir chanter devant le public.

Le spectacle marchait mal. Nous ne rassemblions guère que deux à trois cents personnes par soir, d'où une catastrophe financière. Lorsque Bruno Coquatrix m'appelait pour venir aux nouvelles, je lui vantais le succès, mais il n'était pas dupe. Il me disait d'arrêter, ce que je refusais. Nous avons fini à Nice, sans avoir pu payer tout le monde, ce qui me mettait dans un état épouvantable. La dernière nuit, à 3 heures du matin, voilà qu'on frappe à la porte de ma chambre. C'étaient Les Chats sauvages qui venaient réclamer leur dû avec beaucoup d'insistance. Mais je n'avais pas d'argent. Je me suis donc trouvé contraint de vendre ma voiture. La tournée se soldait par un échec complet. J'étais ruiné et couvert de dettes. Pour compléter ce noir tableau, je me suis fait piquer le groupe par deux producteurs du Sud, Lucien Salles et Marcel Viano, tous deux décédés aujourd'hui. Plus de Chats !

Je remonte à Paris. Inutile de dire que je perds mon bureau à l'Olympia et la responsabilité des tournées. Je ne me suis jamais réconcilié avec Bruno Coquatrix, et nous n'avons plus jamais travaillé ensemble. Plus tard, quand j'allais voir un spectacle à l'Olympia, il me croisait sans me voir. Il avait ce talent. J'ai appris de lui cette sorte de don pour nier l'existence de l'autre. Après sa mort, j'ai retrouvé le chemin de l'Olympia. Car mon rêve, c'était de lire, au grand fronton du théâtre, « Jean-Claude Camus présente ». Ce qui est arrivé quelques années plus tard. C'étaient désormais Paulette, sa veuve, Patricia, sa fille, et Jean-Michel Boris qui s'occupaient de la salle. Quel a été mon premier spectacle ? Je suis incapable de m'en souvenir, tant il y en a eu. Jean-Michel Boris a été congédié lorsque l'Olympia a été vendu. J'ai eu de très bons rapports avec lui. Quand j'étais président des producteurs de spectacle, au moment de son départ à la retraite, alors qu'il n'avait pas de titre de producteur, et donc droit à rien, je suis fier d'avoir fait accepter par notre amicale une aide exceptionnelle annuelle pour que Jean-Michel Boris puisse en profiter. Aujourd'hui encore, il m'en est reconnaissant.

★

En cette année 1968, après cette tournée calamiteuse, je suis bel et bien au fond du trou. Comment m'en sortir ? Je sors mon carnet d'adresses et vais voir Henri Leproux, le directeur du Golf-Drouot. Je lui explique la panade complète dans laquelle je me trouve et lui rappelle que je lui ai fait gagner beaucoup d'argent quelques mois plus tôt. Sa réponse : « Tu serais venu me voir il y a une semaine... » J'ai compris : au revoir et merci. Je vais alors rencontrer Johnny Stark, l'un des plus grands imprésarios de l'époque, qui m'avait fait des appels du pied pour que je travaille avec lui quand j'avais mon bureau chez Coquatrix. Il me reçoit, m'annonce que je tombe très bien, car il cherche un chauffeur... Je me le suis pris en pleine figure et je cours encore. L'humiliation a été dure à vivre. Par la suite je n'ai pas beaucoup connu Johnny Stark professionnellement, car nos chemins ne se sont plus croisés. Il a été très célèbre dans le métier. Johnny Hallyday soutient qu'il lui a causé beaucoup d'ennuis, entre autres fiscaux, mais je n'en sais rien. Paix à son âme.

Je n'ai donc emporté de l'Olympia que des dettes, et mon épouse, Irène, la future mère de notre fille, Isabelle. Cette nouvelle période de vache maigre a duré un an. Ce qui est long sur le moment, mais ne compte pas à l'échelle de toute une vie. Car celle-ci peut se résumer en une phrase : je monte une, deux, parfois trois marches, puis je retombe. Mais chaque fois je remonte plus haut, ce qui, au bout d'un moment, autorise à parler de carrière réussie. Et cela pendant cinquante ans.

Pour l'heure je me retrouvai une fois de plus tout seul. Je suis donc de nouveau parti à l'aventure. Mais je devais gérer un autre problème, d'ordre domestique : malgré son emploi à l'Olympia, ma femme détestait mon métier. D'origine polonaise, elle était très dominatrice. Si j'avais un rendez-vous de 21 à 23 heures, il fallait que j'invente un interlocuteur important pour faire accepter mon absence à la maison. Je ne pouvais pas avoir rencontré un simple chef d'orchestre ; il fallait que ce soit au moins Ray Charles, sinon je me faisais incendier.

L'autre problème auquel j'étais confronté était bien plus urgent : il me fallait gagner ma vie et rembourser mes dettes. J'ai donc monté une agence immobilière installée au 8 *bis*, rue des Acacias. Je me suis reconverti en me mettant à faire visiter des appartements, négocier des ventes ou trouver des locataires. Et le hasard a voulu que, sans les avoir jamais produits, je rencontre alors Hervé Vilard et Nicoletta, tous deux au sommet de leur succès. J'ai eu l'occasion de loger l'un et l'autre.

L'agence marchait gentiment. Grâce à elle je parvenais à gagner ma vie et surtout à rembourser mes dettes. Je n'organisais plus de spectacles, sauf quelques petits bals. J'avais sympathisé avec le directeur de la salle Wagram, Paul Lacroix, qui organisait des bals, dont ceux avec la RATP. Au début de mon mariage avec Irène, nous avions loué un grand studio, rue Stephenson, au cœur du quartier de la Goutte-d'Or dans le 18e arrondissement. Et lorsque je n'avais plus un sou en poche, il m'arrivait de partir à pied de là-bas pour me rendre rue de l'Étoile, où se trouvait la salle Wagram. Tout ce que gagnait Paul Lacroix passait dans les champs de courses, ce qui ne l'empêchait pas de se montrer généreux et de me dépanner. Du coup, au retour, je pouvais rentrer en métro. Ce n'était pas la misère, mais ça y ressemblait tout de même. Et cependant, j'étais heureux.

Ma femme tomba enceinte, ce qui marqua pour moi le début d'une terrible angoisse : j'avais peur que mon enfant naisse handicapé, c'était une obsession. Aussi, lorsque, à la naissance, le médecin m'annonça que j'avais une fille, la première question qui me vint aux lèvres fut :

— Elle est normale ?

Le médecin me rassura. J'ai aussitôt fondu en larmes, envahi par un double sentiment de bonheur et de soulagement.

Nous nous sommes alors installés dans un nouvel appartement avenue de Neuilly. L'adresse ne doit pas faire illusion. Il arrivait que je sois obligé de fouiller le dimanche dans les poches de mes vestes pour trouver quelques pièces et pouvoir faire les courses, par exemple acheter des oignons frais qu'on mangeait avec du sel, ce qui, plus d'une fois, constitua notre ordinaire gastronomique. Une autre anecdote donnera le niveau de notre train de vie plus que modeste. Mon père avait acheté un petit terrain à l'île de Ré, où il allait passer l'été, dans une caravane. J'avais alors une DS. Ma femme et moi venions les rejoindre pour quelques jours. Mais nous dormions dans la DS, car il n'était pas question d'aller à l'hôtel. Nous ne roulions donc pas sur l'or, c'est le moins que l'on puisse dire.

Cette période de vache enragée a duré pas loin d'une dizaine d'années, jusque vers trente-cinq ans, où les choses ont commencé à s'améliorer. En fait, je ne changerai de niveau de vie qu'à quarante et un ans, en 1979, lorsque je deviendrai le producteur de Johnny. Les choses iront alors beaucoup mieux, et pendant de longues périodes j'ai merveilleusement bien vécu, car en cas de gros succès les gains étaient importants. Et puis d'un seul coup, cinq cent mille ou six cent mille euros partaient dans un échec de comédie musicale, et la tempête se remettait à souffler. Il fallait du temps pour qu'elle se calme. Car lorsque l'on ne gagne que 20 % des bénéfices sur les spectacles de Hallyday ou de Sardou, il faut ramer de toutes ses forces pour retrouver des vents paisibles. C'est pourquoi, même au cœur des années prospères, lorsque des creux se produisaient, ils étaient encore plus brutaux et profonds. Par la suite, sans que je devienne moi-même riche, ma situation est devenue plus sereine dans les années 1980 avec la rationalisation de la gestion des tournées qui rapportaient enfin beaucoup d'argent. Mais je n'ai connu l'argent sans problème qu'aux approches des soixante-dix ans, avec la vente de ma société à Warner. Jusqu'à cette date, je n'ai pu éviter l'alternance de hauts et de bas.

*

Au bout de deux ans d'agence immobilière et une fois les comptes redressés, ma décision était prise : j'y retournais, et cette fois à plein temps. Désormais je ne ferais plus que ça : m'occuper de spectacles. Ce qui a entraîné un drame conjugal de plus. Mes absences répétées et prolongées, qu'exigeait mon métier, ont fini par une séparation. Il n'en reste pas moins qu'Irène, mon ex-femme, était quelqu'un de bien, une mère qui a su compenser mes absences auprès de notre fille. J'ai eu la chance de conserver avec elle d'excellentes relations. Elle est aujourd'hui disparue, depuis la nuit du 4 février 2017, mais le Noël précédent, nous l'avions passé ensemble, avec ma fille et mon petit-fils. Et être ainsi réunis tous les quatre nous avait fait chaud au cœur.

J'ai repris l'organisation des bals, mais à une échelle plus importante. Dans ces années-là commençait la mode de faire chanter des artistes à minuit, au milieu du bal. J'ai donc engagé des artistes qui acquéraient une certaine notoriété comme Dave, Gérard Lenorman ou Mike Brant, un chanteur extraordinaire, à la carrière éclair, dont la fin a été tragique. Tout cela fonctionnait plutôt bien, et je commençais à prendre de l'importance. Le vrai problème, quand je voulais acheter un artiste majeur, était de me retrouver face à Roland Hubert, un grand tourneur de l'époque, organisateur entre autres du Gala des Étoiles, ou bien face au clan Marouani. Résultat : il n'y avait jamais d'artiste libre pour moi. Je faisais alors téléphoner par quelqu'un d'autre pour obtenir celui que je voulais, et je l'obtenais, quitte à mettre certains professionnels en fureur quand ils découvraient ma ruse. Je parvins ainsi à m'imposer face à ceux qui étaient solidement établis dans la place. Et parmi eux les Marouani, frères, cousins, neveux et apparentés, si nombreux que Jacques Brel avait eu ce mot : « Quand vous avez des insomnies, vous n'avez qu'à compter les Marouani. »

Il est clair que l'on voyait d'un mauvais œil arriver un petit nouveau comme moi, de surcroît entreprenant. Dans le spectacle comme ailleurs, sentir qu'on est en train de quitter le haut du pavé occupé depuis longtemps ne fait jamais plaisir. De là à utiliser des méthodes discutables… Par exemple, Georges Olivier ne se contentait pas de nous vendre les artistes à succès ; il nous imposait aussi ceux qui ne marchaient pas, par exemple les chœurs d'Israël ou Sylvie Vartan, qui n'avait pas trop de succès en province. De sorte que, même quand les recettes étaient bonnes, elles restaient précaires et soumises à des pertes sur d'autres spectacles. Ce qui n'empêchait nullement Georges Olivier d'imposer sa loi en toute vergogne. Il fallait de temps en temps lui apporter un petit lingot, en prime, afin de s'assurer de sa bienveillance.

Autre méthode discutable : j'ai dû régulièrement subir des rumeurs désobligeantes qui cherchaient à me décrédibiliser. On faisait par exemple courir le bruit que je ne payais pas les artistes. Même si l'allégation était démentie par ceux qui m'avaient choisi comme producteur et la durée de notre collaboration, la rumeur revenait régulièrement. Au point qu'un artiste avec les pieds sur terre comme Eddy Mitchell lui accorda pourtant un certain crédit. Le démenti a été rapide. Lorsque nous nous sommes rencontrés, je lui ai demandé de me citer un seul artiste que je n'aurais pas payé. Eddy a éclaté de rire et, même si nous n'avons jamais travaillé ensemble, nous nous sommes depuis toujours respectés et appréciés.

La vérité est que je n'ai pu réussir qu'avec une seule arme : l'énergie. Personne ne m'a aidé, bien au contraire, et c'est tout seul que je suis parvenu à me frayer un chemin.

★

Je rencontre alors un garçon qui travaillait comme maître d'hôtel dans les wagons-restaurants – métier que j'avais moi aussi pratiqué quelque temps pour vivre. Il possédait une vieille voiture américaine et ne rêvait que d'une chose : être chanteur animateur. D'ailleurs, lorsque je l'ai connu, il tenait ce rôle dans l'orchestre de Miguel Cordoba. Nous formons rapidement un tandem et nous partageons le travail. Lui part en province pour contacter des associations ou des municipalités et leur revendre les spectacles que j'ai achetés. Gérard Louvin, car c'est de lui qu'il s'agit, a par la suite fait une très belle carrière de producteur d'émissions de télévision liées à la variété, entre autres « Sacrée soirée », l'un de ses plus grands et durables succès. Mais, malgré sa brillante réussite, je pense que Gérard aurait d'abord voulu faire une carrière artistique plutôt que de se tenir derrière les caméras.

Ma sœur Annette, avec qui je n'entretenais pas de rapports étroits puisque, je le rappelle, nous avions quatorze ans de différence, est venue sur la demande de ma mère vivre chez moi, le temps qu'elle trouve un travail après avoir obtenu son examen de fin d'études. Elle n'est jamais repartie. J'ai commencé à la faire travailler à mes côtés durant l'été, puis toute l'année. Ce qui a duré près de trente ans. Quelque temps plus tard, elle rencontra en Normandie un ouvrier imprimeur, Gilbert Coullier, dont elle tomba amoureuse. Il prit l'habitude de venir la retrouver après son travail quand il y avait un bal pas loin de Rouen et, peu à peu, s'est occupé du contrôle des billets. Les mois passèrent, Gilbert avait l'air d'aimer ce milieu et de s'y intéresser. Il rejoignait ainsi la famille, car mon père venait à l'occasion au contrôle des billets tandis que ma mère tenait la caisse.

Nous sommes au début des années 1970. Je m'occupe de bals depuis une dizaine d'années, même si peu à peu les municipalités les suppriment à cause des bagarres qui éclatent régulièrement. Je continue donc à monter les premières marches du métier, mais avec précaution, pour ne pas rencontrer de nouvelles difficultés. C'est ainsi que je travaille pour un groupe qui marche plutôt bien, Titanic, en contrat avec l'ancienne Sony, CBS, dont Jacques Souplet était le président, et son fils Jean-Jacques directeur artistique. J'avais négocié un joli contrat pour Titanic. Nous devions passer l'été en Grèce, où nous partîmes tout joyeux, aussi certains du succès que contents de savourer le soleil méditerranéen. Quand nous arrivons là-bas, le producteur a disparu : catastrophe et déception. Tout ce qu'il m'a promis s'est évaporé. Nous nous retrouvons à Athènes sans plus de spectacle que d'argent. Il m'a alors fallu trouver deux ou trois engagements pour payer nos billets de retour et rapatrier tout le monde. L'été qui s'annonçait paradisiaque fut bel et bien pourri.

Sur ces entrefaites, je fais la connaissance, je ne sais comment, de Gérard Lenorman. Je vais donc le voir au Théâtre de la Porte-Saint-Martin, où il a remplacé Julien Clerc dans *Hair*. Nous sympathisons. À l'époque, il n'a plus de maison de disques, car Festival, qui appartenait à RTL, a fermé. Je m'arrange donc pour que Lenorman entre chez CBS. Il signe, sort son premier single, « IL », qui fut un premier énorme succès avant tant d'autres. Mais je n'étais toujours personne, ni agent, ni producteur, ni quoi que ce soit. Et, sans doute pour me remercier, Gérard est allé signer chez Jacques Marouani. Ce qui a suscité chez moi une véritable fureur. J'avais cru pouvoir m'occuper à 100 % d'une vedette à l'avenir prometteur, et je me faisais une fois de plus distancer par plus fort que moi, plus établi dans le métier. Cela commençait à m'échauffer les oreilles. Gérard Lenorman a alors entamé une belle et grande carrière, qui malheureusement, au bout de quelques années, a connu des moments plus difficiles.

La roue tourne. Dans ce métier, il est fréquent que celui qui était au sommet se retrouve en bas tandis qu'un autre remonte vers les hauteurs. En d'autres termes : Jean-Claude Camus, qui en 1970 ne pesait pas grand-chose, était devenu vingt ans après le principal producteur de spectacles de variété française, tandis que Gérard Lenorman, qui avait été une énorme vedette, perdait beaucoup de son éclat. Un soir, dans les années 1990, j'arrive pour dîner au restaurant Tong Yen, célèbre à l'époque dans le milieu des artistes. À la porte je croise Gérard Lenorman qui sortait avec son dîner sous le bras. Il m'aperçoit et, tout content, me lance :

— Jean-Claude, qu'est-ce que ça me fait plaisir de te voir, il faut qu'on se parle et qu'on fasse des choses ensemble.

Mes colères étaient alors légendaires. Je me suis donc mis à hurler devant tout le restaurant :

— Tu m'as planté il y a vingt ans, et maintenant que tu es devenu un ringard, rien, un *has been*, tu viens me voir ? Casse-toi !

Ce n'était pas très gentil à l'égard d'un artiste en difficulté, mais je n'ai jamais supporté les coups tordus. Et puis je suis entier. Si ce métier ne se pratique pas sur la confiance réciproque et un attachement si fort qu'il peut se passer de contrat, il ne m'intéresse pas.

*

Je dus encaisser un nouveau coup dur : le groupe Titanic se sépara en 1971. Comme j'en tirais l'essentiel de mes ressources, je me retrouvai quasiment à la case départ. Une lassitude me saisit alors. Se faire une place dans le show-biz était décidément bien difficile. À l'époque, j'allais souvent passer mes week-ends à Rouen. Je fréquentais alors un restaurant dont le cuisinier, Gustave, devint bientôt un ami. Il m'emmena un jour à une dizaine de kilomètres de la ville, à Croix-Mare, bourgade de moins de mille habitants, où se trouvait un gros établissement à vendre, le Domaine du Château blanc, sur la route de la mer. Gustave eut d'autant moins de mal à m'embarquer dans cette nouvelle aventure que j'étais dégoûté de la fin de Titanic. J'ai mis trois francs six sous sur la table pour acheter l'établissement et décidai d'arrêter le spectacle une bonne fois pour toutes. Car j'étais aussi dépité par la nouvelle tuile qui venait de me tomber sur la tête qu'amoureux fou de l'endroit.

Je quitte donc Paris, et me voilà devenu restaurateur. Ma sœur me suit. Gilbert Coullier, qui est toujours ouvrier imprimeur, vient nous y rejoindre de temps en temps pour seconder en salle. Et voilà que cette expérience de restaurateur se solde par un nouveau désastre. Nous accueillons bien peu de monde, sauf le dimanche midi. Le reste de la semaine est à peu près vide. Et l'hiver, dans cette grande maison glacée et déserte, est épouvantable. Comble de malheur, Gustave nous laisse tomber juste avant un week-end. Je me mets donc aux fourneaux et parviens à faire face. Sauf que, m'étant brûlé à la main gauche, entre deux manipulations je dois plonger la main dans un baquet d'eau froide, ce qui ne me facilite pas la tâche. La comédie dure deux ou trois week-ends, le temps de retrouver un cuisinier. Au bout d'une année, nous mettons fin à l'expérience avant qu'elle ne tourne à la catastrophe, et je décide de retourner à Paris avec ma sœur. J'ai donc successivement exercé les métiers de bûcheron, laborantin, plongeur et serveur de restaurant, représentant en cartes postales, serveur de wagon-restaurant, agent immobilier, patron d'hostellerie pour, chaque fois, repartir dans le spectacle. C'est mon tropisme, je n'y peux rien.

Je proposai à Gilbert, qui avait l'air de bien s'intéresser à mon métier, de venir nous rejoindre et de travailler avec nous. Ce qu'il fit. Je l'associai à 33 % de mes activités. L'homme se montrait efficace et très gentil. C'est l'impression que je devais d'ailleurs conserver jusqu'à la brutale nouvelle de notre rupture, bien des années plus tard.

*

Aujourd'hui, les gens ne peuvent pas imaginer combien il m'a été difficile de me frayer un chemin dans cette profession.

Les périodes de petite chambre de bonne ou d'hôtel ont été légion. Malgré tout, j'avais toujours ce caractère insouciant teinté d'optimisme et de passion. Et puis, de temps à autre, la chance me souriait. Hors de question, alors, de la laisser filer.

C'est ainsi qu'en 1975 une nouvelle occasion se présente, que je suis bien décidé à ne pas laisser passer. Ma notoriété d'organisateur de bals en Normandie est d'autant plus solidement établie qu'on sait dans la profession qu'il n'y a jamais de problèmes ni d'embrouilles quand je suis à la manœuvre. Je parviens donc à acheter le spectacle de Johnny Hallyday qui se déroulera à Rouen, sous un chapiteau, le 15 mars 1975. C'était Gil Paquet qui s'occupait de lui, et le plus formidable est que je suis parvenu à convaincre un aussi grand professionnel. D'autant plus formidable que, n'ayant pas le premier sou pour monter une telle opération, il m'a fallu tout emprunter. Heureusement que le spectacle a marché. Il ne fut pas sans rebondissements. La veille, on m'annonçait que Johnny était bloqué en Italie et qu'il ne pourrait être là. Angoisse. Si la star ne venait pas, je n'avais qu'à sauter par la fenêtre ! Mais il a fini par arriver, le spectacle s'est déroulé dans les meilleures conditions et a été un succès.

Regonflé par cette réussite, je crois franchir l'année suivante une nouvelle étape en achetant la tournée de Johnny pour tout l'été à son même producteur, Georges Olivier. Sauf que c'est une catastrophe. Johnny est alors dans le trou, il connaît un passage à vide, et j'avais fait le pari que cette tournée serait un succès. Ce ne fut pas le cas. On attendait trois ou quatre mille personnes à chaque concert sous chapiteau ; il y en avait mille, quinze cents. Par chance, on ne payait pas d'avance les loueurs, même s'il s'agissait d'achats fermes ; ce qui me permettait d'attendre de me refaire en trésorerie pour régler les factures. Pour le reste, tout fonctionnait bien. Malgré les difficultés, il n'y avait jamais de mauvaise surprise sur le plan de la technique. Comme disait Jacques Rouveyrollis, le formidable ingénieur lumière, à l'époque éclairagiste de Johnny : « Ce soir on est en vacances, c'est Camus qui organise. »

Il n'en reste pas moins que le désastre est complet sur l'ensemble de la tournée. Financièrement, les temps sont de nouveau très durs, et sur des sommes nettement plus importantes que par le passé. À l'époque, j'avais la chance que mon avocat, Daniel Vaconsin, soit l'ami intime du président de la banque BIMP, où je plongeais régulièrement dans un déficit abyssal. Il acceptait cependant de me suivre, rassuré par Vaconsin. Daniel est mon avocat depuis une quarantaine d'années. Il est de bonne composition, car le premier chèque que je lui ai remis était en bois. C'est dire combien à cette époque, alors que j'avais dépassé la trentaine, les finances étaient souvent basses... Il est vrai que j'avais commencé tôt à flirter dangereusement avec les découverts. Dans ma jeunesse, au grand désespoir de mes parents, j'avais défrayé la chronique en signant quatre ou cinq chèques en bois pour des fournisseurs du coin ; d'où un article dans le journal local. Il ne s'agissait pas alors de chercher à vivre au-dessus de mes moyens, mais de me donner la possibilité de faire convenablement mon travail. Car j'ai toujours pensé qu'un spectacle à l'économie n'est pas un spectacle. Je n'avais pas les sommes nécessaires ? Je les dépensais quand même, et le spectacle avait lieu. D'où des situations délicates, des coups de téléphone du banquier. Du moins le public était-il le premier servi, et à la hauteur de ses attentes, ce à quoi j'ai toujours tenu plus que tout. Quitte, comme ce fut le cas avec la tournée de Hallyday, à ce que l'ardoise soit très lourde. Mais, aujourd'hui comme hier, il est rare pour un producteur de gagner sur tous les tableaux.

Heureusement, je me suis aussi mis à acheter des spectacles de Michel Sardou, ce qui atténuait mes pertes. Il était alors au sommet de sa carrière et vendait des millions de disques. C'est ensuite que, petit à petit, les chiffres de ventes se sont inversés entre Johnny et lui, d'où peut-être une certaine amertume de sa part.

★

J'ai inventé un nouveau métier : « organisateur » de tournées, avec tous les aléas de réussite que cela signifie. Les Marouani étaient des agents, et ils ne couraient pas les mêmes risques. Moi, j'achetais un spectacle de Hallyday ou de Sardou pour une somme équivalente à vingt ou trente mille euros d'aujourd'hui. Je payais celui à qui je l'avais acheté, pas la vedette. Et je m'occupais de tout le reste. C'est ainsi que j'ai été le premier à produire des spectacles en province en dehors des traditionnelles associations locales qui, longtemps, s'en étaient seules chargées. Car il n'existait pas alors de promoteurs locaux. Les associations achetaient les spectacles à des agents, et leurs bénévoles s'occupaient du déchargement du matériel. Conséquence : dès que le spectacle commençait, il n'y avait plus personne sur les lieux, ne serait-ce que pour assurer la sécurité. Et pour ensuite recharger dans les camions, c'était la galère. Au point que parfois il fallait conserver les cartes d'identité des types qui venaient décharger pour être sûrs de les revoir au moment du démontage.

J'achetais donc des spectacles nus, à charge pour moi de me débrouiller ensuite pour les rentabiliser, avec des frais importants. Car chez moi, par différence avec les associations de bénévoles, il fallait payer les gens. La professionnalisation, gage de succès, a donc un coût fort élevé et nécessite bien souvent de mettre la main à la pâte pour diminuer les frais. Dans mes débuts, j'ai connu les affiches qu'on part coller en pleine nuit, quitte à pisser dans la colle en hiver pour qu'elle ne gèle pas, la location du chapiteau, les papillons avec des numéros à placer un par un sur les chaises, le montage du matériel qui tenait dans deux Bedford – aujourd'hui, des dizaines de semi-remorques sont nécessaires –, l'organisation dans ses moindres détails. Mais rapidement j'ai réussi à mettre en place une profession structurée. Par exemple, j'ai copié sur les Américains la pratique du *catering*, pour que les musiciens et techniciens, en arrivant le soir, trouvent à boire et à manger. J'ai toujours eu le souci de soigner les techniciens autant que les artistes.

J'achetais de plus en plus de spectacles, mais pour la province – Paris, ce sera plus tard. Aussi bien Roger Lanzac, Tino Rossi, Coluche, Rika Zaraï, Claude François, Enrico Macias, que Hallyday ou Sardou. J'ai même organisé des fêtes de la bière, sous chapiteau, en association avec Luc Gaurichon, actuellement président du syndicat des producteurs de spectacle. On louait un chapiteau, un orchestre bavarois, et allons-y pour toute la nuit. J'ai aussi acheté des matchs de catch, avec l'Ange blanc, Delaporte et d'autres types gentils, sans histoires, faciles dans le travail, mais qui savaient jouer les méchants face au public et offrir un spectacle qui tenait à la fois de l'art de la voltige et de la parodie sportive. Je me souviens même de matchs de catch sur l'eau, à l'île de Ré.

Je travaillais donc avec un nombre considérable d'artistes, j'organisais de plus en plus de spectacles et, l'un dans l'autre, je parvenais à faire vivre la mini-entreprise que nous constituions tous les trois, Annette, Gilbert et moi. D'autant que, dès que je me suis mis à acheter Sardou ou Hallyday, je me suis lancé dans le spectacle à gros public. En chapiteau ou en gymnase, on pouvait atteindre jusqu'à cinq ou six mille spectateurs. Nous quittions ainsi le côté artisanal des débuts, car le montage du chapiteau ne relevait pas de mon ressort ; s'en occupaient les équipes des loueurs. Mais tout le reste, absolument tout, était sous ma responsabilité.

Les Zéniths n'avaient pas encore vu le jour. Leur arrivée changera la donne. Le premier fut monté à Paris, sur l'emplacement de l'ancien Pavillon de Paris, dans le parc de La Villette. Il ouvrit en 1984. Puis le concept s'exporta en province, d'abord à Montpellier et dans de nombreuses autres villes. On en compte aujourd'hui dix-sept répartis sur la France entière. Nous les devons à Jack Lang, le plus brillant ministre de la Culture depuis Malraux. Il a tant fait pour le spectacle que nous ne pouvons que lui tirer notre chapeau, même si sa conception de la culture s'est parfois élargie un peu trop à mon goût, par exemple jusqu'aux taggers, ce qui est discutable. Son étoile ne pâlit d'ailleurs pas. Aujourd'hui encore, dans toutes les manifestations, il est présent. Et je suis certain que beaucoup d'artistes ou de professionnels de notre milieu le considèrent avec le même respect que s'il était encore ministre de la Culture et devait le rester jusqu'à sa mort.

★

Les années passent. Les échecs pèsent toujours aussi lourd et les passages à vide sont nombreux. Chaque fois, je mets beaucoup de temps à remonter la pente et à me faire une place. Heureusement, les opportunités professionnelles deviennent plus nombreuses. Je fais la connaissance d'un homme formidable, Pascal Bernardin, fils d'Alain Bernardin, fondateur du célébrissime Crazy Horse. En tant que producteur, Pascal s'était spécialisé dans les Anglo-Saxons, un monde que j'avais peu approché, mais dont les stars commençaient alors à déferler sur les scènes françaises. Je suis resté quatorze ans associé avec lui sans un bout de papier signé entre nous. Ensemble nous avons monté des spectacles extraordinaires, dont certains appartiennent à la légende de la scène française. C'est le cas des deux derniers spectacles de Bob Marley en France, des prestations de Police ou de Supertramp, de Madonna en 1987 au parc de Sceaux devant 130 000 personnes, de Michael Jackson au Parc des Princes en 1988, des Rolling Stones au même Parc des Princes en juin 1990.

Pascal et moi nous partagions le travail, aussi bien les problèmes que les recettes, sans l'ombre d'une divergence. En plus, faire venir des vedettes internationales d'une telle envergure nous a donné une forte lisibilité dans le milieu du rock et de la variété française. Ce qui m'a permis de gagner l'argent nécessaire pour monter d'autres opérations, cette fois non plus comme acheteur de spectacles, mais comme producteur à part entière.

C'est ainsi que j'ai appris un métier qui, avant moi, n'existait pas. Je l'ai exercé à la dure, sur les routes, en caravane, pendu à mon téléphone dès qu'il y avait un souci, jonglant avec l'argent, mais toujours en ayant en tête un triple objectif : le confort des équipes, la satisfaction de l'artiste et le bonheur du public.

3

Producteur de Johnny Hallyday

Nous sommes en 1979. Alors que Pascal Bernardin et moi accueillons Supertramp pour quatre jours au Pavillon de Paris, la salle mythique du rock parisien des années 1970, Johnny Hallyday s'annonce pour venir voir le spectacle. Ensuite il souhaite passer en coulisses, ce qui crée une situation imprévue : l'équipe de Supertramp ne veut pas le laisser rentrer au motif que personne ne le connaît... Me voilà donc en train d'appeler au secours Pascal Bernardin afin que notre Johnny national puisse franchir le barrage britannique. Johnny, que l'événement amuse beaucoup, félicite les artistes de leur magnifique prestation avant de me prendre à part et de me confier de sa voix murmurante :

— Tu sais que j'ai viré toute mon équipe... Mon producteur Georges Olivier, mon secrétaire Sacha Roule, mes musiciens, tout le monde.

— Oui, je suis au courant.

— Bon. Je te dis ça parce que j'ai une question à te poser : est-ce que tu accepterais de t'occuper de moi ?

Sur le moment, je n'en ai pas cru mes oreilles, mais la stupeur est vite passée. J'ai tout de suite donné mon accord. M'occuper de Johnny représentait un aboutissement, une sorte de consécration.

Le vrai moment de bascule dans ma carrière, il est là. J'ai quarante et un ans, déjà une solide expérience dans le monde du spectacle, mais je ne joue pas encore dans la cour des grands. En devenant le producteur de Johnny, je change de catégorie, même s'il conserve son agent, Charley Marouani. Lequel m'annonce, quasiment dans les jours qui suivent l'accord :

— Jean-Claude, vous allez faire le Palais des Sports.

Je toucherai un pourcentage minable, mais je suis tellement content que j'accepte. Ce sera, en 1982, mon premier Palais des Sports à Paris avec Johnny. Le spectacle, *Mad Max*, ne fut d'ailleurs pas son meilleur, car il connaît alors un léger creux de carrière. Et puis le temps des spectacles à thème, comme Johnny les a pratiqués pendant des années avec un immense succès, était sans doute révolu. Cependant tout se passe bien. Entre nous, l'entente est parfaite. Du coup, Johnny s'aperçoit que le travail de son agent ne lui apporte rien, qu'il n'est qu'un intermédiaire lui coûtant 10 %. Le Palais des Sports à peine achevé, il rompt donc son contrat avec Charley Marouani. On se doute que j'ai été accusé par son clan de toutes les traîtrises du monde, mais je n'avais pris aucune initiative en ce sens. Je deviens donc pleinement responsable de la carrière de Johnny. Ensuite les événements se sont enchaînés, je ne connais plus que de grands moments et deviens très vite le numéro 1 dans ma profession.

Financièrement, je me porte nettement mieux. Car derrière Hallyday ont suivi Sardou et de nombreux autres, par exemple Sylvie Vartan, Moustique, Vince Taylor, les Sunlights, tous des grandes vedettes à l'époque. Je deviens le producteur de leurs spectacles et de leurs tournées. Ce fut une hécatombe dans l'écurie de Georges Olivier, un peu comme aujourd'hui dans celle de Gilbert Coullier. En parallèle, je continue à organiser avec Pascal Bernardin de grands concerts pour des artistes étrangers.

Ce qui ne m'empêche pas de boire à intervalles réguliers des bouillons mémorables. Jusqu'au début des années 2000, alors que mon affaire est florissante, je n'aurai pas un million de francs à la banque et ne posséderai comme bien immobilier que mon appartement à Neuilly. Le paradoxe, je l'ai déjà évoqué, est que je ne serai totalement à l'aise financièrement qu'en quittant cette profession et en vendant ma société en 2007.

★

Après le succès mitigé du spectacle *Mad Max*, nous décidons de monter un nouveau spectacle qui se déroulera deux ans plus tard, au Zénith. Je pris alors l'habitude de toujours concevoir les grands shows avec la même équipe restreinte et en travaillant sur des maquettes pendant des mois. Mais, avant de commencer à réfléchir, je demandai à Johnny :

— Tu voudrais quoi, pour la prochaine fois ?

— Une impression de force… Je voudrais un poing sur scène.

Nous sommes alors partis sur ce concept de la main qui s'ouvre. Il ne nous restait qu'à ajouter tout le reste. Nous avons donc commencé à réfléchir en petit groupe, Roger Abriol, mon directeur de scène, Jacques Rouveyrollis, l'ingénieur lumière, plus tard Bernard Schmitt, réalisateur et metteur en scène, le décorateur anglais Mark Fischer – créateur entre autres du célèbre décor KÀ du Cirque du Soleil à Las Vegas –, plus un ou deux autres selon les nécessités du spectacle. Tous ensemble nous jetons des idées en l'air, dont 80 % sont mauvaises. Et puis, un jour, quelqu'un a l'illumination à partir de laquelle on travaille jusqu'à la mise au point finale que nous proposons à Johnny.

À part le poing, la seconde force de ce spectacle au Zénith, ce furent les cinq mille projecteurs de Jacques Rouveyrollis, une débauche de lumière jamais vue jusqu'alors – Jacques Rouveyrollis, à qui j'ai donné les moyens de réaliser son talent, au point qu'il m'appelle toujours « son Père Noël ».

Il s'agissait donc d'un travail d'équipe, et les metteurs en scène avec lesquels nous travaillions étaient plus des coordinateurs que des concepteurs à part entière. Par exemple le travail entre Bernard Schmitt et Johnny consistait moins à discuter de la mise en scène elle-même que de se bagarrer sur la liste des chansons. Comme toute vedette, Johnny ne voulait plus interpréter les anciennes que le public attendait pourtant avec impatience.

Arriva le premier jour de montage technique. Je me rendis au Zénith dès 6 heures du matin pour y découvrir les milliers de projecteurs ; cela commença donc par un éblouissement dont le souvenir, aujourd'hui encore, reste intact. Le reste fut du même style. Le Zénith venait d'ouvrir, et pour ce poing qui avançait jusqu'au milieu de la salle il avait fallu construire une énorme machine extérieure et faire ouvrir une porte tout aussi énorme derrière le bâtiment afin que le bras puisse avancer, traverser la scène, se retourner, s'ouvrir, et que Johnny apparaisse. L'ensemble réclamait de tels moyens mécaniques qu'il était aussi intransportable qu'impossible à installer dans d'autres salles.

La fête s'annonçait donc grandiose. Sauf que, très vite, nous avons senti que nous ne serions pas pleins sur la durée. La fréquentation espérée ne serait donc pas au rendez-vous. Le spectacle faisait d'ailleurs suite à deux albums qui n'avaient pas trop marché. Et puis le Zénith n'est pas une salle facile, même pour quelqu'un comme Johnny qui peut se produire dans à peu près n'importe quel endroit, quelle que soit sa taille. Avec ses – seulement – 6 000 places, le Zénith paraît immense et difficile à remplir. Jean-Jacques Goldman y a tenu salle comble pendant quarante représentations, mais c'était Goldman, et son record n'a jamais été égalé.

Paradoxalement, nous avons été sauvés par ce qui, en d'autres circonstances, aurait pu nous tuer :

l'interruption du spectacle. Au bout d'un mois de représentations, Johnny a eu un malaise sur scène, suivi d'une hospitalisation de dix jours à l'hôpital américain, à cause de sa hanche. Les assurances nous ont alors bien aidés. Johnny a été immobilisé durant une dizaine de jours. Ensuite, il a repris le spectacle, mais sur certains jours. La tournée fut elle aussi un demi-échec. Je n'en menais donc pas large. À cette date, ni le Zénith ni les fournisseurs n'étaient payés. Par bonheur, tout le monde m'a fait confiance. J'ai réussi à acquitter mes dettes sur le temps, car il était hors de question que je dépose le bilan.

*

Johnny vivait alors avec Nathalie Baye. C'est elle qui l'a fait pénétrer dans le milieu du cinéma et lui a permis de connaître un autre monde d'artistes et de créateurs, sans doute plus intellectuels que ceux du show-biz. Il y a très bien réussi, et on ne compte plus les grands rôles qu'il a tenus devant la caméra des réalisateurs les plus prestigieux. Il faut dire que Johnny ne rate pas grand-chose. Même dans la première pièce qu'il a jouée, en 2011, au théâtre Edouard-VII, *Le Paradis sur terre*, il était excellent. Pour le reste, le spectacle était quelconque et n'a marché que grâce à lui. Et pourtant, à cette époque, je ne le regardais pas avec les yeux de l'amour ! Mais il était de loin le meilleur.

C'est après ce Zénith qu'avec Nathalie j'ai suggéré à Johnny qu'un renouvellement de producteur de disques était essentiel pour relancer sa carrière. Jusqu'alors, c'étaient Jean Renard et Pierre Billon.

— Vous êtes bien gentils, mais avec qui ? nous demandait-il.

Bonne question. Nathalie et moi l'avions anticipée, ainsi qu'une hypothèse de réponse, mais il fallait laisser venir Johnny vers notre idée et ne pas la lui imposer. À l'époque, Gilbert Coullier et moi nous occupions de France Gall et de Michel Berger. Je proposai donc à Gilbert Coullier de les faire venir au spectacle et d'aller ensuite dîner tous ensemble.

Le dîner arrive. Les deux vedettes se retrouvent face à face et, aussi timides l'un que l'autre, ne lâchent pas un mot. À la fin du repas, Johnny se décide enfin :

— Michel, est-ce que vous accepteriez de me faire une chanson ?

— Non, Johnny. Pas une chanson. L'album ou rien.

Nous n'en croyions pas nos oreilles. J'ai senti tout de suite que cette collaboration ouvrait les portes sur l'avenir. Michel Berger serait son nouveau producteur de disques. Là commence la résurrection de Hallyday, l'explosion totale, l'énorme retour et un succès qui va durer des décennies, car il change complètement de registre et son public le suit avec enthousiasme. Quelques jours après, Johnny rend visite à Michel. Celui-ci se met au piano et chante « Le chanteur abandonné », qui sera l'énorme succès de l'album futur, *Rock'n Roll Attitude*. L'année suivante, ce sera la collaboration avec Jean-Jacques Goldman et la sortie de l'album *Gang*. Le renouveau se poursuivait.

Porté par l'excellent accueil reçu par ses deux derniers albums, Johnny décide de faire un nouveau spectacle. C'est l'époque où il traverse une zone de turbulences personnelles, puisqu'il se sépare de Nathalie – malgré mes interventions pour les réconcilier, infructueuses. J'habitais alors rue de la Faisanderie où il viendra dormir deux ou trois nuits tant sa vie est chamboulée. Ensuite, il retrouve un semblant de paix, et nous nous mettons à préparer le prochain spectacle de Bercy avec Michel Berger. Commence alors une période où Johnny me fait une gueule épouvantable, ne me prend même pas au téléphone, ne me répond pas quand je lui parle. Je mets ça sur le compte de ses affaires sentimentales. Michel Berger confirme :

— Il vous reproche de trop vous occuper de sa vie privée.

Un comble, puisque c'est lui qui m'appelle au secours.

Le spectacle se prépare donc, avec la participation active de Michel Berger. Outre les chansons qu'il a composées pour Johnny, il assure aussi la mise en scène. Le principe de ce nouveau spectacle tourne en partie le dos aux grandioses démonstrations précédentes. Le concept de Michel est en effet plus modeste, mais avec de beaux effets, comme lorsque Johnny traverse le rideau d'eau sur scène.

Le succès est triomphal. Pendant trois semaines, nous jouons à guichets fermés. Et la tournée qui suivit remporta le même succès. Il ne s'est plus jamais interrompu, au point qu'il est difficile de trouver dans l'histoire de la variété française une longévité semblable à la sienne. Hallyday a mené sur plus d'un demi-siècle une carrière exceptionnelle, autant en spectateurs qu'en disques vendus et en longévité. Songeons qu'il a débuté à dix-sept ans !

⋆

Si travailler à ses côtés fut l'un des plus grands bonheurs de ma vie, je n'ai jamais eu pour autant l'impression de descendre un long fleuve tranquille. Une anecdote éclaire un aspect de son caractère. Il peut être capable à la fois d'enthousiasme et d'un certain aveuglement. Un jour, alors que nous parlions d'un nouveau spectacle et étions à la recherche d'idées, il m'annonça triomphalement :

— J'ai vu quelque chose de magnifique. C'est à Cancùn, et je voudrais quelque chose qui ressemble à ça. Il faut que tu ailles le voir !

Me voilà donc parti à Cancùn avec mes deux lieutenants les plus proches, Roger Abriol et Jacques Rouveyrollis. Nous arrivons au Mexique après des heures de vol, et beaucoup de fatigue. Et nous découvrons une boîte de nuit où, à part quelques beaux éclairages, le spectacle ne présente aucun intérêt. Johnny s'était une fois de plus laissé séduire par une première impression positive relayée par son enthousiasme aussi légendaire que ses dégoûts soudains. Nous sommes rentrés en lui affirmant que nous allions faire au mieux ; impossible de lui dire que nous ne pouvions rien tirer de ce que nous avions vu là-bas, car il l'aurait mal pris. Par la suite, nous avons proposé ce que nous avions en tête, et il n'a plus jamais été question de la boîte de nuit mexicaine. Dans le même esprit, Johnny avait remarqué lors du spectacle de Michael Jackson un tapis roulant qui traversait tout l'espace. Il a voulu le même. Je l'ai donc fait fabriquer afin qu'il occupe toute la largeur de la scène du Parc des Princes. Il n'y mettra pas les pieds durant les quatre représentations.

Du moins avions-nous évité les intrigues et les engueulades que j'ai eu parfois à subir de sa part. Une de ses spécialités, et pas des plus agréables, a consisté pendant des années à voir son entourage se bagarrer, car il adorait fomenter des histoires. Il pouvait aussi avoir des accès de mauvaise humeur lors desquels je me faisais agonir de reproches, ce qui alimentait les rumeurs sur mon départ. Ces crises, courtes mais violentes, ont duré trente-cinq ans, sans fondement et sans conséquence. Je crois que, dans le fond, cela l'amusait beaucoup. Il gardait d'ailleurs le contrôle de la situation et savait ne pas franchir la ligne rouge. Jamais il n'a remis en question nos conditions de travail ou les contrats qui nous liaient, par exemple en exigeant plus d'argent.

Au fil du temps, j'ai intégré des rituels dont il fallait bien que je m'accommode. C'est ainsi que, un mois avant chaque grand spectacle à Paris, de façon systématique, Johnny ne m'adressait plus la parole et me faisait sa tête des mauvais jours. Ce qui était pratique pour travailler. Pourquoi ? Sans doute le stress, la peur de l'échec. Lorsque j'avais quelque chose à lui demander, il fallait passer par Lætícia. Éventuellement, il transmettait sa réponse à Lætícia ou à quelqu'un d'autre, mais il ne décrochait pas son téléphone ni ne venait aux réunions. Ensuite, dès qu'il avait vu son décor, il plongeait dans ses répétitions musicales qui se déroulaient en studio. Elles duraient entre cinq semaines et deux mois, jusqu'au moment où elles tournaient en rond et devenaient inutiles. Pendant ce temps, nous nous occupions de monter le spectacle de A à Z.

J'ai souvenir de l'angoisse qui montait en moi lorsqu'il s'agissait de présenter son décor à Johnny. Allait-il être content ? J'usais donc de ruses pour obtenir un effet de surprise maximum. Par exemple, au Stade de France, j'ai organisé son arrivée depuis le fond pour qu'il découvre son décor d'un seul coup. L'effet était saisissant. Mais les réactions de Johnny ne variaient pas. En général, il se contentait de demander :

— C'est pas un peu *cheap* ici, un peu trop *cheap* là ?

Et pas un mot de plus. En revanche, il était à peine rentré chez lui qu'il appelait tout Paris pour dire combien son décor était formidable.

Ma force, c'était que mes techniciens formaient une sorte de famille, et que j'étais tout le temps sur le chantier. Car tous les spectacles étaient lourds. Pour le premier Stade de France, notre scène et le décor habillaient toute la largeur de l'espace en englobant les gradins. Au Parc des Princes, nous avions construit une réplique, en plus petit, du fameux pont de San Francisco, sur lequel circulaient des motos et des cascadeurs. Un décor pareil pour quatre représentations de cinquante mille spectateurs chacune : travail énorme pour effet grandiose. Par la suite, une commune a voulu acheter et installer le fameux pont. Mais cela aurait posé trop de problèmes de sécurité, et elle a finalement renoncé. Outre les décors, les lumières, les effets spéciaux, un gros spectacle de Johnny pouvait comporter plus de cent choristes, un orchestre symphonique de cinquante ou soixante personnes et son propre orchestre.

Une fois que nous avions terminé sa conception, nous ne prenions la pleine conscience de l'énormité d'un spectacle que lors de notre arrivée et du temps dont nous disposions pour la mise en place. Au Stade de France, par exemple, nous n'avions qu'une semaine pour tout monter. Il fallait donc travailler jour et nuit avec cent cinquante personnes. Le plus extraordinaire, c'est que malgré les difficultés sans nombre et le temps réduit, je ne me suis jamais dit que nous n'y arriverions pas.

Décor, son, lumières... Le réglage de celles-ci réclame une minutie extrême par projecteur pour faire l'encodage, c'est-à-dire pour rentrer toutes les informations dans l'ordinateur. Car les techniciens disposent de nos jours de machines ultra-puissantes qui facilitent la bonne marche du spectacle, mais accroissant considérablement le temps de préparation. Pour le son, les grandes salles nécessitent des enceintes énormes et des colonnes. Et lorsqu'on équipe de vastes espaces comme le Champ-de-Mars ou le Stade de France, d'autres problèmes se posent. Malgré des systèmes de correction qui ajustent au mieux, plus on s'éloigne de la scène et plus le décalage entre le son et l'image devient sensible. D'où, parfois, les rumeurs de chant en play-back. C'est une des causes des difficultés qu'on rencontre dans les gros spectacles en plein air.

Parfois surgissent des imprévus. En cours de montage ou entre deux représentations, on les résout. Mais lorsque le problème surgit en plein spectacle, il faut le subir et courber le dos. J'ai gardé un excellent souvenir du triomphe de Madonna au parc de Sceaux. Pourtant, il y a eu une ombre au tableau. Le parc est immense sur sa longueur. Il fallait donc le jalonner de colonnes de sons, de lumières et d'écrans jusqu'au bout, et nous nous étions partagé le travail entre équipes américaine et française. Mais, à l'époque, nous avions notre conception d'installation, nos câblages, et les Américains la leur. Résultat : volontairement ou pas, au milieu du parc, quelqu'un a débranché le son. La troisième partie du public, celle qui était la plus éloignée de la scène, n'entendait quasiment rien.

⋆

Pour moi, la plus belle entrée de Johnny reste celle de 1993 au Parc des Princes, où il arrivait sur scène tel un boxeur, après avoir fendu la foule. Il gardait toujours en tête les conseils de Maurice Chevalier, son idole, qui lui avait dit à ses débuts :

— Mon garçon, dans un spectacle, tu dois savoir ce que tu fais en entrée et en sortie. C'est là que tu dois être le plus fort. Au milieu, tu leur donnes ce que tu veux.

Tout au long de sa carrière, il s'est référé à ce principe. Quand j'ai eu cette idée de boxeur, j'ai donc préparé une maquette avec l'équipe afin de la proposer ensuite à Johnny. Mais j'avais mon idée en tête. Je préviens l'équipe que Johnny va nous poser une première question, essentielle pour lui. Ce qui ne manque pas. La question arrive tout de suite :

— Mon entrée ?

Et ma réponse aussi :

— Tu rentres comme un boxeur, là, et tu traverses la foule sur la pelouse jusqu'à la scène.

Il regarde chaque participant de la réunion. Tous acquiescent. L'idée est validée. Il n'est jamais revenu dessus.

Arrive le spectacle. J'avais tout mis au point, en particulier une haie de sécurité pour traverser la foule, car la pelouse du Parc contenait tout de même dans les quinze mille personnes. Je suis en liaison constante avec la scène et avec l'équipe de sécurité dirigée par le fidèle Jimmy Reffas. J'accompagne Johnny depuis sa loge jusqu'à la sortie sur la pelouse. Mais ce qui n'était pas prévu, c'est que je traverse avec lui la foule au milieu de laquelle je suis entraîné, poussé, bousculé, happé. Je vis alors un moment aussi magnifique qu'horrible. Tout le monde veut toucher Johnny, s'approcher encore plus près de l'idole. La bousculade commence, enfle, devient étouffante. L'équipe de sécurité, constituée d'athlètes, se retrouve balayée en quelques minutes. Ne restent auprès de Johnny que mon chef de sécurité et moi, qui me sens glisser et redoute d'être piétiné... Je ne suis jamais arrivé jusqu'à la scène. On m'a extrait, je ne sais trop comment, de la foule. Ce soir-là, j'ai eu la peur de ma vie.

À la fin du spectacle, je me tiens à la sortie de scène pour accueillir Johnny et le conduire jusqu'à sa loge. Jack Lang, le ministre de la Culture, est présent. Il s'étonne.

— Mais enfin, Johnny, qui a eu cette idée de te faire traverser la foule ?

— C'est lui. Ce con, lance-t-il en me désignant.

J'encaisse sans un mot. Que répondre ? L'idée était mauvaise, c'était donc la mienne.

Quelques années plus tard, il est interviewé lors d'une émission sur M6 sur ce fameux épisode du Parc des Princes.

— Qui a eu l'idée de votre entrée formidable au milieu de la foule ?

— C'est moi.

Sans plus de commentaire que pour la version précédente. L'idée était devenue bonne, c'était donc la sienne. L'ego d'un artiste n'est jamais satisfait. Pour peu qu'on le lui ait demandé ce jour-là, Johnny aurait pu tout aussi bien soutenir que c'est lui qui a construit le Parc des Princes...

★

Au fil des années, d'autres artistes me rejoignent : Florent Pagny, Francis Lalanne, Chimène Badi, Lara Fabian, Christophe Maé, Pierre Bachelet, Catherine Lara, Marianne James, Tina Arena, David Hallyday. Johnny et Michel restent en haut de l'affiche, à Paris et en province. Mais le temps des apothéoses est encore à venir. Il commence par le premier Stade de France de Johnny en 1998.

Ce spectacle magnifique découle d'un autre, antérieur, appelons-le l'opération Las Vegas, et qui remonte à décembre 1996. Je n'en étais pas le producteur. C'était un des amis de Johnny, Norbert Aleman, qui, pour lui faire plaisir, avait organisé cet épisode américain. J'étais plus que réservé quant au succès de l'entreprise. Je me demandais si la colonie française allait venir. Quant au public américain, je doutais fort qu'il se déplace. L'enjeu était donc d'importance. Si Johnny ratait son concert à Vegas, nous risquions d'en subir les retombées négatives.

Soudain j'imagine la solution : et si on faisait rêver, si on emmenait la clientèle de Johnny à Vegas ? Nous construisons donc le projet en ce sens, ce qui aboutit à faire pendant quelque temps de notre maison de production le plus grand voyagiste du monde. Je monte en effet une agence pour Las Vegas avec celui qui dit encore aujourd'hui que je suis son mentor, Dinh Thien Ngo.

Les difficultés nous tombèrent dessus avant même le départ. Nous nous étions fait aider par quelqu'un qui gérait un petit aéroport près de Paris et possédait une école de pilotage. Il nous amène donc huit ou dix apprentis pilotes pour travailler avec nous sur les réservations de billets d'avion et d'hôtels. Nous convenons que les avions porteraient chacun le titre d'une chanson de Johnny. Il y en aurait au moins une quinzaine. Tout semblait donc au point.

Mais l'ambiance au sein de son équipe ne devait pas être excellente, car quelques jours avant le premier départ, un de ses employés vient me trouver et me confie, tout penaud :

— Monsieur Camus, il faut que je vous parle.

— Que se passe-t-il ?

— Quelqu'un a saboté l'organisation en croisant toutes les listes. Vous n'êtes pas directement visé, vous payez les frais de conflits en interne. Mais le résultat est là. Vous allez vous retrouver face à une pagaille pas possible.

J'ai vite compris. La pagaille, cela signifiait que telle personne, convoquée à Roissy tel jour, devait partir d'un autre aéroport et un autre jour. Avec les conséquences qu'on imagine pour les réservations d'hôtel. Les fils de l'écheveau que nous avions mis si longtemps à tisser se retrouvaient en vrac.

Dinh Thien et moi avons donc passé trois jours et trois nuits à tout reprendre et recaler. Une camionnette partait pour tel avion, à telle heure, prévenir les passagers pour les conduire ailleurs… Et tout cela pour cinq mille voyageurs ! Il faut dire que nous risquions le scandale du siècle ; si nous rations notre départ, la suite de l'opération tournerait au fiasco. Je n'ose imaginer ce que certains journalistes auraient écrit ou dit.

Quant à moi, je devais impérativement partir pour Las Vegas où d'autres problèmes d'organisation m'attendaient, et pas des moindres. Deux jours avant la date du concert, je m'envolai. Arrivé là-bas, je continuai à suivre la situation à Paris par téléphone, les vols, les arrivées et les transferts dans les hôtels, jour et nuit, sans prendre le temps de dormir. Je me revois, assis au bord de mon lit, téléphone à l'oreille, cochant des noms sur des listes. Comme j'étais épuisé par le décalage horaire, j'avais programmé mon réveil pour qu'il sonne tous les quarts d'heure, tellement j'avais peur de sombrer dans le sommeil. Finalement, tout est rentré dans l'ordre. Chaque passager a eu son vol et son hôtel.

Plus de cinq mille personnes furent donc emmenées à Las Vegas et hébergées dans trois ou quatre grands hôtels. On imagine la logistique qu'il fallut déployer sur place pour accueillir les fans, les conduire jusqu'à leur destination, les prendre en charge dans une ville où la plupart n'avaient jamais mis les pieds et ne parlaient pas la langue. Il y eut même des excursions organisées, entre autres au Grand Canyon. Pour beaucoup, ce fut un voyage extraordinaire, un de ceux qu'on ne fait qu'une fois dans sa vie et que l'on n'oubliera jamais.

Malheureusement, le spectacle n'a pas été celui qu'on attendait. J'étais allé voir Johnny en répétition, à Paris, un dimanche, et, tandis que je l'écoutais, je me disais que ce répertoire ne lui ressemblait pas. Il n'interprétait guère que des grands tubes américains. C'est la maison de disques, qui finançait aussi une partie du spectacle de Las Vegas, qui avait eu cette idée car elle cherchait de l'inédit. J'avançais qu'à mon avis la clientèle de Hallyday n'attendait pas ce genre de show. Mais, n'étant pas le producteur, je n'avais aucun pouvoir sur l'événement. Comme était prévue une semaine de répétition à Vegas, je me rassurais en pensant qu'on pourrait arranger les choses sur place.

Mais un autre élément est venu compliquer l'opération. À cette époque, Johnny voulait son yacht. Et quand Johnny veut quelque chose... Il fait donc le siège de Pascal Nègre, immense bonhomme, président de la maison de disques Universal, très attaqué car il ne disait jamais non à Johnny, lequel ne voulait pas partir à Vegas sans la certitude d'avoir son argent. Ce qu'il a fini par obtenir. Mais, au lieu de partir une semaine avant, il est arrivé l'avant-veille ou la veille, je ne me rappelle plus, à Las Vegas.

Au moment où il met le pied sur le sol américain, il ignore que nous avons évité une nouvelle catastrophe. Par chance, il m'était venu trois mois auparavant l'idée, avec son avocat qui était aussi le mien, d'aller voir à quoi ressemblait la salle de Vegas. Et grand bien nous en a pris ! Nous étions arrivés au casino Riviera où nous avions dîné avant de découvrir les lieux :

une banale salle de congrès d'hôtel, avec un plafond bas, des chaises dorées sur un sol plat, une scène de moins d'un mètre de hauteur à cause du plafond. Résultat : Johnny aurait les projecteurs presque sur la tête. Impossible de se produire dans un tel lieu dont la contenance, d'à peine trois mille personnes, ne suffirait d'ailleurs pas à nos cinq mille invités. Il risquait de partir en courant dès qu'il découvrirait une telle salle ! Comme le concert était unique, nous n'avions aucun droit à l'erreur. Nous avons donc trouvé en urgence un vrai théâtre, le théâtre Aladdin, aujourd'hui détruit.

Le soir du concert arrive. Tous les gens attendent l'arrivée de leur star, mais comme la plupart ont débarqué la veille ou le jour même, ils subissent un rude décalage horaire à cause du vol. Pour eux, à 21 heures, il est 3 heures du matin. L'ambiance dans la salle est donc un peu étrange. Sur ce, Johnny entre sur scène et se met à chanter les chansons américaines, ce qui crée comme un bug dans le public – un léger bug, parce que certains spectateurs dorment. Et puis, dans la tête des gens, pas de concert de Johnny sans grand spectacle. Or ils se retrouvent en face d'un chanteur et de son orchestre, sans rien autour… On est bien loin de la magie d'un show à l'américaine.

Tout cela ne pouvait que les décevoir. Johnny lui-même subissait le décalage et éprouvait une extrême fatigue. Ses réflexes de bête de scène étaient amoindris. Voyant le flop annoncé, il aurait pu réagir et enchaîner sur son répertoire, mais il n'a pas eu cette énergie. Deux heures plus tard, en sortant de scène, il savait qu'il n'avait pas été bon et en était malheureux.

Très peu d'artistes français ont connu une vraie réussite aux États-Unis. On les compte sur les doigts d'une main depuis la guerre : Yves Montand, Édith Piaf, Charles Aznavour, Line Renaud, même si dans son cas il s'agissait d'une revue… et c'est à peu près tout. L'obstacle de la langue est incontournable. Nous connaissons tous cette difficulté. N'empêche que j'étais triste de l'échec américain. Pour moi, le public, ce sont des clients qu'il faut respecter et soigner. Le jour du départ, je passe donc dans chacun des avions du retour et m'adresse aux voyageurs lors d'un rapide speech au micro. Je leur explique que Johnny est désolé, que nous les remercions d'être venus l'entendre et leur souhaitons un bon retour… La situation est donc à peu près réparée. J'ai eu plusieurs fois l'occasion de constater que, en cas de pépin, les gens sont sensibles au fait qu'on leur dise la vérité et qu'on se montre authentique avec eux. Et cette clientèle, elle m'écoute, je la connais par cœur. J'en ai reçu lors de ce voyage une preuve extraordinaire. Au retour, dans l'avion où j'avais pris place, un Boeing 747, alors que nous étions au premier étage avec mes proches, le chef de cabine vient me voir :

— Monsieur Camus, je suis désolé de vous déranger, mais en bas, ils vous réclament avec insistance.

Je suis descendu et les acclamations ont fusé. Je me suis senti attrapé et porté tout le long de l'avion !

C'était un bel hommage qui m'était rendu, une façon de me remercier, même si la réussite n'était pas totale.

Nous rentrons donc en France, où un premier papier nous descend ; il est signé Maurice Achard, un journaliste avec qui, plus tard, on le verra, j'ai eu des mots. Sur ce, l'attachée de presse Catherine Battner m'appelle, car Gérard Louvin avait signé un accord avec Pascal Nègre pour filmer le spectacle et le diffuser sur TF1. Elle me convie au montage. Ce que je vois me désole. Impossible de diffuser ça, tellement c'est mauvais. Je propose donc de rendre l'argent du contrat en prétextant un incident quelconque survenu pendant l'enregistrement. L'épisode Las Vegas tomberait ainsi aux oubliettes, et ce serait tant mieux. Mais personne ne m'écoute. Le film passe à la télé et c'est un désastre complet. Le public de Johnny est désappointé tant l'ensemble est nul, mal filmé et mal monté, sans intérêt. Ils avaient déjà peu aimé le concert sur place, mais le revoir sur TF1 n'a fait qu'accroître leur déception.

Comment rebondir ? Dans mon esprit, il faut concevoir un nouveau spectacle pour faire oublier l'épisode américain et montrer que Johnny est une énorme vedette qui a toujours plus d'atouts dans sa manche qu'on ne le croit. Je lance donc à mon équipe :

— On va faire le Stade de France.

Tout le monde me regarde avec des yeux ronds. Sauf Johnny, tout de suite emballé par la proposition.

Mais comment réconcilier les fans venus à Vegas ? Certains s'étaient endettés pour deux ans afin de se payer le voyage. Je propose à Johnny une solution : quelques jours avant le Stade de France, nous programmerons une répétition au Zénith à laquelle nous inviterons tous ces gens-là. Il hésite.

— Mais je ne veux pas faire un spectacle sans décor ni costumes… Je le fais en entier ou je ne fais rien.

— Crois-moi, Johnny. Il faut que tu acceptes. C'est bien pour eux, c'est bien pour toi.

Il m'a écouté et a joué le jeu. Le jour dit, je l'ai présenté au public :

— Vous êtes des privilégiés, car vous allez assister à la construction d'un spectacle, sans costumes, sans décor, mais en exclusivité.

Quant à Johnny, il expliquait au public totalement ravi ce qui allait se passer :

— Là, je sortirai de scène, là, l'orchestre attaquera telle chanson…

Ce fut un triomphe, les spectateurs étaient aux anges. La suite ne devait pas nous décevoir non plus. Nous avions prévu un Stade de France, nous en avons fait trois.

Le public de Johnny est d'une fidélité à toute épreuve. Les gens de sa génération ne l'ont jamais lâché. Ceux qui sont venus ensuite ont grossi la foule déjà grande des parents, toutes classes sociales confondues. Le public de Johnny va ainsi du petit gars de la zone aux différents présidents de la République, de gauche comme de droite. Une telle masse de spectateurs transgénérationnelle et brassée socialement, aussi bien parisienne que provinciale, en fait, là aussi, un cas à part dans l'histoire de la variété française.

Le public de Michel Sardou lui est semblable sur ce point : les générations s'ajoutent, elles aussi, mais dans un style plus classique, quitte à réserver des surprises : François Mitterrand en faisait partie, comme le prouva le touchant discours qu'il prononça à sa remise de Légion d'honneur.

4

Producteur de Michel Sardou

Car l'autre immense artiste dont je suis devenu producteur peu de temps après Johnny Hallyday, c'est Michel Sardou. Avec un talent et une voix extraordinaires, une popularité inouïe et des textes forts aux mélodies immédiatement mémorisables, il est l'autre phénomène de la variété française. De surcroît, comme celle de Johnny, sa carrière est marquée par une longévité exceptionnelle.

Michel est professionnel jusqu'à l'obsession, l'angoisse même. Torturé et parfois difficile à saisir, il intériorise ses sentiments, ses doutes et ses peurs jusqu'à ne plus pouvoir les contenir. Alors il explose, et sur son passage tout doit s'écarter. Il est d'un abord plutôt agréable avec les techniciens et les musiciens, mais souffre d'une anxiété chronique face au public. Il est plus sauvage que Johnny. Il sort de scène, l'orchestre continue à jouer, mais lui est déjà dans sa voiture, il part. Il ne reste jamais après le spectacle. Il compte des fans par millions, mais il n'est pas proche d'eux, et aucun n'a vraiment envie de lui taper dans le dos. Toujours il garde une distance. Car il sait montrer que vous êtes de trop et qu'il préférerait être ailleurs.

C'est un homme si pressé qu'on a parfois le sentiment qu'il court après son ombre. Nous devons nous retrouver dans une ville à l'heure qu'il a fixée, 17 heures, à condition toutefois de ne pas avoir loupé la voiture : car si le rendez-vous était à 14 heures à la réception de l'hôtel, Michel en est en fait parti depuis 13 h 30. De sorte que lorsque vous vous pointez à l'heure prévue, il vous annonce que vous êtes en retard ; ce qui, de son point de vue, peut se concevoir puisqu'il est toujours en avance. Ensuite il s'installe dans sa loge, où il a le plus grand mal à tenir en place. Tous les quarts d'heure :

— Jean-Claude !

J'arrive.

— Tu me laisses toujours tout seul. C'est pas la peine que tu sois là si c'est pour me laisser tout seul.

Nous parlons pendant un quart d'heure, de tout et de rien. La tension retombe. Soudain il se regarde dans la glace.

— Je suis un vieux con. Allez, dis-moi que je suis un vieux con.

— Mais non, Michel. Mais non. Tu prends quelques années, comme nous tous, mais tu n'es pas un vieux con.

— Si !

Je le laisse à ses idées sombres et repars. Dix minutes passent. Et de nouveau :

— Jean-Claude !

Et nous voilà repartis à parler... Certains soirs d'avant spectacle, le manège peut se répéter six ou sept fois. S'il doit entrer en scène à 20 h 30, il est au pied de l'escalier dès 20 h 20.

— Alors ? On y va ?

— Dans dix minutes, Michel.

Il râle, entrouvre comme chaque soir le rideau, examine toute la salle, de haut en bas et de gauche à droite, minutieusement, jusqu'à ce que, soudain :

— Il y a cinq chaises vides ! Pourquoi il y a des chaises vides ? Je ne veux pas de chaises vides !

Je passe sur les coups de gueule à la sortie de scène quand une porte s'est ouverte pendant le spectacle. Thierry Suc, alors promoteur de son show à Grenoble, se souvient d'une colère homérique dirigée contre lui, tandis que Michel était à poil dans sa loge. C'est sa spécialité.

Dans ses mauvais moments, si Michel veut faire un mot, tout lui est bon. Combien de fois l'a-t-on vu dans une émission de télé, interrogé sur un jeune chanteur qui vient de se produire devant lui : « Non, je ne le connais pas du tout », répond-il, au risque de passer pour un ours, sinon un goujat. Comme de nombreux impulsifs, il possède un gros défaut : il ne se force jamais à faire ou à dire ce dont il n'a pas envie.

Michel et moi avons traversé une grosse crise. Une année, il parlait durant son spectacle pendant dix minutes ou un quart d'heure de tout et de rien, de l'actualité, de gens connus, d'une nouvelle parue dans la presse, tout en maniant un humour souvent vachard. Et sa tête de Turc, cette année-là, c'était Hallyday. Un soir, à Bruxelles, à Forest National, il sort sur scène :

— Maintenant qu'il a un chalet à Gstaad, Hallyday va pouvoir mettre sa Vietcong sur ski.

Il parlait de la fillette vietnamienne que Lætitia et Johnny venaient d'adopter. Sifflets dans la salle. Anne-Marie, sa femme, était folle de rage, tout comme moi. En découla aussitôt une fâcherie entre Sardou et Hallyday, les réseaux sociaux s'en étant mêlés et ayant fait monter la mayonnaise. Ils ne se sont jamais réconciliés depuis. Longtemps, ils s'étaient échangé des vacheries, ce qui ne les empêchait pas de rester copains. Mais ce soir-là Michel a franchi la ligne, et Johnny ne pouvait pas l'accepter.

Un jour, lors de cette même tournée, alors qu'il se produisait au Zénith de Caen, j'ai piqué une colère parce que j'étais moi-même concerné. Il revenait pour la énième fois sur Hallyday en espérant déclencher les rires de la salle.

— Hallyday, c'est vrai qu'il a un chalet à Gstaad, mais c'est un petit chalet, un tout petit, au bord de la route... C'est vrai, je vous jure. D'ailleurs, c'est Camus qui me l'a dit.

Je me suis fichu dans une rogne noire dès sa sortie de scène :

— Maintenant ça suffit. Tu arrêtes tes conneries qui ne font rire personne. Et si tu agis encore une fois comme ça, si tu me mets en cause en racontant n'importe quoi parce que tu veux faire un bon mot, je me barre et tu ne me revois plus.

Évidemment, je n'ai jamais eu à mettre cette menace à exécution. Michel, qui possède une intelligence vive et une conscience aiguë des limites à ne pas franchir, n'a pas récidivé. Car malgré des excès parfois difficiles à supporter, il est avant tout un être sensible, un écorché vif qui dissimule ses failles et ses chagrins sous une carapace de dureté afin de n'en rien laisser paraître. Le 2 avril 1998, il chantait à l'autre bout de la France quand il a appris que sa maman était décédée. On l'a ramené après son concert, dans la nuit, sur Paris. Le lendemain soir, il devait chanter à Nancy. Lorsque je lui proposai d'annuler, il a refusé d'un mot, net et tranchant :

— Non ! Mes sentiments et ma peine, c'est une chose. Mais les gens qui se sont déplacés pour me voir, je me dois de les respecter. Ils ont suffisamment de soucis personnels de leur côté pour que je ne leur colle pas en plus les miens.

Michel possède cette force de caractère qui l'empêche de dévier de sa route. Je le comprends. Le jour du décès de ma propre mère, Enrico Macias chantait à Romorantin. Je me trouvais alors à Paris, mais il était prévu que je vienne le rejoindre pour assister à son spectacle, que je produisais, le soir même. Ce que j'ai fait.

J'ai un autre souvenir douloureux lié à Michel. Le 24 décembre 1999, mon téléphone sonne vers 1 heure du matin. C'était Anne-Marie Sardou, paniquée.

— Jean-Claude, il y a eu une catastrophe. Michel est parti comme un fou en voiture, sa fille l'a appelé, elle était en pleine campagne, du côté de Pontoise, elle a été violée. Et lui a eu un accident sous le tunnel de La Défense. Maintenant je ne sais pas où il est.

Je me précipite à Neuilly, où les Sardou habitaient à l'époque, pour passer prendre Anne-Marie et partir à la recherche de Michel. Nous l'avons retrouvé à la gendarmerie de Pontoise, où il avait atterri après son accrochage en voiture, et où les gendarmes avaient récupéré la jeune femme, violée par plusieurs personnes. Ce fut une nuit épouvantable pour nous tous, et d'abord pour elle. J'étais en pleine détresse. Plusieurs années après, elle a sorti un livre où elle s'étonnait de ma présence cette nuit-là. Ce qui m'a bousculé moralement, car mon amitié était entière, pour son père comme pour elle. Et qu'elle puisse en douter m'a fait mal.

Pendant de longues années, nous avons connu ensemble de magnifiques spectacles et des tournées plus triomphales les unes que les autres. Mais le caractère entier de Michel a parfois rejailli sur la marche de sa carrière. J'aime rappeler que, dans notre métier comme dans tant d'autres, on ne casse pas une équipe qui gagne. C'est ainsi que, lorsqu'il a quitté son compositeur attitré, Jacques Revaux, sa célébrité a pâli. Aujourd'hui, son immense tube, « Les lacs du Connemara », remonte tout de même à plus de trente ans. Il a écrit de bonnes chansons ensuite, mais qui n'ont pas remporté le même succès. Comme il est têtu comme une mule, il ne l'admettra jamais. Mais c'est un fait. Et il peut toujours répéter son ordre fétiche, « C'est moi qui commande, et on m'obéit ! », tout le monde se taira mais n'en pensera pas moins.

À mes yeux, il reste un personnage atypique dans ce milieu agité et fêtard, un solitaire volontiers mélancolique qui se lasse vite des êtres et des choses. Lorsqu'il possédait une maison en Corse et qu'il m'y invitait, j'avais compris que je devais rester deux jours, mais pas cinq. Il était content de me voir, mais ses habitudes demeuraient immuables : à 19 heures, apéro, dîner à 19 h 30, et à 21 heures il est dans sa chambre.

À la différence de Johnny, il n'a aucune cour autour de lui. Cela l'insupporterait. Il décide tout à peu près tout seul. Et tant mieux. Car quand il écoute les avis des autres, ce n'est pas toujours une réussite. En 2007, Pascal Nègre et Valéry Zeitoun, d'Universal, réussirent à le convaincre de choisir pour sa rentrée parisienne le Zénith et non pas le Palais des Sports qui était initialement prévu ; ce qui était selon moi une mauvaise idée. « Si, si, tu vas battre le record de Goldman », lui répétaient-ils. Michel a fini par les suivre. J'ai tout de même réservé quelques jours au Palais des Sports parce que je tenais à mon idée. Sauf qu'on a tellement mal rempli le Zénith qu'on n'a pas pu vendre le Palais des Sports. La qualité du spectacle de Michel n'était pas en cause : il était excellent. Mais le Zénith, ce n'est pas Bercy. À côté de ce qui n'est jamais qu'un chapiteau de luxe, Bercy est une vraie salle, avec un parking accessible, qui correspond au public de Michel.

Pour lui, le lieu idéal, c'est l'Olympia. En 1995, il y a chanté durant six mois d'affilée, un record. Le spectacle marchait très fort, on jouait à guichets fermés. On prolongeait, et on prolongeait encore. À un certain moment, Jean-Michel Boris, qui dirigeait alors l'Olympia, voulait même prévoir trois mois supplémentaires. J'ai refusé. Nous prolongerions d'un mois et, s'il le fallait, d'un autre mois ensuite. J'ai bien fait. Nous avions atteint le pic de fréquentation, et d'ailleurs, le dernier mois, les salles étaient un peu moins remplies ; nous étions arrivés au bout. Si j'avais accepté de prolonger de trois mois, le triomphe antérieur se serait achevé en demi-échec, voire en catastrophe, et c'est cela qui serait resté dans les mémoires. Alors qu'en six mois d'Olympia, à six représentations par semaine, Michel a vu défiler 300 000 personnes, un triomphe qu'il ne fallait surtout pas détruire.

Je sens ces choses-là. C'est étrange : les salles sont pleines, tout le monde pense que le succès va se poursuivre. Et ça s'arrête net, car vous êtes arrivés au bout. Il faut savoir ne pas abîmer un succès. C'est la fin qui alimente la mémoire d'un spectacle, pour la profession comme pour le public.

★

Celui qui, sur la durée, aurait pu être le troisième homme légendaire de la variété française, celui que j'aurais voulu produire, c'est Jean-Jacques Goldman. Il a eu une carrière époustouflante, à laquelle il a pris la décision de mettre un terme il y a des années. Mais il fut une énorme vedette et reste toujours cher au cœur des Français, comme en témoigne sa cote de popularité qui, année après année, se maintient au sommet.

Je n'ai jamais démarché un artiste et toujours suivi un principe : ils viennent librement chez moi, car ils savent ce qu'ils vont trouver. La seule fois où j'ai accompli une démarche, ce fut pour Jean-Jacques

Goldman. L'histoire remonte à de nombreuses années. Nous faisions alors sur RTL une émission avec Johnny Hallyday, « Studio 22 », et un jeune artiste était là, avec son premier succès : Jean-Jacques Goldman. J'étais épaté par son talent, sa présence calme, l'aura qu'il dégageait. À la fin de l'émission, je traverse le studio :

— Jean-Jacques, si vous avez besoin de quelqu'un pour la scène, sachez que je suis là.

— Trop tard, c'est Thierry Suc et mon frère, Robert Goldman, qui s'occupent de moi.

— C'est tant mieux pour vous, mais dommage pour moi. Je pense que nous aurions bien travaillé ensemble.

L'énorme succès est arrivé tout de suite. Jean-Jacques a battu le record de durée au Zénith de Paris, qu'il a dû remplir pendant une quarantaine de représentations d'affilée. Il reste un artiste unique, inouï, à part puisqu'il a toujours fui la célébrité et les mondanités. Aussitôt le spectacle fini, il mettait son casque, montait sur sa moto et disparaissait. Et quand il venait assister au concert d'un autre artiste, il se noyait dans la foule, incognito. Il passait très rarement en coulisses, car il a toujours eu un souci extrême de la discrétion. La seule fois où je l'y ai vu, c'était il y a six ou sept ans, à Marseille, pour saluer Christophe Maé, dont je m'occupais. C'était peu de temps après que Johnny Hallyday avait décidé de quitter ma maison de production pour celle de Gilbert Coullier. En sortant de la loge de Christophe, je raccompagnai Jean-Jacques, qui me dit :

— Jean-Claude, ce qu'il vous a fait, Johnny, ce n'est pas bien. Parce que moi je sais, je voyais comment vous le regardiez avec admiration et tendresse, comment vous vous occupiez de lui.

Ce qui m'a fait chaud au cœur, car venant de Jean-Jacques Goldman, je savais que c'était complètement sincère.

★

Beaucoup de traits de caractère nous rassemblaient tous trois, Johnny, Michel et moi. La passion du spectacle, bien sûr, tout autant que le goût du travail bien fait et le respect du public. Sans oublier l'amour des bons repas et de la gastronomie haut de gamme !

Johnny est d'un abord parfois surprenant, son humour peut être froid et se passer de mots. Dans ce registre, mon premier souvenir remonte à la fin des années 1970, alors que je n'étais pas encore son producteur et me contentais d'acheter ses spectacles. L'un d'entre eux se déroulait à Bourges. Le concert est fini, tout le monde s'apprête à remonter en voiture lorsque Johnny s'approche de moi, m'embrasse, puis me prend mes lunettes. Et part pour Paris avec. Tranquille, tout heureux de son coup. Le décor a été planté très tôt.

Une autre histoire un peu pénible me revient à la mémoire. Si Johnny tient très bien l'alcool, moi pas ; ce qui a pendant des années été l'objet de remarques ironiques de sa part. Je n'ai eu qu'une fois dans ma vie une cuite accompagnée d'un état d'ivresse épouvantable. C'était en 2000. La tournée avait été magnifique et se terminait à Montréal. Au déjeuner de fin, nous

nous retrouvons avec quelques amis, dont Jean Reno et Muriel Robin, et Johnny choisit un restaurant japonais qu'il adorait. J'apprécie le saké. J'étais heureux et gai, Johnny content de me voir dans cet état, lui qui me trouvait souvent une mine trop sérieuse, sinon sévère. Je descends aux toilettes. Et lorsque je remonte, je trouve sur chaque marche un verre de saké – une idée de Johnny, à coup sûr. J'hésite un moment. Puis je décide de me lancer. Je bois le premier verre, puis le deuxième, jusqu'à dix verres, outre ce que j'avais déjà bu avant.

Je suis cependant reparti sur mes pieds, en me comportant de manière impeccable jusqu'à la voiture, puis l'hôtel. Heureusement que j'avais préparé ma valise. Il restait trois ou quatre heures avant l'avion, il suffisait donc que je me repose et reprenne mes esprits. Sauf que j'étais incapable de m'allonger. Tout tournait autour de moi dans la chambre, une horreur. Je me suis donc assis sur le bord du lit jusqu'au départ pour l'aéroport où, miracle, je suis arrivé dessoûlé. Ma chance avait été de ne pas faire de mélange. J'ai compris ce jour-là ce que signifiait la formule « prendre une bonne cuite ». Et je m'en suis souvenu, car la première fut la dernière.

Je n'en dirai pas autant de Johnny. Il tient beaucoup mieux l'alcool que moi. Nous partons pour une tournée en Afrique. Lorsque nous arrivons à Abidjan après des heures de vol accompagnées de boissons diverses, il est déjà très fatigué. Le producteur, Bruno Eucat, voulant bien faire, nous invite le soir. Johnny râle :

— Oui, mais avec toute mon équipe.

Je lui explique que cet homme ne peut pas, que le budget est limité, etc. Il insiste. Je l'engueule et l'envoie balader. Chacun monte dans sa chambre. Une heure passe. Bruno Eucat vient frapper à ma porte, complètement affolé. Johnny boude, il ne veut plus chanter.

— Ne t'inquiète pas, attends un peu, laisse faire, lui dis-je.

Et en effet, au bout de dix minutes, Johnny se pointe au bout du couloir.

— Ah, tu n'as pas compris, je voulais te faire une blague, mais tu n'as aucun humour !

Nous nous regardons, Bruno et moi. La crise est passée. Et le soir Johnny chante, bien sûr.

Après un spectacle à Saint-Étienne nous devons nous retrouver chez les frères Troigros, le fameux restaurant auberge de Roanne (aujourd'hui à Ouches), pour y dîner et dormir. Johnny m'a précédé. Le bar donne sur l'ascenseur. Lorsque j'arrive, j'y trouve Johnny confortablement installé devant son verre. Je ne sais plus ce qu'il me lance alors, sans doute une grossièreté qui se voulait drôle.

— C'est à moi que tu parles ? Attends-moi une minute, je reviens.

Je monte déposer mon chien dans la chambre et redescends. J'attrape alors mon Johnny par le col et lui sors tout ce que je pense de lui, en mal bien sûr, et dans une colère homérique.

— Et d'abord j'en ai rien à foutre de ton pognon, lui lançai-je.

— Évidemment que t'en as rien à foutre de mon pognon, maintenant que tu fais des Madonna...

L'échange monte, devient excessif, horrible, insupportable. Près de nous, Érick Bamy, son choriste, mort depuis, noir de peau, me semble devenu blanc de peur. Je remonte dans ma chambre. Une demi-heure plus tard, mon téléphone sonne.

— Allô ? On s'est pas compris, allez, viens manger, mon Jean-Claude.

— Non, je ne mangerai pas avec toi.

Il insiste, et finalement je redescends. Une bonne bouteille m'attend, et tout repart. Nous rigolons ensemble, nous nous entendons à merveille, rien ne pourra séparer le duo de choc que nous formons. Johnny est emporté, voire insupportable, mais au final c'est le même caractère qui nous unit, même dans la crise.

Il m'a plusieurs fois surpris par sa difficulté à dire les choses ou à assumer ses choix. S'il fallait se séparer de quelqu'un, un proche, un collaborateur, voire une femme, une forme de manque de courage l'empêchait de passer à l'acte, ce dont je devais me charger :

— Tu n'as qu'à lui dire que..., m'expliquait-il.

— Bien sûr, Johnny, pas de problème.

Et j'allais au charbon. Cela m'agaçait passablement, jusqu'au jour où j'ai compris ce que dissimulait sa faiblesse. En fait il n'aimait pas faire de la peine aux gens.

À l'opposé de la timidité, il peut avoir des réactions imprévues et quasi enfantines dans leur gentillesse ou leur incongruité. Un jour, alors que nous préparions une tournée, il me demanda :

— Pourquoi on ne retourne pas à Châteauroux ?

Je ne comprenais pas sa question. Nous étions passés dix ou quinze ans plus tôt à Châteauroux, à une époque où il n'était pas encore la super-vedette qu'il était devenu.

— Mais, Johnny, ce n'est pas une ville première. Pourquoi tu veux retourner à Châteauroux ?

— Parce que là-bas tu m'avais servi un plateau de fromages comme jamais je n'en ai vu, tellement que je l'ai emporté à Paris… Donc j'aimerais bien retourner à Châteauroux.

Parfois il se comporte en véritable gamin. Je me souviens des nombreuses fois où il nous a annoncé sur un ton triomphal qu'il arrêtait de fumer. Il avait pris sa décision, la cigarette, c'était fini. Sauf que, pendant un concert, lorsqu'il se changeait rapidement dans sa loge entre deux chansons, on voyait des volutes de fumée s'élever au-dessus de la cloison ! Johnny fumait en douce, comme un môme. Jusqu'au jour où nous le voyions réapparaître devant nous avec son air le plus naturel, cigarette à la main. Il n'avait plus besoin de se cacher, puisqu'il avait recommencé à fumer.

Le Johnny que j'ai le plus de difficulté à comprendre, c'est le personnage soudain mutique auquel on ne peut arracher un mot et qui se terre dans son coin et ne veut voir personne. Juillet 1990, mariage avec Adeline Blondieau. J'ai en charge l'organisation de la réception à Saint-Tropez, au château de la Messardière, tout juste fini de construire. Depuis quelques mois, j'ai comme assistant Franck Saurat, un garçon timide et gentil que j'ai mis en pleurs un nombre incalculable de fois tant je le trouvais sans énergie, sans doute parce qu'il était trop jeune. Mais il est devenu celui qu'il est devenu, le patron de l'énorme maison Carson Prod qui travaille pour la télé.

Donc, ce jour-là, j'ai organisé la réception comme un spectacle. C'est ainsi que j'ai fait recouvrir la piscine afin de dégager un vaste espace pour les invités et aménager un autre escalier destiné aux mariés parce que celui qui existait n'était pas assez large. Mariés qui arriveront en calèche, d'où un chronométrage précis afin de synchroniser la musique.

Voilà d'ailleurs les mariés qui apparaissent. Applaudissements, sourires, félicitations, tout se passe bien, Johnny et Adeline saluent leurs invités avant de rejoindre leur chambre pour se changer. Plus de trois cents personnes, toutes debout, attendent patiemment. Mais les mariés ne redescendent pas. Pour une raison qu'il n'exprime pas, Johnny refuse de venir à la réception, refuse de répondre au téléphone ou d'ouvrir sa porte. Il a fallu patienter plus d'une heure qu'il se décide enfin… Nul n'a jamais bien su pourquoi il avait eu cette sorte de frayeur. Peur de se tromper ? Peur du monde ? Lubie ?

La suite fut d'ailleurs bien triste, le couple se défaisant plus vite encore qu'il s'était formé. Mais le sordide succéda à la tristesse. Qu'Adeline ait pu dire, en 2016, lors du procès en diffamation sur le livre de Johnny, qu'il la violait alors qu'elle avait quatorze ou quinze ans, relève de l'infamie et est formellement contesté par le chanteur.

J'ai appris cette terrible nouvelle alors que je roulais en voiture entre Bruxelles et Paris. Mon téléphone sonne. C'est BFM. Le journaliste m'annonce que l'ex-femme de Johnny l'accuse de viol. Il souhaite recueillir mon avis en tant que proche.

— Écoutez, proche, cela fait cinq ou six ans que je ne le suis plus. Mais rappelez-moi dans dix minutes, j'ai besoin de réfléchir.

En fait, si je n'accepte pas de parler à ce journaliste, j'accrédite les accusations de viol. Lorsqu'il me rappelle, je fais donc une déclaration dithyrambique pour prendre la défense de Johnny face aux attaques honteuses qu'il subit. Et je conclus :

— Je doute qu'elle se soit mariée deux fois avec Johnny sous la contrainte et la violence !

Trois jours après, j'ai reçu de Lætitia un texto d'amitié et de remerciement pour ce que j'avais dit. J'en ai été touché. Il a d'ailleurs marqué le début de notre réconciliation.

*

Avec Michel autant qu'avec Johnny, je crois avoir eu une force : ne m'être jamais comporté en courtisan. Je leur ai toujours dit ce que je pensais dans la mesure où cela servait leur image ou leur carrière. Et s'ils ne se sont jamais répandus en éloges ou en remerciements, je sais qu'ils m'en étaient reconnaissants. D'où notre grande proximité affective durant toutes ces années.

Par exemple, tous deux sont venus à l'enterrement de mon père, à cent quarante kilomètres de Paris, ce qui est un vrai signe d'affection. Car ils appréciaient l'homme, comme les techniciens l'appréciaient. Je me souviens que, âgé, lorsqu'il venait à nos spectacles, ils redoublaient d'attentions à son égard. Au Champ-de-Mars, ils avaient construit une petite estrade pour y poser son fauteuil, autour duquel quatre d'entre eux montaient la garde afin d'éviter qu'il se fasse bousculer et qu'il puisse apprécier le spectacle dans les meilleures conditions.

Maman est morte dans mes bras grâce à Johnny dans des circonstances qui, elles aussi, dénotent une profonde affection. J'avais réussi à monter un duo Sheila-Johnny, et l'enregistrement se déroulait en grande banlieue. Maman venait alors d'être de nouveau hospitalisée dans un très mauvais état de santé suite à une opération d'un cancer du rein. Je me rendis cependant au studio pour assister à l'enregistrement. C'était en plus un jour de grève des routiers, la circulation était mauvaise, je m'énervai et arrivai en retard, rien n'allait. J'informai Johnny que ma mère était de nouveau hospitalisée.

— Mais qu'est-ce que tu fous là ? Tu pars tout de suite auprès d'elle !

Je rentre donc à Paris pour aller la voir à l'hôpital. Puis je vais dormir. À 1 h 30 du matin, Johnny m'appelle :

— Ta maman, comment elle va ?

— Très mal, Johnny.

— Surtout, tiens-moi au courant.

Je n'arrive pas à me rendormir, je suis inquiet et décide de retourner à l'hôpital. Maman s'est éteinte dans mes bras un quart d'heure après mon arrivée. Et le même soir, comme je l'ai raconté, j'étais à Romorantin auprès d'Enrico Macias.

Quelques jours plus tard, je devais partir à 9 heures pour l'enterrement en Normandie. À 8 h 30, Johnny m'appelle pour me donner ses encouragements avant cette dure journée. De telles attentions ne peuvent s'oublier.

Et puis il y a les moments drôles que nous partageons avec le public. Entre lui et moi s'est très tôt instauré un rituel : il aime bien que je lui fasse une surprise lors de la dernière représentation. Je ne m'en suis pas privé. Une fois, habillé en bimbo, j'ai traversé toute la salle pour venir sur scène lui offrir une rose. Une autre fois, j'ai été un bébé couché dans un landau. Une autre encore, toujours en bimbo, j'ai sillonné la scène sur un petit vélo d'enfant… Mais l'exploit, ce fut à Bercy, lors d'un spectacle où Johnny, au final, s'élevait dans les airs jusqu'au plafond accroché à un crochet de chantier. En fait c'était un cascadeur qui montait. J'ai décidé de prendre sa place. Lors de la répétition d'après-midi, j'ai vécu l'une des plus belles peurs de ma vie : gainé dans des lanières en gros tissu, je commençai à monter, avec le bruit inquiétant des courroies qui se tendaient, jusqu'à vingt mètres… Mais j'étais décidé à le faire, je me suis donc exécuté. À la fin de la représentation, quand Johnny a vu que c'est moi qui m'envolais, il est devenu blême… Mais moi, je l'étais déjà depuis un moment !

*

Les colères de Michel Sardou fonctionnent différemment. Alors que celles de Johnny sont imprévisibles dans leur apparition comme dans leur déroulement, celles de Michel sont réglées comme du papier à musique. Il se met en colère, s'arrête, puis dans un deuxième temps sa voix monte plus haut, son débit se fait plus martelé, et le troisième temps c'est Hiroshima. Tout cela pour un rien, en plus ; une porte qui en s'ouvrant donne de la lumière quand il est en scène suffit à le mettre en rage.

Il jouait une pièce avec Marie-Anne Chazel au théâtre du Gymnase, et quelque chose, que j'ai oublié, se passe dans le noir de la salle, qui ne lui plaît pas. Sa colère dans la loge, après le spectacle, éclate sur nous tous, comme si nous étions responsables. Sur ce, il s'en va. Une demi-heure après, le téléphone sonne, deuxième couche. Et le lendemain matin, comme il n'était toujours pas calmé, il a remis ça. Dans ces cas-là il n'y a rien à faire, sauf attendre la fin de la tornade et des outrances, du genre « je ne bosse plus avec toi », ou « il faut virer tout le monde »… Le lendemain soir de cet ouragan, je mange un sandwich dans ma loge du théâtre du Gymnase, porte ouverte. Michel passe, me voit, et lance à Anne-Marie :

— Regarde-moi ce pauvre malheureux qui est en train de manger son sandwich tout seul dans son coin.

C'est fini. Il n'y a plus de colère. Nous finissons dans les bras l'un de l'autre.

Nous arrivons à Orléans. Il faisait froid dans la salle. Michel, et c'est bien normal, a une peur farouche du coup de froid qui lui cassera la voix. Mais est-il pour autant obligé d'envoyer un coup de poing dans la figure du producteur local ? C'est pourtant ce qu'il fait ce jour-là.

Et puis il a des lubies, souvent étranges, voire incompréhensibles. Elles peuvent relever d'une sorte de superstition. Une fois pour toutes, il a décidé de ne pas chanter à Besançon. D'une part parce que son père est mort sur scène dans cette ville. D'autre part parce que, lorsqu'il a écrit sa fameuse chanson sur la peine de mort, des manifestations terribles se sont déroulées autour de son spectacle, à Besançon comme ailleurs. C'est ainsi que, à Toulouse, les manifestants avaient jeté un cocktail Molotov sur le chapiteau, ce qui nous avait contraints à arriver le soir cachés dans le fond d'une voiture de police. Le chapiteau était d'ailleurs gardé par les CRS pour contenir les manifestants. Mais, à Besançon, le Palais des Sports étant en contrebas de la route, on avait tiré sur la voiture de Sardou alors qu'il repartait du spectacle. Ce souvenir est resté gravé en lui à jamais. Plus de Besançon dans les tournées. Liège est une autre ville impossible. Il refuse de chanter au Forum, salle magnifique, et personne ne sait pourquoi.

Johnny n'a pas de ces lubies, mais certains endroits l'énervent, et je dois reconnaître qu'il n'a pas toujours tort. Combien de fois m'a-t-il dit, à propos de spectacles de plein air et au milieu de nulle part :

— Qu'est-ce qu'on fout là ? Pourquoi tu m'emmènes là ?

Je lui expliquais, posément :

— Parce qu'on ne peut pas faire tous les jours des grosses choses, c'est trop lourd et difficile ; et parce que tu te dois à ton public, tout ton public, même s'il n'habite pas une grande ville.

— Tu as raison. Mais ça fait rien, c'est tout de même un endroit bizarre.

Il faut dire que nous pouvions frôler le ridicule. En matinée, un dimanche, à Bourg-en-Bresse, sous un marché, je me rappelle que nous avons été accompagnés tout le temps du spectacle par des odeurs de bestiaux.

C'est la raison pour laquelle, à toutes ces salles incertaines, je préférais les chapiteaux. L'organisation était lourde, mais au moins nous savions qu'il n'y aurait pas de mauvaise surprise.

Lorsqu'ils ne sont pas en proie à des emportements et que tout va bien, ce qui par bonheur est souvent le cas, Michel comme Johnny savent se montrer d'une grande gentillesse et d'une grande générosité. Au déjeuner qui a suivi la remise de Légion d'honneur de Sardou, Dinh Thien me dit :

— Regarde, c'est une montre comme celle de Michel que tu devrais porter.

Il s'agissait d'une très belle montre, une Audemars Piguet. Michel, qui a entendu, me tend la sienne :

— Fais voir ce qu'elle donne à ton bras. Elle te va bien. Elle est à toi.

C'est Sardou. Il sait se montrer affectueux et généreux.

Johnny n'a rien à lui envier sur ce dernier point. Quand j'avais ma maison à Saint-Tropez, je roulais à scooter. Un jour, j'arrive de Paris pour des vacances.

Dans le jardin m'attendait une magnifique Harley. C'était un cadeau de Johnny. Je lui téléphone pour le remercier. Lui :

— T'as pas à me remercier. J'en avais marre de te voir dans les rues de Saint-Tropez sur ton scooter pourri.

⋆

À mes heures, j'ai aussi un caractère plus qu'emporté. À une époque, dans mon bureau, quand on m'entendait dire : « Sortez ! », j'étais déjà passé de l'autre côté du bureau pour virer la personne. D'où ma réputation de dureté. Laquelle relève plus de la légende que de la réalité, sauf lorsque je sens un de mes artistes injustement attaqué. Je peux alors avoir le mépris tenace. Le journaliste Paul Wermus en savait quelque chose, lui qui, à plusieurs reprises, nous a mis dans des situations dramatiques, avec des interviews où il me faisait dire ce qui ferait vendre du papier. Arrive le Midem (le Marché international du disque et de l'édition musicale). Francis Bouygues avait l'habitude de louer un yacht où il donnait des déjeuners somptueux devant Cannes. Ce jour-là, nous sommes au moins vingt autour de la table. J'aperçois le journaliste Jacques Pessis, accompagné de Paul Wermus, que je n'ai pas croisé depuis des années. Croyant que nous ne nous connaissons pas, Jacques me le présente. Erreur fatale. L'autre me tend la main, que je ne serre pas, devant toute l'assemblée…

Quand je produisais un grand spectacle, la pression sur moi était telle que, vingt-quatre ou quarante-huit heures auparavant, je me contenais pour ne rien laisser paraître à mes équipes. Résultat : au moindre déclencheur imprévu je débordais et piquais une colère à m'entendre hurler au bout du monde. Et toujours pour une bêtise. Au Champ-de-Mars, Jean-Michel Retrou s'occupait de notre backstage VIP. Pour une toute petite erreur, c'est tout juste si je ne l'ai pas collé au mur ! Alors que c'est un garçon formidable auquel me lie une vraie amitié. Dans ces cas-là, un quart d'heure après, je m'excuse. Toute la pression intérieure s'est évanouie. Tant mieux pour moi, dommage pour celui sur qui ça tombe.

Je me rappelle une autre colère, toujours au Champ-de-Mars, pour l'un des spectacles de Hallyday. Le financement était assuré par la Mairie de Paris, la maison de disques et le ministère de la Culture. Une de mes collaboratrices, Marie-Pierre Bussac, femme d'une extrême compétence, s'occupait de la logistique et, entre autres fonctions, était chargée de remettre les accès au salon VIP : tant d'invitations pour la Mairie, tant pour la Culture, etc. Le directeur de cabinet de la ministre, le jour du spectacle, alors que tout le monde est en train d'arriver, réclame sur un ton de haut fonctionnaire suffisant des invitations supplémentaires en quantité. Je suis la scène de loin, et déjà la moutarde me monte au nez. Mais il a la fâcheuse idée d'assortir sa demande à la pauvre Marie-Pierre d'un argument qui me met hors de moi :

— Mais enfin, ici, c'est nous qui vous payons !

Le malheureux ! Que n'avait-il dit ! Nul ne touche à quelqu'un de mon personnel, même s'il a raison. Je laisse monsieur le directeur de cabinet finir son scandale et lui tombe dessus, l'insulte, le colle dehors devant tout le monde. Et avec des propos d'une vulgarité ! Il est revenu quelques minutes plus tard avec la ministre, et comme si rien ne s'était passé nous nous saluons tous avec la plus grande courtoisie. Plusieurs mois après, j'ai même déjeuné avec lui, sans rancune de sa part.

Je pouvais avoir la main lourde avec les notables. Lors de ce même concert au Champ-de-Mars, tandis que les VIP se présentent à l'entrée réservée, j'avise un individu qui cherche à forcer le barrage et bouscule mes hommes de sécurité. En l'occurrence, il ne s'agissait pas de n'importe qui, mais de Jean-Pierre Pierre-Bloch, proche de Jean Tiberi et adjoint à la Mairie de Paris. Je pense qu'il a longtemps gardé le souvenir des noms d'oiseau dont je l'ai alors gratifié.

★

Sur le spectacle de Supertramp, au parc de Sceaux, arrive une bande de polyvalents (des inspecteurs du fisc), coutume habituelle. Ces messieurs regardent, investiguent, posent des questions. J'ai autre chose à faire, je commence tout doucement à bouillir dans mon coin, mais je me tais. Ils remettent le couvert, titillent mes employés sur tel ou tel point. Soudain la colère s'empare de moi et je fiche tout le monde dehors sans autre forme de procès. Plusieurs années après, un contrôleur fiscal vient me voir à mes bureaux :

— Vous êtes plus calme aujourd'hui ?

Ma réputation était établie. Il avait entendu parler de moi par les polyvalents !

Un matin, au Champ-de-Mars, je file à scooter pour rejoindre une équipe à l'autre bout. Une quinzaine de policiers sont là, venus travailler pour nous, et l'un me lance :

— Votre casque !

— Mais je suis en train de…

— Votre casque, monsieur !

Je suis parti en dérapage à scooter, sans un mot et en bousculant tout le monde. Et, bien sûr, sans mettre mon casque. Fureur des policiers, qui ont voulu me retenir. Peine perdue. J'ai rejoint le poste de commandement de la police, derrière la scène, pour expliquer la situation et me plaindre. J'ai eu droit à des excuses. Mais il est arrivé que la note soit plus salée. J'avise sur mon pare-brise un papillon qui n'a rien à y faire. Je rattrape la contractuelle et pique une colère pour cette contravention que j'estime injustifiée. L'affaire se termine par mon passage en correctionnelle et ma condamnation à une amende. La colère n'est pas bonne conseillère, surtout face à une représentante de la force publique.

C'est pourquoi, face à de telles réactions imprévisibles, mon chef de la sécurité Jimmy Reffas me faisait suivre par deux gardes du corps sur un lieu de spectacle pour intervenir et calmer une éventuelle colère, du moins en limiter les dégâts. J'ai dû ainsi me créer quelques ennemis, mais qu'y faire ?

En dehors de ces colères, je dois à la vérité de reconnaître que, dans le travail, je n'étais pas toujours facile.

Je soignais les membres de mes équipes, mais cela ne m'empêchait pas d'être dur et exigeant avec eux, parce que je l'étais avec moi-même. Ce qui a fait ma réussite. Ils ne m'en voulaient pas. La meilleure preuve : mes équipes sont toujours restées stables. Certains de leurs membres ont compté jusqu'à trente-cinq ans de carrière à mes côtés. C'était une garantie de sécurité. Même les prestataires de services l'avaient compris. La maison qui nous louait les semi-remorques nous envoyait toujours les mêmes chauffeurs, car je savais que, quel que soit le pépin qui pourrait survenir sur la route, Untel et Untel seraient capables de dépanner.

Aujourd'hui, mes colères sont inexistantes. D'où la surprise de certaines personnes qui me découvrent très calme, et s'en étonnent. Il est vrai que je n'organise plus de spectacles… et qu'écrire un livre est une activité plus placide !

5

Mon métier

Producteur : un métier merveilleux mais parfois ingrat. Par exemple j'ai découvert très tôt le sacro-saint principe qui régit le spectacle ; il tient en une phrase : si la salle est pleine, c'est grâce à l'artiste, mais si elle est vide, la faute doit être imputée au producteur.

Un artiste, qu'il soit grand ou petit, n'acceptera jamais d'avoir été médiocre et de rater sa prestation. Il faut qu'il trouve un responsable, qui bien sûr ne peut être lui-même. C'est pourquoi la première condition pour exercer ce métier avec quelques chances de réussite est de ne jamais exagérer sa propre importance ; une modestie qui correspond d'ailleurs à la réalité. Un spectacle réussi requiert un bon producteur organisateur, mais avant tout un excellent artiste. Certains l'oublient un peu trop facilement, qu'ils soient chanteurs ou producteurs.

Une deuxième règle d'or de mon métier consiste à accompagner l'artiste dont on a la charge, quelles que soient les circonstances. Lorsque les étoiles du succès commencent à pâlir, cas assez général parce que les longues carrières restent des exceptions, il se passe un phénomène terrible : certains artistes ne se rendent pas compte qu'ils descendent. C'est là que l'intuition et la finesse du producteur entrent en jeu. Si un chanteur est habitué à se produire devant trois ou quatre mille spectateurs et n'en attire plus que quinze cents, il lui faut s'adapter, même si la situation ne le réjouit pas. C'est alors que l'attitude et les choix d'un producteur sont décisifs. Quand je sentais la descente, j'accompagnais l'artiste, je réduisais la voilure en réservant des salles moins grandes et en engageant moins de frais. Mais j'habillais l'ensemble pour qu'il n'en souffre pas trop.

Cette descente est souvent définitive. Aujourd'hui comme hier, les come-back sont rares. Je pense à Michel Delpech qui, sur la fin de sa vie et après un tunnel de plusieurs années, est reparti d'un seul coup. Mais j'ai beau chercher, je n'en vois pas beaucoup d'autres. Le retour est très difficile. Quand le déclin arrive, un artiste continue sa petite vie, comme avec l'actuelle tournée des années 1960. Mais on ne peut pas vraiment parler de retour. Pour ma part je n'ai jamais ressuscité un artiste.

Un producteur efficace doit s'adapter à chaque situation. Il n'existe pas de recette universelle pour créer du succès ou le maintenir, ni deux carrières semblables. Certains artistes qui ont connu un creux ont su remonter. Le meilleur exemple, c'est Hallyday lui-même au début des années 1980. Beaucoup d'autres ont touché le fond et ne sont jamais réapparus. Mais

ENFANCE ET FAMILLE

En premier communiant à Beaumont-le-Roger.

Ma femme Irène, mon teckel Lolita et moi, en avance sur la mode avec mes chaussettes dans mes sandales !

Avec ma mère Louisette sur mon bateau *Scorpion Ier* à Saint-Tropez.

Mon père Valère, madame Paulette Olivier, première adjointe au maire de Beaumont-le-Roger, et moi-même, à l'inauguration de mon école de musique dans ma ville natale et dont on aperçoit l'enseigne au fond.

Avec ma fille Isabelle dans les années 1980.

DÉBUT DE CARRIÈRE

L'affiche de mon premier spectacle le 14 juillet 1959.

Tableau patchwork réalisé grâce aux billets de mes plus grands concerts. Offert par mon équipe lorsque j'ai quitté ma société Jean-Claude Camus Productions.

Lors d'une dernière de Johnny Hallyday. La coutume consiste à organiser des fêtes très animées. Ici, moi-même déguisé en bébé.

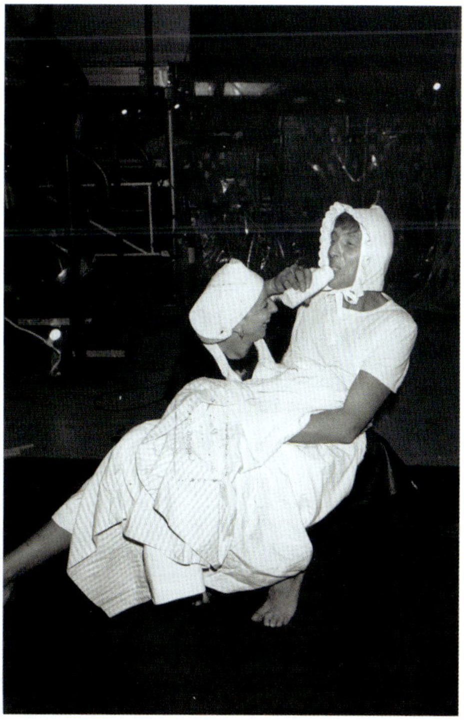

Gene Vincent avec ses musiciens au Golf-Drouot.

JOHNNY HALLYDAY

Moment de complicité avec Johnny.

En admiration avec Lætitia au concert de Johnny, parc de Sceaux.

Johnny inspecte les installations du parc de Sceaux.

Mon premier Festival de Cannes avec Johnny.

Genève. Pari perdu avec Johnny : je l'exauce et accepte de me faire tatouer un scorpion sur l'épaule.

Parc des Princes 1993 avec Bernard Schmitt et Alan, son fidèle secrétaire.

La magnifique Harley Davidson offerte par Johnny qui ne supportait plus que je circule dans Saint-Tropez sur mon vieux scooter.

Au milieu de la foule, Johnny et moi : la célèbre traversée du Parc des Princes.

Ma Victoire de la Musique.

Mon premier bateau, *Scorpion Ier*, arrimé dans le port de Saint-Tropez.

En navigateur, aux commandes de mon bateau dans la baie de Saint-Tropez.

Johnny Hallyday en spectateur au concert de Michel Sardou à Bercy en 2001.

Ma grande amie Line Renaud.

Mes amis, parmi lesquels Dick Rivers, Michel Sardou, Bernadette Chirac, Robert Hossein, Anggun, Line Renaud, Richard Berry, ma fille Isabelle, Michel Bouquet et tant d'autres… lors de la cérémonie organisée pour la remise de ma distinction de commandeur des Arts et Lettres.

27 août 2005 : mariage de Mimie Mathy. J'ai l'honneur d'être son témoin ainsi que Johnny Hallyday.

Mes deux grandes copines, Line Renaud et Mimie Mathy.

Avec Christophe Maé.

Dans la vidéothèque de mon appartement de Neuilly.

Vérification des installations du concert de Johnny Hallyday au Champ-de-Mars.

certains, heureusement nombreux, ont compris que l'heure des triomphes était passée et qu'il leur fallait faire avec un public certes fidèle, mais plus restreint.

Autre principe clé dans la relation entre un producteur et ses artistes : la confiance. Avec Michel Sardou et Johnny Hallyday, nous avons travaillé pendant des années sans contrat. Nous les rédigions après les spectacles ou les tournées parce qu'il fallait nous mettre en règle, et c'était tout. Jamais un de mes artistes n'a remis en question nos accords, les pourcentages, la parole mutuellement donnée. Ma vie durant, j'ai donc appliqué le principe que mon père me répétait dans ma jeunesse : « Mon fils, où il n'y a pas de parole il n'y a pas d'homme. » Aujourd'hui, je suis effaré de voir que non seulement les paroles ne sont pas tenues, mais que parfois les contrats eux-mêmes ne sont pas respectés. Dès qu'un problème surgit, chacun sort ses avocats et menace de lancer une procédure.

⋆

J'ai la chance d'avoir gardé intacte ma capacité d'émerveillement devant la magie de la scène. Aujourd'hui encore, la prestation réussie d'un chanteur ou un beau spectacle théâtral me font monter les larmes aux yeux. Sans doute est-ce la raison profonde pour laquelle le respect et l'amour du public m'ont guidé tout au long de ma carrière.

Un public dont il faut dire combien il peut être extraordinaire. Depuis le plus obscur spectateur perdu en haut des gradins jusqu'à la célèbre personnalité assise au premier rang. Lorsque nous montions un nouveau spectacle de Hallyday au Stade de France, les gens se battaient pour obtenir des invitations dans la tribune VIP, et nous avions ensuite le plaisir de les voir danser et suivre le spectacle avec passion ; ils venaient là plus pour voir que pour être vus. C'était une telle folie que, six mois avant une date parisienne, des personnes commençaient à m'appeler. Je n'avais pas eu de nouvelles de certaines d'entre elles depuis des mois, mais cela ne faisait rien, elles tentaient le coup parce qu'elles voulaient à tout prix assister au spectacle dans les meilleures conditions. Je ne pouvais m'empêcher de prendre l'appel et de leur répondre :

— Oh, depuis le temps que je n'ai pas eu le plaisir de vous avoir au téléphone… Comment allez-vous ?

— Bien.

— J'en suis heureux. Au fait, je voulais vous dire, si vous m'appelez pour des invitations, il n'y en a plus. Vous m'en voyez navré. Mais à très bientôt, j'espère.

Quant au grand public, celui qui paie ses places, il nous a toujours suivis avec le même enthousiasme, à Paris comme dans toute la France. Et sans qu'il y ait jamais eu le moindre pépin à déplorer. Un soir de juin, au Parc des Princes, parce que la nuit n'était pas encore tombée, nous avons commencé le spectacle en retard. Les gens se sont donc retrouvés dehors après minuit, certains confrontés à des problèmes de métro pour rentrer chez eux. Il n'y eut aucune manifestation de mauvaise humeur ni de casse aux alentours du Parc. Il est vrai que je n'ai pas connu les débuts du rock'n roll en France, les chaises cassées dans les concerts de Johnny, les bagarres à la sortie de certains de ses spectacles et cette excitation permanente qui, par la suite, a migré vers certaines rencontres sportives. De mon temps et dans mes spectacles, cela ne s'est jamais produit.

Le public des vedettes étrangères ne m'a pas plus posé de problèmes. Et je note que les festivals de grande envergure, tels que les Francofolies de La Rochelle ou les Vieilles Charrues à Carhaix, se déroulent dans un climat tout à fait pacifique. Le public y vient pour applaudir ses artistes préférés et non pour combattre une bande ennemie ou se heurter à la police.

Lors de notre premier Champ-de-Mars, je redoutais la bande de cinquante casseurs qui surgit sans crier gare, comme dans certaines manifestations ; nous n'en avons jamais vu, ni cette fois ni plus tard. Il est vrai que j'avais pris toutes les dispositions nécessaires. En dehors de la police, nous mobilisions dans les trois cents personnes à la sécurité, organisées par patrouilles de huit ou dix, de façon à pouvoir intervenir là où un problème surgirait. Il n'en a jamais été besoin. Le dicton populaire a raison : la musique adoucit les mœurs.

À mon niveau, je ne pouvais me mêler au public, car les gens me connaissaient tous, m'interpellaient, me demandaient des autographes, en France comme au bout du monde. Ce qui fait plaisir, mais est un peu gênant, surtout avec des artistes d'importance moyenne qui peuvent être heurtés. Nous nous promenions ensemble, et c'était à moi que des passants demandaient un autographe ! Ce qui me mettait dans une position impossible. Si je refusais, je passais pour un sale type aux yeux de la personne. Mais si j'acceptais, c'est l'artiste qui faisait la tête.

Parmi ce vaste public fait de mille et un types de personnalités diverses, il y a les fidèles parmi les fidèles, ceux que leur amour de la vedette peut conduire à certains excès. Ils ne sont pas forcément les plus commodes. Ce qui intéresse d'abord, et plus que tout, ces aficionados, c'est la vie privée de l'artiste. Quand Johnny habitait villa Molitor, vingt ou trente personnes stationnaient en permanence devant les grilles de sa maison en attendant qu'il sorte pour ensuite le poursuivre à moto ou à Mobylette jusqu'au cinéma ou au restaurant. On peut comprendre que, aujourd'hui, l'anonymat dont il jouit à Los Angeles facilite grandement sa vie quotidienne.

Les vrais fans, les purs et durs, semblent avoir mis au point entre eux une véritable organisation de renseignement, mystérieuse mais formidablement efficace. Je n'ai jamais pu comprendre comment certains attendent leur vedette à l'arrivée d'un vol, quel que soit l'endroit du monde d'où elle vienne et quelle que soit l'heure. Mais c'est un fait : ils parviennent toujours à connaître l'emploi du temps de leur idole. Vous atterrissez au Bourget en avion privé : ils sont là. Et ils coursent l'artiste pour prendre une photo, le voir, rester encore un peu plus longtemps près de lui, comme si cette proximité les faisait pénétrer dans la vie privée de leur idole. Ils possèdent des photos par centaines, mais il leur en faut une autre. Ils représentent quelques dizaines de personnes, tout au plus. Mais vous les voyez partout.

Parfois, au fond de leur nature possessive gît une forme de méchanceté. L'artiste leur appartient et il ne doit pas leur échapper. Un chanteur achève son spectacle et s'apprête à quitter les lieux : ses fans tentent de le retenir. Et s'il ne s'arrête pas pour signer, c'est tout juste si certains ne l'insultent pas. Ils aiment et ils ont payé, leur exigence est sans limite. D'ailleurs, eux-mêmes sacrifient tout à leur passion. J'en ai vu qui faisaient tous les concerts, toutes les villes, et que je retrouvais chaque soir assis dans les premiers rangs, aux places les plus chères. Combien faut-il d'argent et de temps pour suivre ainsi une tournée ? Mystère. Cette étrange appropriation peut parfois aller jusqu'à la démolition. J'ai connu la jalousie de fans téléphonant à la femme d'un artiste pour lui dire : « Ton mari est dans tel hôtel. » Ce qui est un sport un peu facile, car les occasions ne manquant pas, j'en connais certains, que je ne nommerai pas, qui cèdent parfois aux chants des sirènes de rencontre. Dans leur entourage, personne ou presque n'est au courant. Mais certains fans, eux, le sont.

Dès lors qu'ils ne tombent pas dans de tels excès relevant d'un désir de possession malsain, les fans sont adorables. Quand je me suis réconcilié avec Johnny à Bruxelles, Læticia a pris une photo de Johnny et moi et l'a ensuite publiée sur Facebook. Des centaines de messages ont alors déferlé, tous plus gentils les uns que les autres et positifs à presque 100 %. « Enfin vous vous êtes retrouvés… Quel bonheur… Vos carrières sont tellement liées… » Certains étaient même un peu dérangeants, dans le style : « Avec tout ce que Johnny doit à Jean-Claude… » Je n'ai trouvé qu'une poignée de vacheries, cinq ou six sur plus de trois cents publications reçues.

*

J'ai coutume de dire qu'auprès de Johnny et de Michel, auxquels je pourrais sans peine ajouter de nombreux autres noms, j'ai longtemps travaillé avec des anormaux. Non que les grands artistes soient moins intelligents que la moyenne ; mais ils n'ont pas le même fonctionnement, la même sensibilité. D'ailleurs, il faut avoir une part d'inconscience, voire de folie, pour chanter devant dix mille personnes. Ceux qui parviennent à exercer un métier aussi extravagant doivent réussir à le transformer en norme, en mode de vie ordinaire. La conséquence se devine : une star risque de devenir inadaptée à l'existence ordinaire, tant le retour à la vie « de tous les jours » représente un déphasage après une telle montée d'adrénaline. C'est pourquoi un grand artiste n'est pour ainsi dire chez lui que sur scène. Dans la vie, il est souvent perdu, il s'ennuie, tout lui paraît fade. Surtout lorsqu'il a la carrure d'un Johnny, avec une carrière commencée si jeune et continuée sur plus d'un demi-siècle ; comment s'étonner qu'il ne soit bien et heureux que sur scène ?

Michel Sardou vit les choses différemment, car il se crée des passions qui lui donnent des raisons de vivre hors du spectacle. Ce furent longtemps les chevaux de course. Il y eut aussi l'achat du théâtre ; une passion qui a duré un an et demi. À une époque, il ne jurait que par le pilotage. Il a d'ailleurs travaillé pour obtenir ses brevets et s'est offert un avion. À ses passions plus ou moins durables s'en ajoute une autre, omniprésente au cours de son existence : celle des maisons. Je n'ai jamais vu quelqu'un déménager autant que lui. Il s'emballe pour un lieu, l'achète, refait tout, se lasse et le revend en prétendant qu'il a gagné de l'argent, car il oublie la fortune dépensée en travaux. Puis il s'entiche d'une nouvelle merveille et le cycle recommence.

L'un des passe-temps préférés de Johnny, ce sont les films américains qu'il visionne des journées entières chez lui. J'ai gardé le souvenir de dîners à la fin desquels il nous emmenait tous dans sa salle de cinéma pour voir un film américain ! Impossible d'échapper à ce qui, pour moi qui parle mal l'anglais, ressemblait à une punition. Sa passion du yacht fut plus éphémère : il a dû garder le sien un an ou deux. Ce qui lui plaisait dans le bateau, c'était de se retrouver éloigné de tout. Il pratique encore la moto, ce qui donne lieu à des reportages que ses fans regardent avec délectation.

*

Autre trait de caractère difficile à vivre : le grand artiste a toujours raison, même dans ses entêtements.

Il s'est par la suite beaucoup assagi, mais au début de notre collaboration j'ai vu Johnny entrer en scène avec une heure de retard sans que rien ni personne puisse le faire changer d'avis. Soit il était quasiment mourant sur le canapé de sa loge, vrai ou simulé, soit il faisait sa mauvaise tête, et nul n'en connaissait le motif. Dans ces moments-là, inutile d'insister. Bercy pouvait être plein à craquer et moi lui dire le plus gentiment possible :

— Johnny, il faut y aller…

Il me répondait :

— Ben, t'as qu'à y aller, toi.

Et il ne bougeait pas tant qu'il ne l'avait pas décidé. Dans ce genre de situation, lorsque nous nous rendions de la loge à la scène, mon chef de sécurité avait pour consigne de « faire le ménage » afin que Johnny ne trouve personne sur son trajet, ni ami ni technicien, car si c'était le cas il s'arrêtait pour parler et retarder encore son entrée. On imagine ce qu'il faut de contrôle sur soi pour ne pas exploser.

J'ai passé ma vie avec les plus grands artistes et ne saisis toujours pas leur fonctionnement. L'essentiel de mon attitude s'est donc limité à anticiper leurs actes, leurs réactions bonnes ou mauvaises. J'ai donc pris l'habitude d'une navigation à vue durant laquelle je parvenais tout de même à éviter les gros écueils, car les artistes sont plus ou moins formatés de la même manière. La méthode consiste à les amener tout doucement à ce que l'on pense être bon pour eux. Car eux sont les pires juges de leur propre travail. Une preuve parmi d'autres : sur un album, la plupart du temps, ce n'est pas la chanson que l'artiste aime et dont il attend le succès qui va marcher. Seul le public décide alors que l'artiste est souvent aveugle.

Autre exemple : en 2006, je voulais faire chanter Johnny au Palais des Sports, où il ne s'était plus produit depuis 1982, afin que le public retrouve une proximité avec lui. Il a fallu beaucoup de temps pour le décider.

— On va dire que je suis fini...

— Mais non. Tu sais bien que ce sera le nombre total de spectateurs que tu auras réunis qui sera éloquent.

Heureusement, j'ai eu l'appui de Lætícia, il l'a fait, et ce fut un triomphe pendant un peu plus d'un mois.

Les stars parviennent de façon très efficace à s'autopersuader de ce qui est bien pour elles. Pour faire bonne mesure, leur entourage, le plus souvent composé de courtisans et de profiteurs, en rajoute. Venant d'eux, les conseils les plus saugrenus et les jugements les plus péremptoires sont monnaie courante. Je me suis parfois retrouvé en tournée avec un artiste dans une salle remplie de sept ou huit mille personnes. Une bande de copains débarque :

— Heureusement qu'on savait où c'était, parce que pour trouver, sans affiches ni pub, c'était pas gagné...

Manière particulièrement délicate de suggérer que le producteur, en l'occurrence moi, ne faisait pas son travail. Alors moi, fou de rage :

— Mais, surtout, heureusement que les huit mille personnes qui sont dans la salle ont, elles, trouvé sans problème, parce que sinon il n'y aurait eu que vous.

Je n'ai jamais fait la fête avec Hallyday. D'autant moins qu'au moment de partir il me disait pour être tranquille :

— Oh, mais tu es fatigué, mon Jean-Claude. Va donc te reposer !

Du coup, je restais en dehors du cercle avec lequel il partait en boîte jusqu'à plus d'heure tout en critiquant avec sévérité ceux qui, à côté de lui, buvaient.

— Tu te rends compte de l'état dans lequel il se met, celui-là ? pouvait-il me dire le lendemain matin alors que lui-même n'avait pas bu que de la limonade.

Outre que me tenir à l'écart m'a évité bien des déboires, ne serait-ce que pour ma propre santé, cette ambiance d'excès où les parasites abondaient ne m'intéressait pas. Et puis ce fut ma force, pendant des années, de ne pas être témoin de ces errements. Pour autant, je ne pouvais tout éviter. À table, après le spectacle, nous pouvions nous retrouver à vingt ou vingt-cinq personnes ; lesquelles disparaissaient subitement dès que la note arrivait. Je sortais alors mon carnet de chèques et réglais. Cette époque pénible remonte au début de notre collaboration. Par la suite, Læticia a réussi à écarter pas mal de monde. Mais avant qu'elle entre dans sa vie, pour tous ceux qui gravitaient autour de Johnny, j'ai longtemps fait figure du rabat-joie qui veille au grain et contrôle la moindre dépense. Alors que je n'avais pour seul souci que l'équilibre de ma star.

J'étais passé maître dans l'art de ne pas être toujours là et de ne pas voir ce qu'il ne fallait pas voir. Johnny a une nature impulsive et entière. Il est capable de s'enticher de quelqu'un sur un coup de tête. J'ai ainsi vu un chauffeur biker devenir pratiquement son manager et se croire soudain le roi du monde. Jusqu'à ce que le vent tourne et que l'entourage change. Encore un exemple : Johnny ne peut pas dormir seul. Je me rappelle qu'à une époque il pouvait demander à son photographe, Daniel Angeli, de rester avec lui dans sa chambre la nuit... Et Angeli acceptait, bien sûr. Difficile de faire autrement.

Dans mon rapport aux vedettes, j'ai passé ma vie à chercher un équilibre que je savais difficile. Il fallait suggérer sans jamais imposer, encourager mais ne pas flatter, car j'ai toujours refusé les compliments trop faciles. Dire à un artiste, à la sortie de scène, « Tu es le meilleur, tu étais si beau... » est inutile et dangereux ; il risque de ne plus douter de rien et de devenir ingérable. De même, si j'avais un jugement négatif à formuler sur un point du spectacle, il ne fallait surtout pas que j'en parle à chaud, mais attendre que l'artiste redescende sur terre. Trouver le moment adéquat pour exprimer une critique est impératif, au risque que le remède soit pire que le mal et que l'artiste n'en tienne aucun compte.

★

Mon rôle de producteur tenait parfois de la nounou. Je consolais, je rassurais... J'ai tenu ce rôle toute ma vie. J'aurais été incapable de travailler avec quelqu'un que je n'aimais pas. Combien de fois ai-je dit à Jean

Robert-Charrier, le directeur du Théâtre de la Porte-Saint-Martin : « Ne t'attache pas aux artistes, un jour ils te laisseront tomber, s'il te plaît, ne t'investis pas amicalement avec eux. » En fait, je n'ai jamais su appliquer ce conseil de sagesse, j'ai toujours été très lié à mes artistes. Hallyday m'appelait parfois à 4 heures du matin.

— Je te dérange ?

— Pas du tout, j'attendais ton appel.

Je ne me forçais pas. J'ai toujours aimé les artistes avec qui je travaillais, et je trouve en moi l'énergie de les soutenir en cas de problème, aussi bien dans la sphère privée que professionnelle. C'était souvent plus facile avec Sardou, qui possède une vraie culture de la scène dans ses gènes, compte tenu du nombre impressionnant d'artistes qui l'ont précédé dans sa famille. Pour le reste, les grands chanteurs sont insondables, incompréhensibles, le plus souvent incontrôlables, mais ils restent très forts et très habiles. Il m'est arrivé de m'engueuler durement avec Hallyday, lequel, non content de trouver une de mes propositions saugrenue, rejetait tout ce qu'on avait fait pendant des mois. À bout d'arguments, il me lançait :

— Tu n'y connais rien ! Va donc vendre tes tickets !

Ce genre de formule ne me vexait pas. J'avais l'habitude, et c'est au demeurant le même qui m'écrivait dans une lettre : « Que ferais-je sans toi ? » Après chaque éclat, deux ou trois jours après, il revenait vers moi comme si de rien n'était :

— Dis-moi, j'ai pensé qu'on pourrait peut-être faire ça.

— Bien sûr, Johnny, bonne idée !

Et il reprenait une proposition qui l'avait mis hors de lui mais qui était devenue la sienne. Et pour cause : la plupart des artistes pensent tout savoir et tout comprendre. Face à eux, l'intelligence consiste donc à attendre et écouter. Car les envies de star s'avèrent souvent être des idées folles. Il faut pouvoir les calmer, au bon moment et avec les mots adaptés. Mais ceux qui réussissent de grandes carrières ne s'entêtent pas longtemps ; ils savent écouter.

Un bon producteur doit accepter d'être relégué à la seconde place et de se charger de la partie ingrate du travail. Les gens n'imaginent pas la vie de chien que j'ai connue pendant des décennies, sans horaires, courant d'un lieu à l'autre, dépensant une énergie incroyable. Le monde du spectacle alterne griserie et fatigue, périodes d'intensité et moments de doute. Difficile de survivre à tant de contrecoups. Ma vie personnelle en a souffert. Je ne me suis pas occupé de ma fille comme il le fallait. Je vivais à deux cents à l'heure, sans même ressentir l'épuisement, porté par ma passion. J'arrivais avant le spectacle, vers 16 ou 17 heures, je mangeais avec les techniciens, je vérifiais que tout était au point, j'accueillais mon artiste, passais du temps avec lui, le rassurais le cas échéant... Puis le spectacle commençait. Et j'étais aux anges.

J'ai adoré cette existence. Peut-être trop, au point que, aujourd'hui, j'éprouve face à elle une sorte de répulsion. Arriver tôt pour attendre en backstage, assister au spectacle, dîner ensuite, ce n'est plus ma vie. Le théâtre est devenu mon monde, je l'aime d'une vraie passion, mais je ne vais pas en tournée. Ce qui est la preuve que ma lassitude est générale. J'ai trop connu cet univers, la route, les salles en province, le restaurant, l'hôtel, de nouveau la route... Il n'a plus rien à m'apprendre.

Il me semble que cela fonctionne de la même façon pour les artistes. Le temps s'écoule, la jeunesse et ses excès s'en vont, et certains finissent par trouver l'équilibre entre vie publique et vie personnelle. Cela fait plus de vingt ans que Johnny vit avec Læticia, auprès de laquelle il coule des jours heureux et a acquis une forme de sagesse. Le couple que forment Michel Sardou et Anne-Marie Périer est tout aussi solide.

⋆

L'un des aspects du monde du spectacle sur lesquels j'ai le plus agi, ce sont les tournées. J'ai radicalement modifié leur organisation telle qu'elle était établie avant moi. Après un magnifique spectacle de Hallyday, ou d'un autre gros artiste, on le mettait sur la route avec son orchestre, et rien d'autre. On appelait ça les « tournées alimentaires », terme qui en dit long sur le relatif mépris dans lequel on tenait alors la France des régions. Mais moi, je suis un fils de cette France-là. Je la connais par cœur, et les années durant lesquelles j'ai organisé des bals et des petits concerts m'ont permis de mieux cerner ses attentes. J'ai ainsi convaincu Johnny qu'il n'était pas normal que le public de province ne profite pas d'une restitution à peu près fidèle du spectacle présenté aux Parisiens. Il l'a admis. Et l'éclat de tournées d'un nouveau genre a sans doute été l'une des raisons de sa très longue carrière, parce qu'elle lui a apporté une assise provinciale. Nous avons souvent joué sous chapiteau, avant que la France se couvre de Zéniths ; des chapiteaux qui pouvaient monter à huit mille personnes. Ils étaient pleins.

La conséquence se devine : les tournées ont nécessité une logistique plus lourde. Le nombre de semi-remorques n'a cessé de croître parce que, en dehors du matériel lié à la mise en scène, les moyens techniques en matière de son et de lumière ont pris une extension considérable. C'est ainsi que les tournées Hallyday pouvaient mettre jusqu'à soixante semi-remorques et deux cents personnes sur la route, musiciens, techniciens, administratifs... Ce fut le cas lors de la tournée des Stades, en 2003, qui faisait suite à la série de concerts au Parc des Princes. Le spectacle était tellement lourd du point de vue matériel, donc du montage et du démontage, qu'il fallait prévoir deux scènes utilisées en alternance dans deux villes différentes. Ce qui aboutissait, malgré cette importante logistique, à ne pouvoir assurer le plus souvent que deux concerts par semaine.

Les spectacles de Michel Sardou étaient presque aussi monumentaux. Ils nécessitaient moins d'effets techniques, mais beaucoup de lumières et un grand orchestre d'une vingtaine de musiciens. Au total, le déplacement du matériel nécessitait huit ou dix semi-remorques et au bas mot soixante ou soixante-dix personnes sur la route.

On imagine combien la vie des techniciens est éprouvante lors d'une grosse tournée. Deux jours sur trois ils dorment dans un car-couchettes qui roule vers la ville suivante. À leur arrivée les attend un petit déjeuner. Puis ils montent le matériel jusque vers 13 heures, 13 h 30. Ensuite, si tout va bien, ils profitent de la pause-déjeuner et d'une ou deux heures pour se reposer jusque vers 16 heures, 16 h 30. Vers 17 heures, ce sont les balances de son et d'éclairage. Repas à 19 heures. Le spectacle s'achève vers 23 heures ou minuit. Commence alors le démontage. Une fois celui-ci achevé, c'est l'heure de la douche et le départ pour la ville suivante. Quand on a la chance de jouer deux ou trois jours de suite dans la même ville, l'équipe technique connaît le confort de l'hôtel. Mais, le plus souvent, elle supporte des journées éreintantes.

J'ai l'habitude de dire qu'une tournée s'apparente à une armée en campagne ; mais une armée assez vulnérable, sauf si son général en chef, moi en l'occurrence, veille. Lors de cette tournée des Stades de Johnny en 2003, se déroulèrent à travers le pays de grandes manifestations d'intermittents. La situation était tendue et donc difficile à gérer pour le gouvernement. Jean-Jacques Aillagon, alors ministre de la Culture, me suppliait de ne pas céder aux manifestants qui avaient entrepris de bloquer le maximum de spectacles afin de contraindre les pouvoirs publics à plier. Je tenais pour ma part une position médiane. Malgré les abus, qui expliquent en partie son colossal déficit, j'ai toujours défendu le système des intermittents. Je n'ai donc jamais été hostile à leur cause, même si l'un des problèmes résidait à l'époque dans la multiplicité des représentants des intermittents, donc de leurs demandes. Cependant, je parvenais à maintenir le dialogue avec la plupart d'entre eux. Je les présentais au début du spectacle, je résumais en quelques mots leurs revendications avant de leur passer le micro pour qu'ils exposent leur point de vue. Puis le spectacle se déroulait normalement. Et tout le monde était satisfait ; nous affirmions notre soutien tandis que les intermittents pouvaient défendre leur cause auprès du public et recueillir ses applaudissements.

Jusqu'au jour où, à propos de ses Francofolies de La Rochelle, Jean-Louis Foulquier m'énerva par une déclaration à la télévision. Quelques dizaines de personnes avaient envahi la place où s'effectuait le montage de la grande scène, et Foulquier avait carrément annulé, ajoutant qu'il ne suffisait pas, comme le faisait Camus, de crier « Vive l'intermittence », mais qu'il fallait agir. En outre, à la suite d'un article de journal, un bruit courait selon lequel je tenais mon équipe par le chantage et la force.

La faiblesse de Jean-Louis Foulquier, un chantage exercé par Jean-Claude Camus… Il n'en fallait pas plus pour que je décide de mettre bon ordre à la situation. Comme nous étions le plus gros spectacle sur la route, la victoire aurait été hautement symbolique si les manifestants étaient parvenus à bloquer notre tournée.

À Lille, je réunis donc tout le monde, techniciens comme musiciens, prends la parole pour exposer mon point de vue – soutien à la cause des intermittents et maintien des spectacles –, puis la laisse à ceux qui la veulent avant de passer au vote en faveur ou non de la grève, sous contrôle d'huissier. Je m'exprime dans le plus grand silence. Une ou deux personnes me succèdent pour annoncer clairement qu'elles veulent assurer le spectacle. Et puis un autre se lève, au grand désarroi de Yannick Noah qui assure la première partie et voit sa dernière heure arriver, car il s'agit d'un de ses musiciens. Celui-ci prône la grève en termes assez véhéments. Le vote donne malgré tout une majorité presque absolue pour la poursuite du spectacle, à part quelques musiciens symphoniques, pourtant pas les plus mal lotis dans le système de l'intermittence.

La tournée se poursuit donc. Nous approchons de Nantes, ville traditionnellement chaude en matière de conflits sociaux. Des manifestants bloquent les camions sur l'autoroute, mais finalement l'accès au stade de La Beaujoire est dégagé. La grande terreur de mon chef de la sécurité Jimmy Reffas résidait moins dans le blocage lui-même que dans la colère où je risquais de me mettre. Il craignait qu'elle me conduise à commettre un acte fou pour passer en force. D'où sa volonté de m'éloigner. Il n'y est pas parvenu.

— Cent cinquante ou deux cents manifestants peuvent toujours hurler, nous insulter et nous balancer des œufs, je resterai avec mes troupes, dis-je à Jimmy.

Nous réussissons donc à jouer. Le préfet facilite ensuite notre sortie du stade de La Beaujoire, et notre long cortège de semi-remorques s'ébranle sous bonne escorte de CRS. Par précaution, tous les accès à l'autoroute avaient été fermés au sortir de Nantes. Nous avons pu franchir sans encombre la dernière zone sensible et poursuivre notre route. La tournée ne sera plus jamais menacée.

Je n'ai pas changé mon point de vue. Je reste favorable au système de l'intermittence tout en condamnant ses abus et ses dérives. Aujourd'hui, face à certaines demandes des intermittents, je m'efforce de rester inflexible malgré les magouilles qu'on me suggère sur les contrats, leur nombre, leur durée… Et cela continue au théâtre, où je refuse de tricher. D'où, auprès de quelques individus, mon image de méchant patron qui ne comprend rien. Je m'en moque. Ceux qui travaillent avec moi connaissent ma position. Parfois, cependant, je dois céder. Il y a quelque temps, une artiste que j'aime beaucoup, Mimie Mathy, me demande de garder son habilleuse. Je la reçois. Pour quatre heures de travail, je lui propose cent euros, au lieu des quatre-vingt-dix que je paie habituellement.

— Comment ? Mais il n'en est même pas question. À moins de cent cinquante euros je ne travaille pas ! Car sinon je baisse ma moyenne des Assedic.

J'ai cédé à cause de Mimie, mais tout cela m'agace fort.

*

Nous n'avons jamais connu de gros pépins en tournée. Il faut dire que nous nous donnions les moyens de les éviter grâce à une organisation ultra-précise et aux repérages minutieux effectués au préalable. Pourtant, les salles de province pouvaient être difficiles. Outre les chapiteaux, nous avons joué dans des parcs d'exposition, des salles des sports, des salles des fêtes, sous des halles, autant d'endroits que nous découvrions et dont il fallait analyser les contraintes en mémorisant le maximum de choses pour notre prochain passage. Avec Internet, chaque salle est aujourd'hui décrite et on en connaît le moindre détail. Mais auparavant il fallait être très vigilant pour ne pas découvrir de problèmes à la dernière minute. Jusqu'à il y a une dizaine d'années, les choses étaient donc délicates. J'envoyais quelqu'un en repérage, parfois je m'y rendais moi-même pour ne rien laisser passer.

De très rares annulations ont pu se produire lorsque, par exemple, l'artiste était aphone. Mais la technique a toujours été assurée, de jour comme de nuit. Ce succès est dû à notre vigilance et à l'exceptionnelle qualité de mes équipes. Il est ainsi arrivé que nous appelions Paris, s'il le fallait en pleine nuit, pour récupérer du matériel de remplacement parce que nous avions rencontré un problème sur place. Et nous sommes toujours parvenus à trouver la solution. C'est la raison pour laquelle, pendant trente ans, je n'ai jamais coupé mon téléphone lors d'une tournée, ni de jour ni de nuit ; je voulais pouvoir parer à la panne d'un semi-remorque sur la route ou à n'importe quel problème technique susceptible de surgir.

Lors de ces grosses tournées, mon souci, qui parfois confinait à l'angoisse, tenait en cette phrase que je pouvais me répéter en boucle : qu'est-ce que je vais avoir oublié dans toute cette organisation, soit technique, soit artistique ? Je me souviens de ma plus grosse sueur froide. À l'époque où Gilbert Coullier travaillait avec moi, nous nous trouvions tous deux à Lyon avant de rejoindre Marseille pour un spectacle sous chapiteau avec Bernard Lavilliers. La veille au soir, je demande à Gilbert :

— Au fait, c'est quel chapiteau demain, Fanni ou Robba ?

— Je ne sais pas, c'est toi qui t'en es occupé.

Résultat : persuadés que c'était l'autre qui s'en chargeait, nous avions oublié de commander le chapiteau ! Nous voilà donc en train d'appeler à 22 heures de tous les côtés pour trouver un chapiteau disponible pas trop loin de Marseille. Par chance, nous en avons déniché un. Mais il a fallu mettre cinquante bonshommes sur le montage en urgence. Le matériel de musique était en place à 17 heures, et nous avons donc pu jouer à l'heure prévue. Nous étions passés à côté de la catastrophe. Mais, dès la fin des années 1980, ce genre d'incident n'était plus possible. Les Zéniths ont tout changé et l'organisation technique s'en est trouvée considérablement simplifiée.

Lorsque nous avions plusieurs tournées en même temps, et il y en eut à une époque jusqu'à six, je courais en voiture de l'une à l'autre. Ce qui me valait les sarcasmes des uns ou des autres. Par exemple, Hallyday :

— Ah, tu vas demain chez Sardou. T'es content, tu vas te reposer, te coucher de bonne heure…

Et quand j'étais chez Sardou :

— À partir de demain tu as fini de te faire chier, tu vas pouvoir faire la fête avec ton Johnny…

Ils se comportaient alors comme de vrais mômes, blagueurs et jaloux, sans que je parvienne d'ailleurs à bien démêler ce qui tenait de la blague et de la jalousie réelle.

Au théâtre, les tournées sont plus légères. Pour autant, personne ne voyage avec une simple valise à la main. Si le tourneur veut dépenser un peu d'argent, il part avec l'essentiel du décor et des accessoires. Et si la pièce se joue dans une salle de mille personnes, le matériel se réduit. La tournée de la pièce *Nelson* avec Chantal Ladesou nécessitait deux semi-remorques ; un décor pour les grandes salles, un autre pour les petites.

*

La légende noire, ce sont les drogues dont tout le monde userait et abuserait dans le monde du spectacle. La vérité est tout autre. Ni les artistes ni les techniciens ne peuvent se permettre de tels excès, sauf à se détruire très vite. Johnny a évoqué le sujet, plus jeune, avant qu'on travaille ensemble, je crois dans sa tournée de 1972, « Johnny Circus ». Ensuite, il s'est tenu à l'écart d'un monde pour lequel il éprouvait même de la crainte. Autant il aimera boire un verre, ou deux, ou trois, autant il refusera de prendre autre chose. La drogue se pratique sans doute dans le milieu, mais pas avec les artistes avec qui je travaillais. J'ai un seul souvenir marquant à ce sujet : je revois Bob Marley, l'après-midi précédant un concert au stade de Toulon, jouant au football avec ses musiciens, tous avec d'énormes pétards au bec... Quant aux techniciens, aucune rumeur ne m'est revenue. Et je n'ai jamais rien constaté. Je ne l'aurais pas supporté, sans doute moi aussi par peur.

La seule histoire de drogue que j'ai approchée, et de manière dramatique, ne concernait pas quelqu'un appartenant au monde du spectacle. Quand je m'occupais du groupe Titanic, j'avais fait la connaissance d'un jeune homme, Bernard, qui voulait se sortir de son addiction. Je l'aidais. Nous étions partis ensemble pour Megève où le groupe devait donner un concert dans une boîte de nuit.

Nous arrivons sur place et nous installons à l'hôtel au-dessus de la boîte de nuit, où je laisse Bernard. Après la répétition je remonte le chercher dans sa chambre. Dès l'entrée, une odeur terrible me saisit. Bernard avait réutilisé des produits dangereux. L'erreur de ma vie, c'est la colère qui a suivi, durant laquelle je mets ce pauvre garçon plus bas que terre en lui assenant qu'il a trahi ma confiance. Il claque la porte et disparaît.

Je retrouve peu à peu mon calme et pars à sa recherche. Je prends ma voiture, et en pleine nuit, sur le bord de la route, j'aperçois Bernard qui revient vers Megève. Je m'arrête sur un pont qui enjambe un torrent, à sa hauteur, baisse ma vitre : « Allez, Bernard, ce n'est pas grave... » Mais lui, toujours sous l'effet de la drogue, s'énerve, gesticule, passe par-dessus la rambarde, et tombe en bas où son corps se fracasse.

L'état dans lequel je suis plongé alors est terrible. Le choc de l'accident, d'abord. La certitude de la mort de cet ami, ensuite. Et puis la peur : quand les gendarmes débarqueront, que penseront-ils ? En effet les pandores viennent à l'hôtel et constatent les odeurs. J'ai la chance que le patron de la boîte de nuit, Jacky Bezard, relate les faits avec calme et témoigne en ma faveur. Le lendemain matin, les gendarmes, qui ont pris leurs renseignements, m'apprennent que Bernard avait des antécédents suicidaires : il s'était déjà jeté dans la Seine. La vérité, je devais l'apprendre plus tard, était terrible : ce pauvre garçon avait été traumatisé à vie par les coups que lui infligeait son père dans son enfance. Il en portait encore les cicatrices. J'ai fait ramener le corps à Cognac, où j'ai vu sa mère. Il avait dans les vingt-cinq ans.

Depuis, j'ai une sainte horreur du vide, une sorte de panique qui me saisit et qui remonte à cet épisode tragique. Quant aux drogues, je n'y ai jamais goûté.

J'ai donc pu tenir le rythme effréné des tournées sans aucune aide dangereuse, mais en prenant parfois, dans mes débuts, quelques amphétamines. On était alors loin d'en connaître les effets ravageurs, et certains étaient en vente libre. À cette époque, lorsque nous partions en tournée, nous traversions la France en tous sens. Rien n'était planifié, comme par la suite, pour ne parcourir que cent ou deux cents kilomètres d'une ville à une autre. En fait, la tournée fonctionnait comme une succession de galas séparés. Dès le spectacle achevé, je prenais donc ma voiture et partais sur la route. D'où l'usage d'amphétamines pour me tenir éveillé. Je roulais deux ou trois heures, et dès que je sentais le sommeil venir, j'arrêtais mon véhicule et demandais à l'un de mes passagers de me réveiller vingt minutes plus tard. Et je repartais. Cette vie de chien sur les routes a duré pendant des années. Ensuite, ce fut un peu plus confortable. Donc plus besoin d'amphétamines.

*

Dès que les spectacles ont une certaine ambition et accueillent un nombreux public, notre métier voit passer beaucoup d'argent. L'artiste est soit payé en fixe, soit au pourcentage. Souvent, un jeune a un cachet, et dès que sa notoriété prend une relative importance, il est intéressé aux résultats. Les artistes majeurs sont toujours majoritaires en pourcentage. Combien gagne un artiste sur un soir ? Impossible à dire. Même un Stade de France rentre dans un ensemble d'autres dates. Le tout aboutit à de très grosses sommes. C'est Johnny Hallyday qui, en France, a fait les recettes les plus fortes. Quant à la technique de vente, malgré Internet, elle ne varie pas. Elle consiste à proposer les billets à l'avance et à voir comment ils partent. On organise les réservations de salle et le nombre de spectacles en conséquence.

J'ai coutume de dire qu'il n'y a pas d'agents particulièrement bons, et pour une raison simple : ils ne servent à peu près à rien. C'est pourquoi les artistes ont rapidement compris qu'ils n'avaient pas besoin de donner 10 % à quelqu'un qui ne faisait rien et ne prenait aucun risque. Il subsiste bien quelques managers, ou comme on disait jadis imprésarios, qui connaissent leur métier, mais il n'y a plus de Johnny Stark ou de Colonel Parker. Un tel métier nécessite à la fois la confiance des artistes et l'autorité.

En tant que producteur, j'ai tenu un peu ce rôle. Avec Michel, Johnny, quelques autres, lorsque l'entourage me laissait suffisamment de place. Car deux facteurs peuvent déliter les carrières : l'ego des vedettes et l'influence de l'entourage. J'y ajouterai une éventuelle lassitude entre les êtres qui travaillent depuis longtemps ensemble.

Aujourd'hui, il reste très peu de producteurs indépendants, car le métier est tenu par de grosses maisons. Leur logique est simple : il faut cracher du bénéfice pour les actionnaires au détriment des artistes et du spectacle. Un climat de suspicion, voire de bagarre, s'est donc infiltré dans les relations professionnelles. Du côté des artistes pour obtenir des avances, des garanties, faire de la surenchère pour un meilleur pourcentage ; et du côté des maisons de production pour réduire les frais.

Le métier que j'ai pratiqué pendant des décennies est donc en train de mourir. Je l'ai dit, dès qu'un jeune artiste a un succès, les avocats apparaissent et la négociation du contrat devient une affaire d'État. Du côté de l'artiste comme de la maison de production, on ne pense plus carrière mais argent. Très vite, les échanges tournent à la négociation commerciale dure. Pour un oui ou pour un non on parle de vol, on tient des propos terribles, les dépôts de plainte se multiplient… Les avocats règnent au détriment des artistes.

Et puis, le grand drame, ce sont les multinationales qui ont racheté des sociétés de spectacle. Dès le premier tube, l'artiste doit monter sur scène. C'est faux et cela compromet son avenir. L'artiste n'est pas mûr car il n'a ni métier ni répertoire. Ce qui s'est passé avec Tal, sur un album. Sa maison de disques voulait la mettre sur scène. Mon successeur, Dinh Thien, s'y est opposé, car elle n'était pas prête. Ce fut le début des problèmes avec Warner. Laquelle a fini par renvoyer Dinh Thien, car une grosse maison accepte mal la contradiction, même si elle émane de gens qui connaissent leur travail. En l'occurrence le patron de Warner, Thierry Chassagne – pourtant un grand nom dans le milieu du disque – ne veut pas admettre que le disque et la scène sont des métiers différents. Le seul patron de maison de disques qui ait vraiment compris tout cela est Pascal Nègre, lorsqu'il était à la tête d'Universal. Mais comme il avait son franc-parler, il s'est fait jeter à la porte par Vincent Bolloré lorsque ce dernier a racheté la maison. Pour revenir à Tal, Dinh Thien et moi avions vu juste. Plus tard, quand elle est montée sur scène, elle était prête, et son spectacle réussi.

Au motif que les disques ne se vendent plus, les carrières ont donc tendance à s'intensifier et à se raccourcir. C'est un mauvais calcul. La précipitation est mauvaise conseillère, aussi bien pour sortir des albums que pour monter sur scène. Malgré le nombre considérable de concerts qu'il a donnés, Johnny Hallyday n'a pas passé sa vie sur la route. Une grande rentrée parisienne et une tournée tous les trois ans correspondaient à un bon rythme. Créer l'attente du public est une stratégie bien préférable à la saturation du marché avec un « produit » nouveau. C'est d'ailleurs la logique même d'un spectacle réussi : quoi de plus intense pour le spectateur que d'attendre que les lumières s'allument, que l'orchestre commence à jouer et que, enfin, la vedette pénètre sur scène ?

6

Des artistes par dizaines

La liste de tous ceux avec qui j'ai travaillé, même si je n'ai fait que les croiser lors d'un concert que j'avais acheté et non produit, risque d'être interminable. Je cite pêle-mêle : les Rolling Stones, Liza Minnelli, Nina Hagen, Bob Marley, Prince, Madonna, Kim Wilde, Police, Supertramp, Ray Charles, James Brown, Neil Young, Michael Jackson, Joan Baez, Bob Dylan, Santana, Yves Montand, Enrico Macias. Et tous ceux que j'ai produits : Téléphone, Barbara, Bernard Lavilliers, Catherine Lara, Thomas Fersen, Jean Guidoni, Roch Voisine, Il était une fois, Anggun, Emmanuel Moire, Pierre Bachelet, Tina Arena, Lara Fabian, Michel Fugain, Marianne James, Roland Magdane, Shy'm, Grégoire, Mimie Mathy, Patrick Timsit, Faudel, Pow Wow, David Hallyday, Christophe Maé, Christophe Willem, Florent Pagny, France Gall, Michel Berger, Johnny Hallyday, Michel Sardou et Charles Aznavour dont j'ai assuré à la fois le spectacle du Palais des Congrès et la tournée qui suivit. Pendant plus de deux décennies, Camus et Coullier, puis Camus Productions, sont restés les premiers producteurs de spectacles.

De cette époque remontent des images. Parfois ce ne sont que des instantanés d'une situation ou d'une rencontre. Parfois aussi des séquences plus longues. En voici quelques-unes, glanées au hasard de ma mémoire.

Je repense à Yves Montand et à mon étonnement face à un professionnalisme légendaire, mais que je n'aurais pas cru aussi poussé. Nous sommes à Rouen, lors de sa dernière tournée. Sa minutie et sa précision m'en imposent, moi qui ne néglige pourtant pas les détails. Mais avec Montand j'ai trouvé mon maître. Dans la salle où il chantera ce soir, il consacre une heure à tout examiner et à prescrire les changements qu'il juge indispensables.

— Il ne faut pas vendre ces places-là car elles sont mauvaises ; il faudrait placer un tapis rouge à tel endroit...

Malheureusement je ne l'ai connu que lors de brèves rencontres. J'achetais son spectacle, mais il n'était pas un artiste « à moi ».

J'ai eu la chance de croiser d'autres êtres extraordinaires, des sortes d'anges. Un spectacle de Barbara relevait de la magie à l'état pur. Celui de l'Hippodrome de Pantin, en 1981, où elle était accompagnée par son fidèle accordéoniste et pianiste Roland Romanelli, reste gravé dans mon souvenir. Nous disposions d'une scène de trente mètres de profondeur pour cette petite bonne femme, son piano et son accordéoniste. Comme à son habitude, Jacques Rouveyrollis a su créer l'atmosphère lumineuse qui convenait, et nous avons ainsi pu utiliser tout l'espace. Pendant le spectacle, se déroulait en fond de scène un énorme écran de projection sur lequel Jacques faisait défiler des ambiances de lumières extraordinaires. Barbara a offert à son public un spectacle inoubliable qui s'achevait par « Ma plus belle histoire d'amour, c'est vous », hommage à son public, qui déclenchait chaque soir les larmes des spectateurs et des tonnerres d'applaudissements. Les rappels des spectateurs pouvaient durer plus de trente minutes.

Comme Yves Montand, elle accordait un soin particulier aux moindres détails. Elle y ajoutait un besoin de concentration que personne ne devait venir perturber. Chaque jour elle arrivait à l'Hippodrome vers 17 heures, et à partir de ce moment il ne fallait plus ni l'approcher ni même lui adresser la parole. En tournée, à la différence de Michel Sardou, elle ne supportait pas qu'il fasse trop chaud dans la salle. Elle prenait possession des lieux très tôt, dès le début de l'après-midi. Elle s'installait alors dans son fauteuil à bascule après avoir fermé tous les radiateurs grâce à une clé dont elle ne se séparait jamais, et elle regardait les techniciens travailler. C'était une sacrée personne, à la fois souriante et énigmatique, parfois volubile, parfois muette, souvent mystérieuse, toujours originale dans ses attitudes, mais pas méchante pour deux sous ni faiseuse d'histoires. Je n'ai partagé avec elle que d'excellents moments. J'ai gardé pour Elle une admiration sans bornes.

La joie de vivre de certains artistes me fait chaud au cœur. Malgré les années qui passent, nombre d'entre eux la conservent. Nicoletta garde la forme et continue de faire des galas. Je l'ai croisée au mariage de la fille de Chantal Ladesou, en 2015, en Bourgogne ; elle m'a paru en pleine possession de ses moyens. Dave travaille lui aussi énormément, et toujours avec bonne humeur, même si les salles où il se produit sont moins vastes que celles de ses débuts. Je note avec plaisir que beaucoup d'artistes qui ont connu d'immenses succès, mais aujourd'hui un peu moins, vivent rarement leur situation avec amertume. Ou ne la montrent pas ; quand on les croise, tout va bien. Le fait qu'ils gardent leur public et continuent de tourner les réjouit. Le spectacle « Âge tendre » remplit les salles à travers la France, même si je crois savoir que, dans les coulisses, l'harmonie ne règne pas toujours entre les vedettes – Untel veut une loge pour lui tout seul, tel autre estime être le plus applaudi de toute la troupe..., des bisbilles de grands gamins, ce que sont les artistes. Mais le public les aime, il est nostalgique et recherche sa propre jeunesse. On le constate à chaque concert, lorsque la salle réclame à grands cris les vieux tubes de ses chanteurs préférés. Ce que Michel Sardou a très bien compris ; sa dernière tournée n'est pratiquement constituée que de ses succès traditionnels.

Une autre image, de Lavilliers celle-ci, notre gauchiste national, notre internationaliste lyrique avec lequel j'ai travaillé à une époque grâce à son manager, Michel Martig. Il se déplaçait dans une belle voiture, Mercedes ou DS, mais il prenait soin de la faire arrêter avant la ville pour arriver au concert dans un véhicule plus discret. Cette petite ruse n'enlevait rien à son charme. L'homme était très sympathique. Un peu fou et va-t-en-guerre, mais très attachant.

Pascal Bernardin et moi nous sommes occupés à une époque de Téléphone. Leur succès était alors immense, jusqu'au moment où, alors que nous avions signé pour Bercy, le groupe a explosé en vol. Ce furent d'énormes vedettes, et leur retour, sous le nom des Insus, marche très fort et est excellent. Ils ont fait du reste le Stade de France le 15 septembre 2017.

C'était surtout Gilbert Coullier qui s'occupait de France Gall et Michel Berger, mais j'ai conservé de nombreux et beaux souvenirs d'eux. La discrétion de Michel en faisait un personnage presque effacé. C'était un compositeur de grand talent et il vendait beaucoup de disques, mais ses passages sur scène rencontraient moins de succès. Il adorait pourtant se produire en public. Quand il voulait faire un Zénith, il ne se gênait pas pour demander à Gilbert Coullier ce qu'il voulait, en ajoutant :

— Vous me direz à l'arrivée combien ça a coûté.

Et à la fin du spectacle, en cas de déficit, il signait un chèque qui compensait la perte. Un seigneur !

J'ai déjà cité un artiste que j'aime beaucoup parce qu'il a su s'affirmer et bien résister aux années : Christophe Maé. Je l'avais découvert dans la comédie musicale *Le Roi Soleil*, où il était extraordinaire. Ensuite il a sorti un disque qui remporta un énorme succès. C'est à cette époque que Thierry Chassagne, le patron de sa maison, me l'a présenté. La rencontre s'est faite un dimanche soir, à mon bureau.

— Monsieur Camus, mon rêve a toujours été de travailler avec vous. Lorsque vous veniez à Courchevel, et que je grattais la guitare au Tremplin, j'essayais d'attirer votre attention en jouant un peu plus fort. Quand vous alliez à Bonifacio au restaurant la Caravelle, où là aussi il m'est arrivé de me produire, j'essayais encore d'attirer votre attention. Et maintenant me voilà chez vous. Un vrai bonheur.

Ses propos m'ont touché. Nous avons ensuite travaillé ensemble. J'ai par exemple convaincu Johnny de renouveler avec Christophe l'opération qui avait si bien réussi quelques années plus tôt avec Yannick Noah : le prendre en première partie. Ce qui fut fait lors du concert au Stade de France, devant quatre-vingt mille personnes, puis durant toute la tournée qui suivit, Tour 66. La première fois, Christophe était terrorisé face à ce stade noir de monde. D'autant plus que, dans les premiers rangs, les fans purs et durs de Johnny le regardaient d'un œil noir en se demandant ce qu'il faisait là. Certains commencèrent même à le siffler. Il s'en est merveilleusement sorti et les applaudissements ne tardèrent pas. Alors que je l'attendais à sa sortie de scène pour le raccompagner jusqu'à sa loge, j'étais tellement ébloui par sa prestation que je lui ai confié :

— Bravo et merci, Christophe. En t'entendant chanter et en voyant ton succès, j'ai retrouvé l'émotion et le bonheur des premiers concerts de Johnny. Et je pense que tu feras une aussi belle carrière que lui.

Par la suite, sa maison de disques a fait pression pour le récupérer, et nos chemins se sont séparés. J'aime beaucoup cet artiste. Malgré son succès, il n'a pas pris la grosse tête ; il est resté le Christophe simple et enthousiaste des débuts, celui qui demeure proche de la vie des gens ordinaires et ne s'amuse pas à graviter dans la galaxie lointaine des stars. Quand il nous arrive de nous croiser, sa demande ne varie pas :

— Quand est-ce qu'on va refaire un spectacle ensemble ? J'étais tellement en sécurité quand je travaillais avec Dinh Thien et toi.

Christophe m'a renouvelé son attachement en m'invitant à son mariage en juillet 2017, et j'y ai été très sensible.

Les dernières fois que j'ai vu son spectacle, c'était au Zénith de Lille, au Forest National de Bruxelles et au Palais des Sports de Paris. Tout était réussi. Ces soirs-là, j'ai dû rencontrer une douzaine de mes anciens techniciens, aujourd'hui chez Décibels :

— Ah, monsieur Camus, mais qu'est-ce que vous nous manquez...

Entendre de tels compliments spontanés m'a fait infiniment plaisir. J'ai d'ailleurs dit à un ami qui m'accompagnait :

— Mais ça va finir par faire un tube, ça, « Vous nous manquez tellement... »

Je n'ai pas honte de le dire : savoir que je laisse dans ce métier une belle image me rend heureux.

*

Une artiste comme Sheila, qui était loin d'avoir le génie de certains chanteurs de sa génération telle Barbara, possédait un caractère difficile. Au milieu des années 1980, ses ventes de disques restaient fortes. C'est l'époque où elle voulait monter sur scène, exercice auquel elle s'était jusqu'alors peu livrée. Il me semblait que le moment était venu. Tous deux nous signons donc un contrat d'artiste, avec d'autant plus d'enthousiasme qu'elle avait un attaché de presse et manager formidable, sans doute le meilleur de toute la profession : Gil Paquet. Il était redouté, mais c'était le seul attaché de presse que j'appréciais malgré ma réputation de dureté avec les membres de cette corporation. Je pouvais accepter qu'il m'appelle à 2 ou 3 heures du matin pour attirer mon attention sur telle remarque que j'avais faite ou pour me donner son avis sur une décision que j'avais prise. Je reconnaissais sa compétence comme lui la mienne, et entre nous le respect professionnel dominait. Sa présence auprès de Sheila constituait donc à mes yeux un élément positif pour notre future collaboration.

Et en effet tout débuta bien. Nous avons préparé un spectacle magnifique pour le Zénith, avec entre autres morceaux « Singing in the rain » interprété alors que la pluie tombait sur scène, et d'autres effets formidables. Malheureusement, le public n'a pas suivi et nous avons commencé à perdre pas mal d'argent. Au point de devoir supprimer les mardis, mercredis et jeudis pour ne jouer que les week-ends et, ainsi, limiter les dégâts. Le résultat fut cependant sans appel puisque le déficit se monta à plus d'un million d'euros d'aujourd'hui, l'une des plus grosses pertes de ma carrière. Heureusement, je produisais alors d'autres spectacles qui tournaient bien. L'un dans l'autre, en me débattant, j'arrivais à surnager. Mais il est clair qu'il fallait gagner beaucoup d'argent pour éponger une perte aussi lourde. Au demeurant, je n'en ai jamais voulu à certains artistes de m'avoir coûté beaucoup. C'est le jeu du spectacle : on gagne parfois, on perd souvent. La seule chose qui importe, c'est de pouvoir revendiquer ce qu'on a fait.

La conséquence logique d'un tel échec, aussi dure qu'elle soit pour une vedette, c'est que personne ne voulait plus de Sheila. Elle était en froid avec Claude Carrère et n'avait plus de maison de disques. Pour la relancer, je décidai de produire un *single* à ma charge, « Le tam-tam du vent ». C'est d'ailleurs la seule expérience de producteur de disques que je possède à mon actif, car il s'agit d'un métier bien particulier. Je suis incapable, en studio, de sentir le quart de ton en plus ou en moins, et les bricolages techniques ne m'intéressent pas. Depuis le début, mon métier est et restera la scène.

Le disque de Sheila marchote. Entre-temps nous sommes devenus amis et il m'arrive d'aller passer des week-ends dans sa maison de Feucherolles. J'apprécie son caractère vivant et enjoué. Bientôt nous formons comme une famille avec son compagnon, Yves Martin. Je les invite aux sports d'hiver afin de leur changer les idées, Sheila étant loin d'être sortie de ses tracas financiers.

Un jour, j'ai l'opportunité de rencontrer Laurent Fabius, alors Premier ministre, et, au détour de la conversation, j'évoque le cas de ma chanteuse : peut-on envisager un arrangement avec le fisc qui la soulagerait ? Laurent Fabius m'a écouté et intervient. J'étais d'ailleurs en passe de devenir un spécialiste des interventions pour les artistes en mal d'impôts, puisque j'ai renouvelé quelque temps plus tard l'exercice pour Hallyday. Dans son cas, j'ai appelé Jacques Chirac, un fan de Johnny, qui a fait établir un protocole d'étalement.

Quelques années plus tard, en 1989, je décide de monter un nouveau spectacle pour Sheila, cette fois à l'Olympia. Je loue la salle. Le résultat n'est pas plus au rendez-vous que lors de la production précédente au Zénith. Je décide donc qu'elle va faire ses adieux, ce qui déclenche un mouvement de sympathie dans son public. La représentation se terminait en larmes lorsqu'elle interprétait « Je suis venue vous dire que je m'en vais ». Le spectacle est enregistré, Yves Martin et moi nous étant mis verbalement d'accord.

Mais la pauvre Sheila a toujours aussi peu d'argent, puisqu'elle n'en gagne pas plus qu'avant. Dans un premier temps je contacte un de ses fans, richissime, Olivier Pelat, qui souhaitait à tout prix la rencontrer. Je parviens à le convaincre de faire un geste pour aider sa chanteuse préférée.

— Écoute, Olivier, elle n'a pas d'argent, cela lui remonterait le moral si tu lui offrais un beau voyage de huit jours avec son compagnon.

— Ah oui, formidable. Je vais faire ça.

Sheila et Yves Martin partent donc pour un grand voyage, je ne me rappelle plus où exactement, mais au bout du monde. Pendant leur absence je reçois un coup de téléphone de Claude Carrère, que je ne connaissais pas personnellement :

— Elle était bien hein, Maman, à l'Olympia, me dit-il.

Il appelait toujours Sheila Maman. Et était venu la voir, sans me le dire. Je saisis l'occasion pour tenter, lui aussi, de le convaincre :

— Oui, elle était bien. Mais ses affaires, elles, vont mal. Claude, je sais que vous êtes fâchés, mais je ne peux vous cacher la vérité. Vous pourriez peut-être faire un geste, ce serait bien.

— Je vais y réfléchir.

Il me rappelle quarante-huit heures plus tard.

— Bon, je vais lui proposer deux cent cinquante mille francs [c'est du moins la somme que j'ai gardée en souvenir]. On signera un papier entre nous.

Bien qu'ils aient été en bisbille à l'époque, Claude devait éprouver de la tristesse pour la manière dont leur longue collaboration s'était achevée. Au temps des énormes succès de Sheila, il l'avait fait vivre sur un grand pied, belles voitures, appartement à New York, train de vie fastueux. Mais de ce temps révolu il ne restait que de lumineux souvenirs, dont Claude gardait sans doute la nostalgie. Ce jour-là, il a donc fait à son ancienne vedette une généreuse proposition.

J'étais en larmes d'émotion au bout du téléphone. Je raccroche, j'appelle aussitôt Sheila pour lui annoncer la bonne nouvelle. Sa réaction est d'une totale froideur. Est-ce à cause de la distance ? Toujours aussi heureux de ce qui leur arrive, je vais les chercher à l'aéroport. Ils sortent avec leurs valises. Nous nous embrassons.

— Tu as vu ce qu'a fait Claude ?

— S'il me donne cet argent, c'est qu'il me le doit, répond Sheila d'un ton sec.

Assez écœuré, je les ai conduits jusque chez moi, à Neuilly, où une voiture est venue les chercher pour les emmener à Feucherolles. J'avais mis tout mon cœur dans cette histoire. Et la dureté de Sheila devant ce que j'avais obtenu pour elle m'a laissé sans voix.

Quinze jours après, Claude Carrère me rappelle.

— Dites donc, je n'ai pas de nouvelles de Maman pour qu'elle vienne signer.

— Pour tout vous dire, Claude, moi non plus !

C'était vrai. Je n'avais plus de nouvelles de Sheila. Craignait-elle que je prenne une commission sur ce que je lui avais obtenu ? Mystère.

Les embrouilles entre nous ne s'arrêtèrent pas là. Je reçus bientôt une assignation pour avoir enregistré le spectacle de Sheila sans autorisation. C'est Yves Martin qui déclenchait les hostilités. Nous sommes donc allés au procès, que j'ai perdu puisque je ne pouvais produire aucune preuve écrite de notre accord. Et ma perte s'amplifia encore. Car face aux dépenses considérables engagées lors du spectacle au Zénith, j'avais alerté Sheila d'un énorme dépassement de budget. Elle m'avait répondu, avec une hauteur de grande dame, que c'était elle qui paierait. J'avais donc établi une reconnaissance de dette de cent mille francs signée par elle. Je ne l'avais jamais fait valoir, mais lorsque la guerre éclata je décidai de me défendre et ressortis le papier signé. Il ne me servit à rien et au final je ne récupérai pas un sou ; Sheila avait à l'époque un statut de salariée, non de coproductrice. Face à elle, j'ai donc perdu sur toute la ligne.

Je ne suis malheureusement pas le seul dans ce cas. Sheila a souvent fini fâchée avec les gens avec lesquels elle a travaillé. Je soupçonne Yves Martin, producteur de chansons, son manager et compagnon, de ne pas toujours exercer sur elle la meilleure influence. Par la suite, nous n'avons jamais renoué le contact. Cette brouille fut une énorme déception, il est vrai doublée d'énervement et de rancœur à son égard. Je lui avais donné mon amitié, ma confiance, mon affection, je m'étais occupé d'elle à 100 % pendant des années. Le moins que l'on puisse dire est que j'en ai été bien mal récompensé.

J'ai cependant une dette à l'égard de Sheila, il est vrai indirecte : c'est grâce à elle que je me suis mis au ski.

Tous les ans je louais un grand chalet à Courchevel, où j'invitais de nombreux proches. Mon hospitalité leur était garantie, depuis le voyage et l'hébergement jusqu'au cours de ski, location de matériel et remontées mécaniques. Nous pouvions ainsi nous retrouver à une douzaine, rarement des artistes mais plutôt des amis, ceux que j'appelais ma garde rapprochée. Je montais les retrouver pour déjeuner en haut des pistes car j'avais une peur farouche de skier.

Un jour, Sheila et Yves Martin, qui faisaient partie du voyage, me motivèrent pour tenter un essai. Je finis par accepter leur proposition et rencontrai quelqu'un que je vénère depuis, l'un des maîtres moniteurs de Courchevel, Camille Curtet. À l'entendre j'ai le physique, la forme et l'équilibre qui conviennent, et il propose de me donner un cours le lendemain après-midi. Le matin, il me confiera à un collègue moniteur. J'acceptai.

Cette matinée se déroule mal. Je tombe, j'ai peur, je manque totalement de coordination, j'emmêle mes skis, mes bâtons… Lorsque je retrouve Sheila et Yves en haut des pistes, au restaurant Bel Air, je leur annonce que le ski, c'est terminé pour moi.

Sur ce, arrive Camille Curtet, comme prévu. Je lui explique combien l'expérience a été douloureuse et que, sitôt mon déjeuner fini, je redescends à la station. Lui ne veut rien entendre.

— Mais je ne suis pas là pour accompagner quelqu'un dans les œufs ! Faites-moi confiance, suivez-moi. Tout se passera bien.

Il m'embarque presque de force. Je chausse donc de nouveau mes skis, et nous voilà dans la descente. Miracle : Camille parvient à me donner confiance, il m'explique les bons gestes avec patience et précision, et à ma grande surprise nous arrivons en bas sans encombre. J'ai alors cinquante ans et n'en reviens pas de cet exploit. Ensuite, toujours grâce à Camille, je me suis enhardi. Nous avons pu faire des promenades extraordinaires et descendre toutes les pistes, y compris les noires. J'entends encore sa voix douce :

— Regarde le Mont-Blanc, comme c'est beau. Et là, telle bête est passée, on voit encore ses traces…

À compter de ce jour, nous sommes devenus très proches. Il a même tenu à se déplacer pour l'enterrement de mon père en Normandie. Car mon père m'accompagnait souvent à la montagne où il aimait faire la cuisine le soir pour tout le monde, et avec quel succès ! Aujourd'hui, Camille Curtet a dans les quatre-vingt-dix ans, et chaque année je le retrouve à Courchevel pour déjeuner ou dîner, et évoquer les bons moments que nous avons vécus ensemble.

J'ai ainsi fait du ski pendant plus de vingt ans, avec un immense plaisir malgré un côté amateur que j'ai conservé. En outre, le brouillard et le verglas me paralysaient ; fonceur en affaires, moins sur une paire de skis !

*

Deux femmes, rencontrées au hasard du métier, sont devenues des amies proches : Line Renaud et Mimie Mathy. Et toutes deux m'ont d'ailleurs soutenu lors de l'épreuve Hallyday. C'est avec Line que j'ai commencé à m'occuper de théâtre, puisqu'elle était la vedette de la première pièce que j'ai produite en 1991, *Pleins feux*, jouée au Théâtre de la Michodière. Dans mon esprit, le théâtre représentait à l'époque une activité accessoire, et je n'avais pas l'intention d'y revenir par la suite. D'autant que la pièce ne marchait pas comme nous l'avions espéré. Les salles de décembre étaient pleines, mais je savais qu'en janvier nous subirions un gros creux. Je voulais donc arrêter. Le patron de la Michodière voyait lui aussi que la pièce ne tarderait pas à tomber. Il fallait donc prendre une décision difficile mais nécessaire.

Nous nous retrouvons chez Drouant, Line, son mari Loulou Gasté, l'adaptateur Didier Kaminka et moi, où j'annonce la mauvaise nouvelle : il va falloir arrêter. Stupeur générale, car Line et l'auteur pensaient que tout fonctionnait bien. Sur ces entrefaites, le directeur de la Michodière, Jacques Crépineau, signe un contrat pour un nouveau spectacle, alors qu'il n'avait pas le droit d'anticiper la fin du précédent. Ce qui me fournissait une opportunité de lui dire que, non, je ne comptais pas arrêter la pièce. Son embarras l'a alors conduit à négocier un montant d'indemnisation, ce qui a amorti la perte sur *Pleins feux*. Ensuite, chacun de nous a pu reprendre sa liberté.

La suite de l'histoire ne manque pas de piquant. Par faiblesse, mais aussi par amitié pour Line, voilà que je loue le théâtre Antoine afin d'y poursuivre le spectacle. Lequel aboutit à un nouveau désastre, mais pas dans les semaines à venir cette fois : il est présent, réel, complet. Line a du mal à l'admettre. Elle pense que le fait de changer de théâtre a tout fichu en l'air mais que le succès va revenir. D'où, à la suite de ma décision, un léger froid entre nous. Il est aujourd'hui loin. À l'hiver 2017, *Pleins feux* s'est remonté pour dix jours à la demande d'une chaîne de télé qui a retransmis la pièce en direct depuis le théâtre Hébertot. Ce fut un énorme succès, tant pour le public qui a répondu présent qu'en audience.

En 2011, j'ai produit à l'Olympia le retour de Line Renaud sur une mise en scène du grand Franco Dragone, qui a entre autres travaillé avec Céline Dion et le Cirque du Soleil. Le deuxième soir, le spectacle devait être filmé, et pour cela un raccord entre deux séquences était prévu dans l'après-midi. Vers 17 heures, Line découvre avec horreur que ses deux robes de scène portées le matin au pressing avaient tellement rétréci qu'elle ne pouvait plus les mettre. Il a fallu en catastrophe faire rouvrir un grand atelier de couture pour refaire les robes, lesquelles furent livrées quinze minutes avant le spectacle du soir. Nous avions eu très chaud, mais l'affaire s'était arrangée *in extremis*. Jamais je n'ai autant béni la corvée d'un enregistrement de raccord en plein après-midi. Imagine-t-on l'angoisse de Line ?

À quatre-vingt-neuf ans, Line reste d'un dynamisme et d'une jeunesse sans égal. C'est une véritable force de la nature, toujours partante pour un projet professionnel, une bonne cause, un dîner, un voyage, et nous sommes aujourd'hui liés par une solide amitié. Nous partageons des fous rires aussi soudains qu'irrépressibles. Un jour nous nous sommes retrouvés à New York, où j'avais envie d'aller voir la comédie musicale *Les Misérables*. Aussitôt demandé, aussitôt obtenu : Line réserve deux places pour le jour même de mon arrivée, histoire de me faire plaisir. Nous sommes à peine installés dans nos fauteuils qu'elle me donne un coup de coude :

— Regarde !

Elle me montre la photo du programme et je découvre alors, assis à côté d'elle, un homme qui ressemble étrangement à Victor Hugo. Elle ajoute :

— L'auteur est là. Il est venu voir la pièce.

Ce qui nous plonge aussitôt dans un éclat de rire que nous nous efforçons d'étouffer. Comme je suis fatigué par le décalage horaire et m'endors après chaque chanson, nous décidons de partir à l'entracte. Mais voilà que le sosie quitte lui aussi la salle. Nous descendons et arrivons sur le trottoir. L'autre est là, il attend un taxi, nous notre limousine. Et Line de dire :

— Attends, je vais lui demander un autographe.

— Non, tu ne vas pas faire ça !

— Je vais me gêner ! Pour une fois que je rencontre Victor Hugo !

Aussitôt dit, aussitôt fait. Line s'avance vers le digne monsieur et sans se démonter, souriante, mondaine, lui fait signer son programme pile sur la photo de Victor Hugo. Je me suis jeté dans la limousine qui nous attendait, entre honte et fou rire. Notre homme s'est-il prêté au jeu ou a-t-il été dupe ? Je n'en sais rien.

À la réception de l'hôtel Méridien, nouveau numéro de Line :

— Comment allez-vous ? lui demande-t-on.

— Formidablement bien. Nous venons d'assister à un spectacle magnifique, *Les Misérables.*

— Oh, *wonderful…*

— Et en plus, il y avait l'auteur.

— *So fantastic…*

Et moi, on l'imagine, plié de rire de nouveau. Voilà Line.

*

Malgré le demi-succès remporté par *Pleins feux,* mon expérience théâtrale s'est poursuivie avec un nouveau spectacle. Ce fut *Le Gros n'avion*, joué à la Michodière, qui a très bien marché, à Paris puis en tournée. La pièce réunissait Mimie Mathy et ses deux copines, Michèle Bernier, très drôle, et Isabelle de Botton.

J'avais connu Mimie Mathy à ses débuts, alors qu'elle se produisait dans un petit théâtre. Je travaillais déjà dans le haut de gamme du spectacle, et le fait que je veuille m'occuper de sa carrière l'avait beaucoup marquée. Gilbert Coullier ne voulait pas en entendre parler ; s'occuper d'une artiste aussi hors norme était sans doute indigne de son niveau. Mais je ne l'ai pas écouté, et j'ai eu bien raison. Par la suite, comme avec Line, il y eut un petit passage à vide entre nous. Ses partenaires de théâtre prenant de l'importance, une radio leur proposa à toutes les trois de faire une émission hebdomadaire. Les copines de Mimie n'ont rien trouvé de mieux à dire que cette promotion médiatique n'avait rien à voir avec Camus, alors que j'étais à l'origine de tout.

Par la suite, et durant des années, il ne s'est pas déroulé un seul de mes anniversaires ou un grand spectacle que je fasse sans que je reçoive un message ou des fleurs de Mimie, qui voulait absolument que je la récupère. Nous nous sommes donc réconciliés et avons monté des tas de projets ensemble. Nous avons travaillé au Splendid en 1994, au Dejazet en 2002 et à la Porte-Saint-Martin en 2013, sur le spectacle *Je (re)papote avec vous*, qui fut suivi d'une grosse tournée. Cette femme est d'une grande fidélité, une qualité plutôt rare dans notre métier.

★

Une autre artiste, que j'ai aimée profondément et dont l'attitude devait par la suite m'attrister : Annie Girardot. Je l'avais rencontrée après le désastre de sa comédie musicale, *Revue et corrigée*, jouée au Casino de Paris en 1982. Je sympathisai avec elle, allai passer un week-end avec elle et son compagnon en Sicile, la trouvant pleine de vie et de talent. Je lui proposai alors de remonter la pièce *Madame Marguerite*, qu'elle avait déjà jouée quelques années auparavant, mais où Bob Decout, son compagnon de l'époque, voulait ajouter des chansons. Je les refusai formellement, ce qu'elle accepta. Sauf qu'au démarrage, au théâtre Montparnasse, j'eus la surprise de découvrir que les chansons étaient revenues. Influencée par Bob Decout, Annie n'avait tenu aucun compte de nos échanges et répété une formule qui lui avait déjà valu un échec. C'en fut un second. J'avais en outre prêté de l'argent à Bob Decout, qui a fini par me rembourser grâce à une saisie sur ses droits d'auteur. Laquelle a au moins duré onze ans, tant ceux-ci étaient faibles. Pour son plus grand malheur, Annie Girardot s'est souvent retrouvée sous l'emprise de ses compagnons, comme de nombreux artistes. La pauvre a eu une fin de vie pathétique. Elle m'a beaucoup ému, en 2002, avec ses pleurs sincères lorsque la profession l'a honorée d'un césar.

Autre désastre financier, autre déception sur le plan humain : Linda de Suza. J'avais sympathisé avec Pierre-Alain Simon, éditeur, qui voulait monter *La*

Valise en carton en comédie musicale après l'énorme succès du livre. Et nous voilà arrivés avec un spectacle au Casino de Paris, au moment des attentats de la rue de Rennes, ce qui ne devait pas faciliter notre lancement. Jean-Pierre Cassel participait à l'aventure. Outre un brillant comédien, j'ai découvert un homme charmant, placide, intelligent et d'un professionnalisme parfait. Il n'en allait pas de même de sa partenaire. Chez Linda de Suza, des traits de caractère dérangeants apparurent très vite, entre autres son attirance pour la voyance et l'occultisme couplée à une haute estime d'elle-même. Je me rappelle sa visite chez moi à Saint-Tropez. Elle a bien dû me répéter dix fois pendant le repas qu'elle était intelligente, affirmation dont je me méfie toujours ; j'y vois plus un exercice de méthode Coué que la démonstration d'une vérité.

Au Casino de Paris, le spectacle tombe de plus en plus. Mais Linda est convaincue, d'après sa voyante, que quelqu'un dans le théâtre émet de mauvaises ondes... Donc elle met du sel ici ou là, sur certains sièges, se livre à des pratiques étranges pour finir par découvrir le coupable : son coiffeur. Il a fallu séance tenante mettre le pauvre homme à la porte.

Tout cela nuit bien sûr à l'ambiance qui se dégrade de plus en plus, à la fois dans l'équipe et entre les deux vedettes, Linda et Jean-Pierre. Un samedi matin, alors que les réservations sont complètes et vont nous permettre de nous refaire un peu, notre chère vedette se fait porter pâle. Elle ruine ainsi les séances, traditionnellement bonnes, du samedi et du dimanche. Elle me fait savoir alors que le climat de travail est insupportable, que c'est elle la vedette, que Jean-Pierre doit saluer trois pas derrière elle...

C'en était trop. Je voulais mettre un terme à un échec humain autant que financier, mais comme nous étions tenus par un contrat, il a fallu ruser. Je me livre donc à un jeu horrible lors d'une répétition de remise en route, un après-midi. Je savais que lorsque Linda sortait d'une trappe par le sol, la première chanson était en play-back. Je m'arrange donc avec le sonorisateur, auquel je demande d'envoyer la bande orchestrale, mais sans la voix. L'artiste sort de sa trappe, sans voix off, et donc contrainte de chanter.

— Madame, vous chantez faux ! On recommence ! lui dis-je.

La seconde fois, elle ne s'est pas sentie bien, et tout s'est arrêté là. Je ne l'ai plus jamais revue. Au total, j'ai dû perdre l'équivalent de six cent mille ou sept cent mille euros entre la salle, la publicité, les préparatifs de la pièce, les mauvaises ventes... Voilà où vous mène une artiste qui se pense intelligente et dont la carrière est guidée par des voyantes !

★

Les vedettes ne croient qu'en leur ego. Elles sont tellement sûres d'elles-mêmes qu'elles sont convaincues de n'avoir besoin de personne. D'où ce paradoxe : elles acceptent les courtisans qui leur tendent un miroir aux alouettes où elles peuvent s'admirer, mais rejettent les professionnels qui leur disent la vérité. Elles ne mesurent jamais les risques d'un changement de manager, n'admettent pas que les carrières longues restent des exceptions et sont sûres de ne courir aucun risque puisque leur producteur n'est pour rien dans leur succès. Elles sentent la fragilité des autres, mais jamais la leur. Ce sévère constat, maintes fois dressé, ne m'a pourtant pas empêché d'aimer les artistes dont je m'occupais. Je n'avais d'ailleurs pas le choix : j'aurais été incapable de travailler avec des gens que je n'aimais pas. Même si cela n'a pas toujours tourné à mon avantage.

Hasard ou professionnalisme ? Chez 90 % des artistes qui m'ont quitté, ce départ n'a pas provoqué le miracle attendu. Le monde du spectacle repose sur une alchimie. Le succès nécessite que tout fonctionne à tous les niveaux, et un spectacle n'est une réussite que si les éléments qui le composent, humains autant que matériels, s'accordent entre eux. C'est pourquoi j'ai très tôt adopté un principe : on ne change pas une équipe qui gagne.

Bien des exemples viennent le confirmer. Quand Liane Foly s'est séparée de son compagnon André Manoukian, qui écrivait ses chansons, ce fut la chute. Je me suis occupé à ses débuts de Faudel, celui qu'on avait surnommé « le petit prince du raï ». Sa carrière s'annonçait plutôt bien lorsque, en 2007, des bruits insistants me revinrent aux oreilles : il s'apprêtait à me quitter. Je le vois aussitôt pour lui poser la question. Il se récrie :

— Mais pas du tout, Jean-Claude ! Comment peux-tu croire de telles sornettes ?

Une heure après, un flash tombe sur RTL : Faudel quitte Jean-Claude Camus et monte sa propre maison de production. Je ne suis pas sûr que cela lui ait porté chance. Son dernier album remonte à sept ans.

Une autre artiste a saboté son talent et mis sa carrière en l'air : Lara Fabian. Lorsqu'elle n'a plus travaillé avec son compositeur habituel, Rick Allison, la descente a commencé. Et puis, elle en faisait un peu trop, ce qui a sans doute lassé son public : les grands discours de générosité à la télé marchent un temps, mais pas éternellement. C'est d'autant plus dommage que ses débuts avaient été excellents et que le succès a duré des années.

Je m'occupais d'elle en association avec Thierry Suc. En 2003, alors que Lara sortait d'un premier passage à vide, nous avions terminé un beau spectacle, « En toute intimité ». Des promoteurs de province me rapportèrent alors des propos assez désagréables qu'elle tenait sur nous. Elle demandait, derrière notre dos, ni plus ni moins qu'à voir les bordereaux de recette de ses concerts ; ce qui signifiait qu'elle n'avait pas confiance dans les chiffres que nous lui donnions. Thierry et moi avons donc pris la décision de mettre un terme à notre collaboration avec elle. Nous avions placé un spectacle de Lara à Moscou. Nous convînmes de ce moment pour lui annoncer la nouvelle.

— Sois gentil, demandai-je à Thierry, laisse-moi au moins finir ma pomme de terre caviar. Garde l'annonce pour le dessert !

Le lendemain matin, d'assez bonne heure, il m'appela dans ma chambre, visiblement agacé :

— Il faut qu'on prenne le petit déjeuner ensemble, j'ai des choses importantes à te dire.

Il venait d'apprendre un nouvel épisode Lara. La veille, dans la limousine qui la conduisait à l'hôtel, elle avait tenu à l'intermédiaire qui avait organisé son concert à Moscou des propos horribles sur nous. Lequel les avait aussitôt rapportés à Thierry. En un sens, cela nous facilitait la tâche.

Le déjeuner arrive. Nous parlons de choses et d'autres. Lara ne semble pas se douter de ce qui se prépare. Au dessert, Thierry choisit son ton le plus grave :

— Lara, il faut qu'on te parle. Nous ne pouvons plus travailler ensemble, et nous en sommes profondément désolés. Nous avons connu de bons moments, c'est vrai. Mais on nous a rapporté des propos inacceptables que tu aurais tenus sur notre travail. C'est quoi, ces procédés ? Évidemment, elle nie tout et nous assure de sa fidélité.

Nous nous quittons dans une ambiance épouvantable. Lara remonte dans la limousine, quand elle lâche à son promoteur :

— Ils savent tout !

Le soir, le spectacle s'est déroulé dans l'ambiance glaciale qu'on imagine.

Notre histoire s'est donc achevée ainsi. Et ce fut dommage : à l'époque, les salles de Lara réunissaient un large public et ses ventes de disques étaient fortes. Aujourd'hui, c'est une autre affaire. La leçon de l'histoire est évidente : il ne suffit pas d'être une très grosse vedette, d'avoir une voix et un talent. Il faut aussi savoir diriger sa carrière et, pour cela, accorder sa confiance à ceux qui travaillent à vos côtés.

★

Je connaissais bien Michel Polnareff, et sa productrice aussi. Lorsqu'il s'est installé aux États-Unis, j'ai fait partie de ceux qui espéraient son retour en France, tant il était attendu par son public. Il est d'ailleurs revenu assez rapidement pour achever la musique de *La Vengeance du serpent à plumes*. Je lui proposai alors :

— Viens chez moi, tu seras tranquille pour composer.

Une dizaine de jours aurait pu suffire ; il est resté six mois. C'était à l'époque de François Mitterrand, en 1981, alors que le contrôle des changes avait été instauré. Plus personne ne voyageait. Comme j'étais moi-même embêté, j'en parlai à sa productrice, Annie Fargue. On convint donc que je paierais les dépenses de Michel en France et qu'elle m'ouvrirait un compte à New York. Je suis allé à New York, et je n'ai jamais vu le compte ouvert. En revanche, les factures de Polnareff en France, je les ai bien reçues. Son passage ne m'a donc laissé qu'un souvenir pénible assorti d'un sentiment de déception pour une vedette que j'avais beaucoup admirée.

Après de nouvelles années d'exil et un retour mille fois annoncé, lequel s'est produit en 2007 dans une ambiance triomphale, Michel s'est retrouvé une nouvelle fois dans l'actualité dix ans plus tard, en janvier 2017. Il venait d'interrompre sa fin de tournée pour cause de maladie soudaine. À en croire ses propos et ceux de ses proches, il ne pouvait se produire comme prévu, le soir, à la salle Pleyel. Le problème est qu'on le vit ce même soir au bar et au restaurant de son hôtel, ce qui fut constaté par huissier. Il était apparemment en pleine forme. Mais l'artiste prétendait s'être affaissé sur la table. Puis un communiqué de l'attaché de presse de Michel annonce l'hospitalisation de Polnareff. On précisa même que le pronostic vital était engagé alors que la voiture qui le transportait à l'hôpital, d'après ce qu'a dit la presse, n'avait pas encore atteint le parking... Bizarre, pour le moins bizarre. Paroles des uns contre paroles des autres.

On apprit dans la foulée qu'aucune assurance n'avait été souscrite pour garantir les spectacles de Polnareff. Gilbert Coullier avait dû assurer ceux à Bercy, mais il est vrai qu'une tournée ne s'assure pas toujours. À moins d'un grave accident, une date de concert peut, en effet, être reportée. De surcroît, s'agissant de Polnareff, l'assurance aurait sans doute coûté très cher. Tout cela ne m'a donc pas surpris ; en tout cas bien moins que cette maladie soudaine.

La presse révéla que Polnareff portait plainte contre Gilbert Coullier. Puis le silence retomba et les médias passèrent à autre chose. Aux dernières nouvelles, Michel Polnareff a entamé une procédure en diffamation contre Coullier. L'affaire suit donc son cours.

Mais aucune de ces péripéties ne doit empêcher Michel Polnareff de dormir sereinement. Lorsqu'elle ne se plie pas à ses propres désirs, la réalité n'a guère d'importance à ses yeux. Il n'a pas rempli ses Bercy, mais qu'à cela ne tienne : il persistait à vouloir chanter au Stade de France ! Ce que Gilbert Coullier, qui sait tenir les comptes, n'a pas envisagé une seconde. Ensuite, sa tournée a marché vaille que vaille, mais lui semblait s'en moquer. Il n'a pas chanté à la dernière date qui pouvait, en partie, éponger les pertes antérieures. Le personnage agit donc selon son bon vouloir. Le fameux album dont on nous annonce depuis des lustres la sortie, je crains qu'on ne le voie jamais. Mais, quoi qu'il arrive, lui reste sur son nuage, persuadé d'être le meilleur.

Aux États-Unis, il a vécu durant des années grâce à des avances et des promesses diverses aux maisons de disques. Ce fut entre autres le cas avec Universal, qui mit à sa disposition un studio à Bruxelles pendant un an et demi sans que Polnareff parvienne à produire plus qu'un single. L'inspiration ne se commande pas. C'est un être étrange, sympathique au premier abord, mais insaisissable. Dans la construction de sa propre légende, il est si doué que les autres stars semblent des amateurs. Il cultive une posture d'extraterrestre qui ne comprend rien à ce qui survient en ce bas monde. La question est de savoir si, comme beaucoup de mythes, il n'est pas creux ; ce qui s'est passé au début de 2017 conduit à s'interroger. Quel échec que ce nouveau retour par rapport à sa première tournée en France, couronnée de succès, même si j'avais trouvé son spectacle froid, sans amour ni véritable gentillesse envers le public. Et puis, je n'aime pas trop le thème de l'amiral et des moussaillons qu'il est parvenu à imposer à ses fans, et qui en dit long sur l'emprise qu'il entend garder sur eux.

★

Nous sommes en 1983. Francis Lalanne vient de quitter son producteur Michel Martig et me choisit. Nous organisons une tournée qui dégage un beau bénéfice, et je lui signe donc un chèque important. Le voilà qui saute dans mon bureau, tout heureux, devant mes employés un peu ébahis.

— Je n'ai jamais touché autant d'argent, je vais l'afficher à la tête de mon lit, lance-t-il.

— Il vaudrait mieux l'encaisser, lui dis-je avec un sourire, toujours pragmatique.

Nous prévoyons de faire le Zénith. Mais Francis se met dans la tête de produire le disque de son frère, Jean-Félix Lalanne, et ne s'occupe ni de son spectacle ni de la promotion. Ce que je redoutais se produit : la salle est loin d'être pleine. Dans ces cas-là, la pratique, pour combler les trous qui nuisent à l'image d'un spectacle et de la vedette, consiste à faire du remplissage, comme on dit, en distribuant des places aux pompiers, au Secours populaire et à d'autres associations caritatives. Tout cela, naturellement, conduit à un déficit.

Sur ce, Lalanne m'attaque en soulignant que le Zénith était plein ! Et j'ai été condamné. Certes, on n'a pas le droit de dépasser un certain pourcentage de places gratuites, ce qui était sans doute le cas. Mais j'avais quand même œuvré pour une bonne cause ! J'en ai payé les frais. Morale de l'histoire : places gratuites, mais facture payante. Inutile de préciser que nous n'avons plus travaillé ensemble.

Ce qui était jadis une exception dans notre métier – à savoir terminer une collaboration devant la justice – n'est malheureusement plus un cas unique. Je l'ai déjà dit, les artistes, même débutants, sont désormais bardés d'avocats. Tout se négocie, se discute au moindre euro près, en des pratiques qui assimilent le monde du spectacle vivant à celui des affaires. Je ne suis pas sûr que cela soit la meilleure voie qu'ils puissent suivre à une époque où les difficultés financières du public, les coûts de production, les charges croissantes et les menaces d'attentats pèsent sur tant de manifestations.

À ma grande surprise, bien des années après ces pénibles histoires de procès, Francis Lalanne et moi nous sommes retrouvés lors de l'inhumation de Roland Hubert, grand producteur de spectacles, dont le célèbre Gala des Étoiles. Je m'approchai du cercueil lorsque Francis me prit dans ses bras et m'embrassa avec une vraie émotion que j'ai aussitôt partagée.

Ainsi les morts parviennent-ils parfois à réunir ceux que la vie a séparés. Et les artistes me surprendront toujours. Parfois en mal, souvent en bien. Leur sensibilité est capable de tout transcender. Mais seraient-ils de vrais artistes si ce n'était pas le cas ?

7

Souvenirs, souvenirs…

De bons souvenirs, il y en eut tellement, saupoudrés tout au long de ma carrière, que j'ai l'embarras du choix pour citer le meilleur. Le premier qui me revient à la mémoire concerne un spectacle parisien. Au début du mois de septembre 1991, je reçus un coup de téléphone de Max Guazzini, le grand producteur et associé de NRJ. Il m'annonça qu'il voulait fêter avec éclat les dix ans d'existence de sa radio.

— Jean-Claude, on a tout mis en œuvre pour avoir un emplacement à la hauteur du spectacle que nous prévoyons. Finalement, nous avons obtenu la place de la Nation. Est-ce que tu peux te charger de l'organisation ?

— Bien sûr, répondis-je sans hésiter une seconde.

Une vraie folie. Nous étions dix jours avant la date prévue. Mais grâce à la qualité de mon équipe, je ne doutais de rien. L'opération était d'envergure. Car pour ce genre de gros spectacle en plein air, il ne faut pas seulement installer une scène, mais tout un village, avec bureaux, loges et tentes VIP, prévoir des buffets, sonoriser l'espace, en l'occurrence toute la surface de la place de la Nation. Une intendance très lourde devait donc être mobilisée pour accueillir plusieurs centaines de milliers de spectateurs. D'autant plus lorsqu'il fallait monter l'opération en pleine ville, avec le trafic détourné, des badauds partout, toutes les contraintes urbaines, les exigences policières...

Nous avons retroussé nos manches et, sans doute grâce à une pincée de chance et beaucoup de travail, avons réussi à tenir les délais. Et ce fut une complète réussite. Le 21 septembre, une vingtaine de vedettes, parmi lesquelles Jean-Jacques Goldman, Patrick Bruel, Johnny Hallyday et David Bowie, se produisit devant près de cinq cent mille spectateurs. Dès le lendemain, je reçus une lettre du patron de NRJ, Jean-Paul Baudecroux, me félicitant de la parfaite organisation de cette fête.

*

Mes souvenirs les plus forts restent attachés aux six spectacles que nous avons organisés au Champ-de-Mars, au pied de la tour Eiffel ; deux avec Johnny, deux avec Jean-Michel Jarre, un autre avec de nombreux artistes, un autre encore avec Polnareff, lors de sa première tournée de retour en 2007. Chacun s'est déroulé devant une foule impressionnante. Pour leur financement, je l'ai dit, nous touchions des aides de la maison de disques, de la Mairie de Paris et du ministère de la Culture. Le spectacle était par ailleurs vendu à une chaîne de télé. Ce montage nous permettait de mettre sur pied de très grosses opérations, dont le coût s'élevait au moins à deux millions d'euros.

Mais l'argent ne résout pas tout. Chaque fois, l'installation se révélait d'une extrême complexité. Il fallait prévoir des colonnes de son et de lumière d'un bout à l'autre du Champ-de-Mars, des protections nécessaires pour les petits arbres et les abords, une scène gigantesque, un village complet… Dans la semaine qui a précédé le premier concert, le 10 juin 2000, Johnny ne se trouvait pas au mieux de sa forme. Il était à la fois fatigué et tendu. Mais le jour même, tout a marché de façon magistrale. La descente des Champs-Élysées pour rejoindre le Champ-de-Mars, dans la douceur de juin et sous escorte de motards, avait si grande allure qu'elle était digne d'un chef d'État. Puis le concert a débuté, et j'ai vu ce jour-là un Johnny magique, sublimé par la foule, car il n'avait jamais chanté devant autant de monde. Sur les grands écrans, il avait vingt ans de moins. La soirée prit donc des allures d'apothéose. Quelques jours après, le 15 juin, nous fêtâmes son anniversaire au parc de Sceaux devant plus de soixante mille personnes ayant payé leurs places. Un autre record. Par la suite, il y eut le second Champ-de-Mars, le 14 juillet 2009, avec l'anniversaire de mes cinquante ans de carrière.

D'autres bons moments liés à Johnny défilent dans ma mémoire. Je crois que sa plus folle idée a été d'atterrir en hélicoptère sur le toit du Stade de France. Il y tenait dur comme fer, alors que cela me semblait impossible. Jour et nuit, il a harcelé Michel Drucker pour monter l'opération, et il y est parvenu. C'est ce genre de réussite qui fait dire à Johnny : « Ce qui est bien avec Jean-Claude, c'est qu'il me donne tout ce que je veux. » Il avait ce sentiment, même s'il idéalisait un peu la réalité. Mais j'en étais le premier heureux.

Michel Sardou à Bercy, en 1998 : autre magnifique souvenir. Il habitait alors aux États-Unis et nous décidons de nous voir pour parler du spectacle. Notre échange est ultra-rapide. Michel prend une feuille de papier 21 × 29,7 sur laquelle il trace un rond.

— Tu vois, ça, c'est Bercy. Je veux une scène là. Au centre. C'est ce que je veux comme spectacle.

C'était tout. Je savais qu'il avait la carrure pour gérer un changement aussi radical de scénographie. N'empêche qu'il fallait se débrouiller avec une feuille de route aussi simple qu'impérative, car avec Michel, on ne discute pas : on exécute. Ce que nous avons réussi. Et quand il est revenu, il a eu l'honnêteté d'exprimer son admiration face à ce que nous lui avions préparé. Lui qui, au départ, ne bougeait pas beaucoup a formidablement habité ce nouvel espace. Installée en plein milieu du public, la scène tournait avec lenteur dans un sens puis dans l'autre, ce qui la rendait encore plus difficile à investir. Johnny, à l'époque, refusait ce genre de scène ronde, parce qu'il ne voulait pas quitter les spectateurs des yeux et les garder en face de lui. Michel, lui, l'a osé et réussi de façon magistrale.

⋆

L'un de mes pires souvenirs remonte au 4 septembre 1998. Ce jour-là marquait le début de la grande rentrée parisienne de Johnny au Stade de France. Nous devions donner trois représentations, déjà complètes sur réservation. Tout s'annonçait donc sous les meilleurs auspices.

Les portes du Stade ouvrent vers 16 heures. Quatre-vingt mille personnes pénètrent alors dans l'enceinte. Il n'y a qu'un seul problème, mais de taille : il pleut des cordes. Michel Drucker, en communication permanente avec la météo, n'est pas rassurant. Je réunis aussitôt mes responsables techniques pour examiner les différentes hypothèses.

— Si nous jouons, qu'est-ce qu'on risque et comment ça se passe ?

La réponse tombe, implacable.

— On risque gros et ça se passera mal. Le son sera nul à cause des membranes mouillées et, en plus, le vent qui souffle de face sur l'orchestre symphonique risque d'abîmer les instruments.

La décision s'impose : il faut annuler le spectacle car l'équipe me fait remarquer que, si nous nous retrouvons avec du matériel endommagé, nous risquons bien plus gros : l'annulation des deux autres représentations prévues. Hallyday, dans sa loge en dessous, ignore tout de nos discussions et ne sait pas que les conditions météorologiques se dégradent de minute en minute, car ce sont maintenant des trombes d'eau qui se déversent sur le Stade de France. Inutile de tergiverser plus longtemps, nous devons lui annoncer la mauvaise nouvelle. Nous pénétrons dans sa loge. Il m'écoute sans broncher.

À la place de la réaction violente que je redoutais, il se livre à un examen froid de la situation :

— On peut remettre quand ?

— Dimanche après-midi.

— Non. Pas dimanche après-midi. Le public va dire : c'est quoi, ce spectacle en plein jour ?

Nous étudions différentes solutions sans en trouver de satisfaisante et remettons notre décision au lendemain. Quelques instants plus tard, le préfet nous demande de différer notre annonce d'une demi-heure afin d'évacuer Johnny sans encombre et d'avertir les RER initialement prévus pour 23 heures que l'heure de sortie est avancée.

Nous avons enfin le feu vert. Qui doit faire l'annonce ? Michel Drucker semble indiqué. Sauf qu'il est introuvable. Mon équipe suggère alors la seule solution possible :

— Toi, Jean-Claude.

J'accepte. À ce moment-là je suis dans un état second, sérieusement éprouvé par les deux heures d'attente et de discussions. La seule chose dont je me souvienne, c'est de mon directeur de scène, Michel Marseguerra, qui, me tendant le micro au moment où j'entre sur scène, me demande :

— Vous avez préparé quelque chose, Jean-Claude ?

— Non. Rien du tout.

Je me retrouve face au public, et les mots viennent tout seuls. En particulier la première phrase reprise des dizaines de fois dans la presse : « C'est la mort dans l'âme que je vous annonce... » Un minuscule groupe de spectateurs proteste, mais le public dans sa quasi-totalité écoute mes paroles en silence. Quant à nous, mon équipe, les techniciens et les musiciens, nous finissons la soirée en larmes, épuisés physiquement et nerveusement.

On aurait pu craindre le pire au moment de la sortie du Stade, mais il ne s'est rien passé ; pas une vitrine brisée ni la moindre dégradation. La clientèle de Johnny est familiale et tranquille. Mais, tandis que la foule s'écoulait, quelque chose vint me tarauder : sur les quatre-vingt mille spectateurs présents ce soir-là, je savais que beaucoup venaient de très loin. Certains avaient même pris des vacances pour l'occasion. Auraient-ils tous la possibilité de revenir le jour du report ? La gratuité du billet ne suffisait pas. Il y avait aussi la question du transport.

Le soir, après une ultime réunion, nous prenons la décision de remettre au mardi suivant, seule date possible à cause d'un détail matériel sur lequel nous ne pouvions faire l'impasse : nous ne disposions que d'une seule couverture de pelouse, venant d'Angleterre, et il a fallu nous assurer qu'elle serait encore disponible le mardi.

Le lendemain samedi, alors que le temps s'est amélioré, nous jouons. Tous les VIP de France et de Navarre sont venus, et parmi eux le ministre communiste des Transports, Jean-Claude Gayssot, enthousiaste. Le lundi, je pars de chez moi pour aller au bureau lorsque me vient une idée. Je téléphone depuis ma voiture afin de joindre le ministre. On me le passe aussitôt.

— Quelle soirée formidable ! Un grand merci pour votre invitation, monsieur Camus, commence-t-il.

Très bien. Il n'est pas encore redescendu. Les circonstances me sont favorables. Je me lance.

— C'est à moi de vous remercier pour votre présence et votre enthousiasme, monsieur le ministre. Mais si je me suis permis de vous appeler, c'est que nous avons un problème. Il concerne nos spectateurs du premier soir qui n'ont pu voir le spectacle. Beaucoup d'entre eux habitent en province, et s'ils n'en ont pas les moyens ils ne pourront pas revenir. Bien sûr, leur place est toujours valable, mais leur transport ? Est-il déraisonnable d'imaginer un accord avec la SNCF ?

— Vous avez raison, c'est un vrai problème. Je vais voir ce que je peux faire et vous rappelle avant midi.

Ce qu'il fit. Et pour m'annoncer qu'il avait obtenu de la SNCF 50 % de réduction sur présentation du billet initial. Je l'ai chaudement remercié de cette intervention.

Dans les jours qui suivirent, j'ai reçu entre quinze cents et deux mille lettres de gens qui, pour de multiples raisons personnelles, n'avaient pu se rendre au concert de remplacement. En tant que clients, nous nous devions de les respecter. J'ai donc traité toutes les lettres une par une, donnant mes consignes au secrétariat :

— Celui-là nous l'invitons d'ores et déjà pour notre futur passage à Limoges, envoyez-lui deux invitations. Celui-là habite trop loin d'une ville de tournée, on lui offre un DVD du spectacle, etc.

Arrive le mardi, jour du concert de remplacement. Le matin, à 6 heures, en partant pour le Stade, je m'arrête au kiosque à journaux. À la une du *Parisien*, je découvre ce titre : « Johnny Hallyday chante en play-back ». L'article était signé par le journaliste Maurice Achard, celui qui s'était déjà illustré à propos du spectacle à Las Vegas au motif qu'il estimait avoir été maltraité là-bas. Mon cerveau se met à mouliner : que va penser Johnny s'il lit ça, dans quelle colère noire l'article va-t-il le jeter ?

Nos ennuis semblent ne pas devoir s'arrêter là. Le soir, le spectacle est retransmis en direct sur TF1. Je quitte Johnny qui fait son interview pour la télé et me rends dans la tribune VIP, où je reste ahuri de ce que je vois, ou plutôt ne vois pas : autour de moi, tout est noir. Le ciel est si bas qu'on se croirait en pleine nuit. Sur ce, une énorme pluie commence à tomber, et Johnny est contraint de commencer à jouer sous des trombes d'eau ! Pendant quelques secondes, j'avoue avoir maudit le sort qui s'acharnait. La musique de l'orchestre symphonique ayant été enregistrée, nous avons pu envoyer image et son sur écran. Ensuite Johnny s'est dirigé vers le milieu de la scène qui avançait jusqu'au milieu du Stade de France, micro HF en main. Il s'est immobilisé et a expliqué au public l'utilité de ce micro. C'était sa façon de répondre à l'article fielleux du *Parisien*. Par la suite nous avons porté plainte. Et grâce à un guitariste, muni d'un micro et d'une guitare HF, qui a fait la démonstration face aux juges qu'il s'agissait bien d'un direct, nous avons gagné notre procès.

★

En 2003, nous décidons que Johnny chantera au Parc des Princes. Ce sera la seconde fois, mais la nouveauté est qu'il y donnera quatre représentations, une performance exceptionnelle puisqu'il est le seul artiste à l'avoir réalisée.

Lors de la conférence de presse pour annoncer le spectacle à l'Hôtel de Ville de Paris, j'ai quelques sueurs froides. Une heure avant est tombée la nouvelle de la mise en accusation de Johnny pour viol sur une hôtesse de bateau dans le Sud, une histoire qui défraiera la chronique pendant des mois. Johnny, très atteint, sait qu'il va se retrouver devant une centaine de journalistes et que l'épreuve risque d'être difficile.

— Non, on n'y va pas… Je vais me faire assassiner…

Je le réconforte du mieux possible et lui explique que fuir la presse sera pire que tout. Finalement il accepte. Il est blanc comme un linge lorsque nous gagnons l'estrade. La conférence commence, les questions se succèdent. Pas une sur le sujet scabreux, aucun journaliste n'évoquant la dépêche qui vient d'arriver. Je fais le dos rond jusqu'à la fin des échanges, redoutant chaque nouvelle question. Rien ne se produit. Ouf ! C'est à cette occasion que j'ai pu voir l'estime des médias pour cet homme. Johnny est d'autant plus aimé des journalistes qu'il a toujours été coopérant avec eux. Ce jour-là, nous avons évité la catastrophe.

Tout va donc pour le mieux. La réservation est bourrée à craquer pour les quatre jours, ce qui, avec une contenance de cinquante mille spectateurs, augure une formidable recette. C'est l'année où Noah fait la première partie. Arrive la première date, le 10 juin. Le temps est magnifique, le public s'installe, tout roule au mieux… Je suis assis sur les marches de l'escalier présidentiel lorsque mon attention est attirée par des techniciens qui s'affairent autour des énormes générateurs électriques. Certains courent même, visiblement inquiets. J'appelle Roger Abriol, mon directeur de production :

— Qu'est-ce qui se passe ?

— On n'a pas de courant. Les générateurs sont en court-circuit, me répond-il d'une voix blanche.

J'ai l'impression que le sol s'ouvre sous mes pieds. Je regarde le ciel bleu, le stade rempli. Tout cela n'est plus qu'un fragile décor qui risque de tomber en poussière dans quelques minutes. Je ne m'imagine même pas dire à Johnny qu'il ne peut chanter parce qu'il n'y a pas de courant ; ce sera la fin de ma carrière de producteur, car il ne fait aucun doute que je vais être viré. Inutile de se voiler la face : le problème relève de mon entière responsabilité. Autant je ne contrôle pas le temps qu'il fait et la pluie qui tombe, autant les problèmes de son et de lumière sont du ressort de mes équipes à 100 %.

Peu avant 21 heures, alors que le jour commence à tomber et qu'on y voit encore, Yannick attaque sa première partie comme si de rien n'était. Mais la faible lumière lui fait penser qu'on cherche à le saboter. La réalité est que le courant était suffisant pour donner du son, mais pas de l'éclairage. Enfin, le miracle arrive.

Les techniciens ont trouvé la solution et le courant revient pour l'entrée en scène de Johnny. Je pousse le plus gros soupir de soulagement de ma carrière.

Un autre incident, toujours lors d'un Parc des Princes de Johnny, non pas lié aux intempéries ou à une anomalie technique, mais à l'ego des artistes. Il interprète un duo avec Garou. Celui-ci remporte-t-il trop de succès ? Nous allons dîner après le spectacle au restaurant près de l'Étoile dont Johnny était propriétaire à l'époque. Un membre de son équipe m'annonce :

— On ne veut plus de Garou demain.

— Vous ne voulez plus de Garou demain ? On l'a fait venir exprès du Canada, il a assuré toutes les répétitions, on a encore trois spectacles où il doit chanter avec Johnny, et vous n'en voulez plus ?

— Nous n'en voulons plus.

Ils n'ont pas cédé. Il a fallu que j'aille voir le manager de Garou le lendemain. Auquel j'ai dit la vérité : Johnny ne voulait plus chanter avec lui. Et pour des raisons que j'ignorais, qu'en conséquence je ne pouvais ni comprendre ni expliquer. L'aventure s'est terminée là.

Dans le même concert intervenait Florent Pagny, lui aussi pour un duo. Mais voilà qu'il rate son entrée en scène ! Lorsque Johnny commence à chanter, il est toujours en coulisses. Et Johnny, dès sa sortie de scène, furieux :

— Il faut virer Pagny.

Un moment d'humeur. Au moins cette affaire-là s'est-elle arrangée lors du dîner.

★

J'ai gardé un mauvais souvenir du spectacle de Bob Marley, bien que ni la vedette ni son spectacle n'en portent la responsabilité. Marley se produisait au Bourget. La veille, nous avions organisé un autre gros spectacle à Nantes, je ne me rappelle plus avec qui. À l'époque, nous encaissions toutes les entrées nous-mêmes. Nous avions donc décidé que ma sœur rejoindrait le Bourget depuis Nantes dès la fin de la représentation avec une très grosse somme, sans doute dans les dix mille euros d'aujourd'hui. Au Bourget, un camion de la Brink's collectait les espèces au fur et à mesure. Mais le malheur, que je ne m'explique pas, est que nous avons oublié le sac de Nantes !

Nous partons dîner ensemble, contents de la soirée, ma sœur embarquant avec elle la recette de la veille. J'habitais alors rue Daubigny, où se trouvaient aussi nos bureaux. Nous rentrons. Au cinquième étage, à peine avons-nous ouvert la porte de l'ascenseur que nous tombons sur trois types cagoulés qui nous attendaient sur le palier. Ils nous font pénétrer de force dans l'appartement. Gilbert Coullier a alors tenté un geste de fou qui, heureusement, n'a pas eu de conséquence. Nous nous sommes retrouvés ligotés et bâillonnés à 2 heures du matin, tandis que nos voleurs quittaient les lieux avec la recette de Nantes, mais sans doute convaincus de détenir celle du Bourget qui était beaucoup plus importante. C'était une bien légère consolation dans notre malheur.

Le lendemain, nous nous sommes rendus quai des Orfèvres afin de déposer plainte et raconter les faits. J'ai particulièrement apprécié la remarque du policier qui nous a entendus. Quand nous avons indiqué la somme volée, il a émis ce jugement définitif :

— Ah ! Une goutte d'eau pour vous !

La police n'a jamais retrouvé quoi que ce soit, ni la trace des voleurs, ni bien sûr la somme dérobée. Et comme les assurances ne jouent pas dans ce genre de situation, il nous a fallu des mois pour éponger cette perte.

Nos bureaux sont restés rue Daubigny pendant une vingtaine d'années. J'employais peu de personnes, une douzaine au plus fort de mes activités. Je passais moi-même beaucoup de temps sur place, quitte à faire l'aller-retour dans la journée lorsque j'étais sur une tournée. Quand un très gros spectacle se présentait, l'équipe montait en puissance. « L'engagement de préparation », selon la formule que nous utilisions, était au point trois mois à l'avance. Chacun était alors à sa place et connaissait ses fonctions. Marie-Pierre Bussac, par exemple, accomplissait un travail considérable puisqu'elle avait en charge toutes les réservations d'hôtel et les transports.

Les bureaux étaient installés au même étage que mon appartement et celui de ma sœur Annette. À un moment, cette promiscuité entre lieu de travail et résidences privées n'a pas été sans poser de problèmes. Des objets se mirent à disparaître de nos domiciles. Annette soupçonnait ma fille, jeune à l'époque, ce qui installait entre nous l'ambiance qu'on imagine.

Un jour, je reçus un coup de fil de mon banquier. Il m'annonça que des achats de bijoux chez Cartier, importants, venaient d'être effectués par une certaine Mme Camus. J'en restai pantois, incapable de saisir l'origine de cet achat ni l'identité de la mystérieuse Mme Camus. Deux jours plus tard, la femme téléphona à Cartier pour changer un bijou. La police n'avait plus qu'à la cueillir. La coupable n'était autre qu'une secrétaire, chez nous depuis trois ou quatre ans, que j'étais à cent lieues de soupçonner.

Un autre incident, dont nous fûmes victimes, se déroula dans un local annexe de la rue Daubigny. La billetterie informatique n'existant pas à l'époque, nous tenions un lieu de vente au Zénith pour commercialiser les spectacles. Ma fille a d'ailleurs commencé sa vie professionnelle derrière ce comptoir. Un jour, mon comptable m'alerta :

— Monsieur Camus, les recettes ne correspondent pas à ce qui est dans le coffre.

Nous nous interrogeons et entamons une surveillance discrète. Elle ne donne rien. On tend des pièges dans lesquels personne ne tombe, et pour cause puisque c'est le comptable et moi qui les mettons en place. Un employé est soupçonné indûment avant d'être relâché. Et puis je commence à avoir des doutes. Mon comptable apporte toujours le matin plein de viennoiseries pour le personnel, se montre très aimable, trop même, comme s'il voulait endormir les employés. L'enquête de police révélera que c'est lui qui piquait dans la caisse – lui-même qui avait attiré mon attention sur les décalages de trésorerie ! Il a été condamné à de la prison ferme.

★

J'ai vécu avec Jean-Michel Jarre de bien pénibles moments à l'occasion d'une commande que nous avait passée le gouvernement égyptien. Le spectacle devait se dérouler le 31 décembre 2000 au Caire, au pied des pyramides, et promettait d'être somptueux. Sauf que les imprévus et les incidents n'ont fait que s'enchaîner depuis notre arrivée jusqu'à notre départ.

Nous tombions en plein ramadan. Conséquence : il était prévu que nous aurions deux cents hommes à notre disposition pendant les quinze jours de montage alors que nous n'en avons obtenu que la moitié. La plupart étaient épuisés par leur jeûne dès le milieu de la journée et abandonnaient le chantier vers 16 heures. D'où, pendant des jours et des jours, une angoisse grandissante. Je ne saurai jamais comment nous avons réussi à monter le spectacle dans de telles conditions.

Nouvel imprévu. Le 30 décembre, nous sommes avertis que le président Moubarak assistera à la fête du lendemain. Et que, en conséquence, avant qu'il arrive sur le site, toutes les communications HF seront brouillées pour des raisons de sécurité. Nous nous regardons, défaits. Pour nous, la conséquence de cette décision sans appel est simple : le spectacle, fondé sur l'électronique, devient impossible. Nous en informons aussitôt nos interlocuteurs qui montrent leur embarras mais ne peuvent rien faire. Nous trouvons la solution en rencontrant en catimini l'un des nombreux généraux qui nous ont été présentés, et qui nous a paru plus ouvert que ses collègues. Nous lui expliquons la situation. Il nous attribue une fréquence, mais en insistant pour que la chose reste secrète, car dans l'armée comme dans les allées du pouvoir, chacun jalouse et espionne tout le monde. L'ambiance devient épouvantable et suspicieuse. J'en ai tellement assez que, lorsqu'un commandant de la police me demande avec hauteur qui je suis, la réponse fuse :

— Fantômas !

Je ne suis pas sûr qu'il m'ait compris.

Arrive le soir du 31 décembre. Sur le site, la pagaille est générale. Nos laissez-passer ne fonctionnent pas, il faut en urgence aller récupérer les invités de RTL dont le car ne peut franchir le barrage de police, nos invitations pour les VIP n'ont pas été validées tandis que des huiles gouvernementales se pointent sans la moindre entrée. Bref, rien ne se déroule comme prévu. Le spectacle débute enfin. Il n'aura pas le temps d'étonner son public, car un brouillard à couper au couteau se lève et vient noyer les pyramides, du jamais-vu au Caire. Nous sommes obligés d'arrêter les artifices parce qu'avec la fumée qu'ils dégagent on ne voit même plus la scène. En plein milieu du concert, voilà qu'une femme se présente à moi, drapée dans un grand manteau de fourrure. Directrice de cabinet du ministère de la Culture, elle veut monter sur scène pour poser une question à Jean-Michel :

— Le Président demande pourquoi il n'y a pas de projection sur les Pyramides. C'était pourtant ce qui était prévu.

Nous lui expliquons qu'à cause du brouillard, etc. Au total ce fut un spectacle raté de A à Z, pas livré, selon le président Moubarak. Heureusement pour nous, tout avait été payé d'avance. Ensuite nous nous sommes fait insulter par la police, je ne me rappelle plus sous quel prétexte. Lors du démontage nous découvrons que nos ordinateurs ont disparu. À minuit, mes proches et moi étions en larmes, d'émotion et de libération du stress accumulé pendant toutes ces heures.

Je rentre en France dès le lendemain avec l'avocat de Jean-Michel Jarre. Nous étions tous deux assis côte à côte dans l'avion, attendant le départ sans dire un mot. Aussitôt que l'appareil a commencé à rouler, nous avons poussé un ouf de soulagement. Nous n'avions qu'une peur : que des policiers viennent nous arrêter sous un motif quelconque jusque dans l'appareil.

J'ai connu un second échec avec Jean-Michel Jarre. Il s'agissait d'un spectacle organisé par la ville de Hong Kong pour inaugurer le stade construit par Bouygues. J'aime beaucoup Jean-Michel. Il est sans doute la seule personne qui puisse déployer autant de charme auprès de ses interlocuteurs pour leur vendre ce qu'il veut. J'étais en vacances à la Martinique où je venais d'arriver la veille, lorsque je reçus un coup de fil de lui :

— Jean-Claude, il faut que tu m'accompagnes. Je pars pour Hong Kong où je suis sollicité pour l'inauguration et je dois défendre le projet. Avec toi, ce sera plus facile.

Aussitôt dit, aussitôt fait. Je saute dans un avion. La Martinique-Hong Kong, ce n'est pas précisément à côté. J'arrive au cœur d'une réunion organisée avec une quinzaine de banquiers auxquels Jean-Michel n'a aucun mal à vendre le spectacle malgré son prix élevé. Il s'adresse à eux avec brio et efficacité, car il sait ce qu'il veut ; c'est lui qui construit le concept de ses spectacles.

Le grand jour arrive. Des feux d'artifice sont stockés, mais sur une barge, assez loin de la côte. Les autorités nous font alors savoir que nous ne pourrons pas les débarquer pour des raisons de sécurité. Bien sûr, toutes les fiches techniques ont été fournies et validées, comme en ces circonstances. Nous aurons donc droit à un spectacle musical mais sans aucun artifice, donc complètement mort, durant lequel je vois les gens se lever et sortir. Ce fut un échec sur toute la ligne, entièrement imputable à l'obstination des autorités locales. Car depuis la conception jusqu'à la réalisation, en passant par la commercialisation, Jean-Michel avait impeccablement construit son show.

J'ai organisé de nombreux événements à l'étranger. À la différence du Caire et de Hong Kong, ils se sont toujours bien déroulés. Toujours avec Jean-Michel Jarre, je me rappelle un spectacle sur les hauteurs de Moscou, devant l'université. Le budget était très important.

J'étais assis au premier rang lorsque a commencé un déluge d'artifices, un spectacle extraordinaire comme j'en ai rarement vu dans ma vie. Ce fut un succès colossal. Il a fallu attendre deux heures pour pouvoir repartir, la ville étant entièrement bloquée à cause des millions de personnes qui s'étaient déplacées.

★

À Hong Kong comme en France, et j'imagine dans la plupart des pays, les exigences des commissions de sécurité sont devenues très lourdes au fil des années. Je les comprends. Nous gardons tous en tête quelques exemples de drames terribles dus à des négligences lors de spectacles ou de réunions sportives. Mon obsession ayant toujours été la sécurité, j'ai accepté sans rechigner les recommandations ; même si, parfois, certaines commissions provinciales conduites par de petits chefs, livret à la main, pouvaient prendre un caractère plus vexatoire que sécuritaire. Au demeurant, ces inspections se sont toujours bien déroulées. À Nantes, le capitaine des pompiers a émis pendant des années un avis défavorable à tout spectacle se déroulant salle de La Beaujoire. Mais le maire passait outre et l'artiste jouait. Il n'y a jamais eu de problème.

À la préfecture de Paris, la responsable, madame Colin, me voyait d'un bon œil. Elle savait que ce qu'il fallait faire serait fait. Je ne subissais donc pas les règlements, puisqu'ils répondaient à mon premier souci : la sécurité. Je me rappelle ma première rencontre avec les équipes de la préfecture. Lors du concert des Rolling Stones au Stade de France, les responsables n'avaient rien respecté des consignes de sécurité. Pendant la phase préparatoire du concert de Johnny Hallyday le préfet le prit donc d'assez haut à mon égard. Je le rassurai :

— Avec moi, ça ne se passera pas comme ça.

Et en effet. Il n'y eut pas le moindre problème. À la fin de la soirée, j'ai même eu droit à un mot de félicitation du préfet.

On se doute que j'éprouvais une angoisse diffuse lors des gros spectacles. Mais j'avais la chance d'avoir des équipes très fiables et je veillais à ne pas montrer d'inquiétude. Je me rappelle la surprise d'un journaliste me voyant un soir passer avec mon barda de talkies-walkies :

— Qu'est-ce que vous avez l'air zen !

— C'est une nécessité. Car si je montre mon angoisse, tout le monde sera paniqué.

Au côté de Jimmy Reffas, avec qui j'ai travaillé durant plus de vingt ans, il m'est arrivé d'employer jusqu'à cinq cents personnes sur de grosses opérations pour la seule sécurité. Lorsque le public avait quitté les lieux, nous refaisions tout le parcours pour vérifier que sous les gradins et sur la totalité de la surface, il n'y avait pas de problème, aucun blessé ou spectateur endormi. Et alors, seulement, je poussais un soupir de soulagement.

J'ai eu une autre chance : ne pas connaître de graves accidents de travail. Les quelques-uns que j'ai eu à déplorer furent bénins, à l'exception d'un seul. C'était lors d'un spectacle de Sheila, au Zénith de Pantin, en 1985. Un chef de sécurité de la salle dirigeait une société dans laquelle il employait des agents de sécurité. Mon régisseur et constructeur de décor lui soumit un jour une requête :

— Je vais avoir besoin de quatre hommes pour monter des tentures. Pourriez-vous me les prêter ? Je les paierai, bien sûr.

L'autre donne son accord. Deux hommes s'installent alors sur une tour mal arrimée qui s'effondre. L'un d'entre eux chute et restera handicapé. Ma responsabilité a été engagée, car ils avaient été utilisés par moi au même titre que des membres de mon personnel dans la mesure où mon régisseur en avait fait la demande. J'ai été condamné. Mais cet accident, pour dommageable qu'il ait été, n'était pas lié au spectacle lui-même ni à mon personnel. Et, bien sûr, n'a en rien affecté les spectateurs.

*

Un autre pépin, plutôt un accrochage, s'est déroulé au tout début de ma carrière lors d'un concert avec Michel Fugain à Rouen, où j'avais acheté le spectacle avec son chapiteau. Vingt minutes avant le début, le gradin du fond s'est écroulé. Sirènes, pompiers, police, ambulances… Par bonheur on ne déplora que cinq ou six blessés légers, mais j'avais eu la peur de ma vie. J'ai donc demandé à Michel d'attendre un peu pour commencer son spectacle afin de vérifier que tout allait bien et permettre à chacun de reprendre ses esprits. Il m'a envoyé promener. Ce qui désormais constitue un second souvenir très pénible de cette journée.

Michel Fugain a été une énorme vedette. Mon histoire avec lui est curieuse. Il y a bien des années de cela, j'étais en rendez-vous de travail avec un ami qui programmait Fugain à l'Olympia. À l'époque, la carrière de Michel connaissait une éclipse, c'est le moins que l'on puisse dire ; la vérité est qu'il avait pas mal disparu.

— J'aimerais bien que tu viennes voir Michel, me proposa cet ami.

J'y allai donc et le trouvai très bien ; succès de salle, bonnes chansons. À la fin du spectacle, je vais saluer le chanteur et le complimente. Il me demande alors de m'occuper de lui, ce que j'accepte. Nous avons travaillé ensemble pendant une assez longue période, sa femme Stéphanie se montrant très attentive et raisonnable, le freinant dans les outrances dont il pouvait parfois faire preuve. Nous avons vécu, hélas, la perte de Laurette Fugain ensemble.

Avec le temps, nous avons lié des relations amicales. Un été où nous naviguions en Corse, il m'a présenté un projet de spectacle basé sur ses grands succès, mais sans lui ; il savait que sa capacité à remplir les salles s'était émoussée. Les chansons seraient donc interprétées par une troupe de jeunes avec une mise en scène dans l'ancien esprit du Big Bazar. L'idée était bonne et aboutit à *Attention, mesdames et messieurs* aux

Folies Bergère. Ce spectacle a été promu par M6, et pendant plusieurs semaines, je suis passé à la télévision, l'équipe filmant les auditions, puis les répétitions dans chaque ville où nous passions afin de réaliser une émission hebdomadaire.

Une bonne partie des répétitions se déroula à Monclar, près de Pau, dans le théâtre du metteur en scène Roger Louret, de sorte que je n'y assistai pas, et, avec tout son talent de persuasion, Michel parvint à le faire fléchir pour qu'il puisse interpréter lui-même quelques chansons. Arrivent les derniers jours de répétition à Paris. Je découvre la tournure qu'ont prise les répétitions et fais aussitôt part de mon désaccord au metteur en scène. Nous aboutissons à une sorte d'équilibre, mais l'idée de départ était perdue : le spectacle était devenu celui de Michel Fugain avec quelques artistes autour de lui. Et nous nous sommes ramassés.

Pendant ce spectacle, nous avons vécu des choses épouvantables. Après la mort de sa fille Laurette, à la sortie d'un concert, un événement personnel nous sépara.

À compter de ce jour, l'ambiance devint donc épouvantable, et pas seulement entre Michel et moi. Le dernier jour, l'attachée de presse lui offrit même un petit cactus ! À la fin du spectacle, alors qu'il est de tradition de présenter tous ceux qui y ont travaillé à un titre ou à un autre, Michel est allé jusqu'à omettre de me présenter. C'est le metteur en scène Roger Louret qui m'a appelé. J'ai remercié la troupe avant de rendre un hommage vibrant à Stéphanie. Aujourd'hui encore je la tiens pour une femme extraordinaire et admire son action d'aide aux enfants leucémiques.

Michel a toujours été amer, ayant volontiers une dent contre son entourage et tenant des propos syndicalistes caricaturaux, à des années-lumière de sa joie de vivre et de l'image qu'il offre au public. Avec le temps il s'est aigri encore plus et n'hésite pas à critiquer durement les autres artistes au-dessus desquels il se place sans aucun complexe. Quel dommage !

⋆

Redevenons légers. Beaucoup de souvenirs nous font rire, Johnny, Læticia et moi, car nous partageons tous trois le même art : celui de la bourde. Nous en avons tellement commis, et en plusieurs circonstances, que j'ai du mal à me les remémorer toutes. L'une des plus belles, nous la devons à Johnny, lors d'un dîner à l'Hôtel de Ville avec le maire de l'époque, Jean Tiberi.

Johnny avait décidé qu'on allait monter un spectacle aux Champs-Élysées. Évidemment, l'autorisation du maire était requise. Un dîner à l'Hôtel de Ville est donc organisé. Nous arrivons, Johnny n'ayant pas tous ses esprits, comme c'est parfois le cas lorsqu'une rencontre le préoccupe. On nous sert un premier apéritif, puis un second, enfin nous passons à table. Johnny plaide sa cause, d'ailleurs très bien. Arrive le moment des séparations. Et là, disant au revoir, il se tourne vers l'épouse de Jean Tiberi et lui demande :

— Dites-lui, mais vraiment dites-lui, à votre fils, que je veux faire les Champs-Élysées.

J'étais liquéfié. Réaction de madame :

— Je fais donc si vieille que ça ?

Nous sommes sortis plutôt mal à l'aise. Mais ni le maire ni son épouse n'ont dû en vouloir à Johnny, puisque l'autorisation nous est parvenue quelques jours plus tard.

La suite de l'histoire n'est pas mal non plus, mais pas dans le registre de la bourde ; dans celui de la catastrophe évitée de justesse. Le spectacle était prévu pour juin. Sa préparation, très compliquée, dura environ six mois. Nous multipliions les repérages sur le terrain afin d'être sûr de ne rien omettre. Nous avions conçu une scène roulante qui devait descendre l'avenue, et réalisé la maquette. En février, lors d'une ultime réunion sur les Champs-Élysées, nous examinâmes tout. Mon directeur de production, Roger Abriol, me décrivit le mouvement :

— On va partir de derrière l'Étoile et on descend. Et tout le long, jusqu'à la Concorde, à intervalles de cent mètres, on placera de grands écrans pour que les spectateurs puissent voir.

Et d'un seul coup surgit la lumière.

— Nom de Dieu ! m'écriai-je. Les arbres, au mois de juin, ont toutes leurs feuilles. Du coup personne ne verra les écrans.

Ce qui aurait été une catastrophe. Les gens, dont certains seraient peut-être arrivés sur place vers 5 heures du matin, n'auraient vu la scène que lors de son passage devant eux, soit entre trois et cinq minutes maximum. En quelques secondes, je compris le désastre à venir. Nous étions tous fracassés par cette découverte et par la fausse bonne idée dans laquelle nous nous étions embarqués depuis des mois. Il fallait donc tout annuler. Restait à l'annoncer à Johnny. Et ce n'était pas le plus facile.

Je l'appelle alors que nous sommes encore sur les Champs-Élysées.

— Est-ce que tu peux nous recevoir ?

— Bien sûr.

Nous partons aussitôt à Marnes-la-Coquette et lui expliquons ce dont nous venons de prendre conscience. En quelques instants, tout le projet sur lequel nous travaillions depuis des mois se retrouvait anéanti. Je prends le maximum de précautions pour lui expliquer que cette fête qui lui tenait tant à cœur est impossible.

— Est-ce notre faute ? Je ne sais pas, mais on court à l'échec.

Il le comprend. Dans ce genre de circonstance, il accepte la réalité. Et aussitôt il rebondit :

— On fait quoi, alors ?

J'avais préparé ma réponse :

— Je pense que la meilleure idée, c'est au Champ-de-Mars.

Évidemment je n'avais pas l'autorisation, et il faudrait revoir le concept du spectacle. Mais j'ai tout escamoté : les difficultés, un nouveau feu vert de la Mairie de Paris… L'œil de Johnny s'allume :

— Tu crois que ça sera bien ?

— Ce sera fantastique.

Et on a fait le Champ-de-Mars.

Mis à part ce loupé, j'avoue avoir eu beaucoup de chance dans ma carrière. Rien n'a jamais raté sur le plan de l'organisation, d'où ma réputation de fiabilité. Ce sérieux était d'ailleurs reconnu par les administrations. En tout, j'ai monté une vingtaine de très grosses opérations à Paris, six Champ-de-Mars, quatre Parc des Princes, avec Jackson et les Rolling Stones, quatre parc de Sceaux, un Bourget, pour le dernier concert parisien de Bob Marley, une place de la Nation pour NRJ, sept Stade de France... et chacun de ces spectacles s'est bien déroulé. Lors des réunions de travail, nous pouvions nous retrouver à quarante personnes autour de la table, entre les services de la police et de la préfecture, les démineurs, la sécurité, les artificiers. Chacun savait que si on me demandait telle mesure, telle disposition, telle précaution, ce serait fait. D'où la grande confiance entre nous.

Quand Jean-Michel Jarre a fait son fameux spectacle sur le Champ-de-Mars, celui-ci non plus n'était pas initialement prévu à cet endroit, mais aux Invalides. À deux semaines du spectacle, le gouverneur s'y est soudainement opposé, car le monument étant classé et les artifices pouvant faire flamber les toits, le risque lui était apparu déraisonnable. On ne saura jamais si sa prudence était justifiée ou excessive, mais il a bien fallu annuler. Nous avons donc mené une véritable opération commando pour transporter le spectacle en deux semaines au Champ-de-Mars. Et chacun sait qu'un spectacle de Jarre ne se fait pas avec deux caisses de matériel.

Je reviens aux bourdes. Nous en devons une magnifique à Læticia, en 2006, à l'Olympia. Le maire de Paris, Bertrand Delanoë, vient voir Johnny après le spectacle. Je présente le chanteur et son épouse au maire. Et elle, dans la conversation :

— Vous ne pourriez pas faire une belle chanson pour mon mari ?

Elle avait simplement confondu le maire de Paris avec Pierre Delanoë, le grand parolier de Bécaud, de Sardou, de Dassin et de tant d'autres… Après un léger moment de gêne, Bertrand Delanoë a éclaté de rire.

Dans le domaine de la gaffe, je pulvérise sans doute pas mal de records. Par exemple j'ai un mal fou à mettre le nom qui convient sur un visage. Pendant longtemps, si j'arrivais dans un restaurant comme le Fouquet's, que beaucoup d'artistes ou de gens du métier fréquentaient alors, j'avais les yeux dans le vague pour ne pas être contraint de dire bonjour aux convives. Ma froideur passa souvent pour de la fierté. En fait elle ne servait qu'à masquer une terrible timidité, couplée à la peur de commettre un impair en confondant des personnes.

Puisque je ne remets pas toujours mes interlocuteurs, je suis capable, dans une soirée ou une première, de sauter au cou de quelqu'un avec qui je suis fâché à mort. Je ne m'en aperçois qu'après, et en éprouve alors une gêne terrible. Toutes proportions gardées, je suis comme Jacques Chirac à qui quelqu'un soufflait à l'oreille les noms de ceux qu'il croisait dans une réception ou une cérémonie puisqu'il était souvent incapable de les identifier. Et d'ailleurs, quand je vais dans une réception, ma fille ou un proche comme Dinh Thien joue souvent ce rôle.

Au Midem, au moment des répétitions de l'après-midi, je croise quelqu'un à qui je lance, de façon amusée autant que péremptoire :

— Mais qu'est-ce que vous faites là, vous ? On vient de me donner votre téléphone pour que je vous appelle à Los Angeles !

— Ah non, ce n'est pas moi dont vous parlez, mais mon frère.

Je me trouve parler à Jean-Jacques Goldman, que j'ai confondu avec son frère Robert, producteur.

Je passe près d'une table où Gilbert Coullier déjeune avec quelqu'un qui m'est familier. Je m'arrête, le salue, lui parle de sa carrière… Sauf que je suis en train de converser avec quelqu'un d'autre, ce que me prouvent les traits de Coullier qui se décomposent. Comble de malheur, impossible de me rattraper car je suis incapable de reconnaître celui qui est réellement assis devant moi. J'ai compris, par le malaise ambiant, qu'il ne s'agissait pas de celui auquel je croyais m'adresser, d'accord, mais alors, qui était-ce ?

Et d'un seul coup, l'ampleur de ma confusion me saute aux yeux. Je suis en face de Michel Delpech alors que j'imagine, depuis plusieurs minutes, discuter avec Éric Charden.

★

Le plus grand regret de ma carrière, je l'ai partagé avec Yves Mourousi, alors lui-même au faîte de sa gloire journalistique. Nous avions été sollicités pour organiser le spectacle des cérémonies d'ouverture et de clôture des jeux Olympiques d'Albertville en 1992. Heureux de faire équipe pour cet événement d'envergure, nous avons bossé d'arrache-pied plus de six mois d'affilée, effectuant les repérages, imaginant les multiples aspects de la manifestation avec toute la passion professionnelle qui, l'un comme l'autre, nous caractérisait.

Le travail était pratiquement achevé, l'affaire quasiment conclue lorsqu'une volte-face de dernière minute vint anéantir notre rêve. Le ministre de la Culture qui finançait une part importante de l'opération imposa le chorégraphe Philippe Decouflé.

Dessaisi du projet, ma déception fut immense. Au-delà du plaisir que j'avais pris à bâtir avec Yves un scénario ambitieux, je savais que la renommée internationale des jeux Olympiques allait donner à ma carrière une dimension supplémentaire et, avouons-le, j'y voyais une forme de consécration.

Au demeurant, chapeau bas au metteur en scène désigné, son show fut remarquable !

8

M. le président Camus

Alors qu'aux yeux de la profession et du public tout semble me réussir, je suis le seul à connaître le dessous des cartes : je monte des opérations de plus en plus importantes avec de l'argent que je n'ai pas. Ma chance est que les fournisseurs ne m'ont jamais ôté leur confiance. Ils avaient la certitude que je les paierais, comme cela s'est d'ailleurs toujours produit. Mais combien de fois ai-je reçu un appel de ma banque sur le coup de 10 heures du matin :

— Monsieur Camus, nous avons trois chèques sur le bureau pour des montants respectifs de tant, tant et tant, il faudrait pouvoir les couvrir pour 14 heures afin que nous puissions les honorer.

Je courais alors partout pour emprunter et gagner quelques jours de répit. Et puis un nouveau coup de fil arrivait :

— Monsieur Camus, votre compte fait apparaître un découvert qui ne nous permet plus de, etc.

Et je repartais en campagne. Jusqu'au jour où une grosse rentrée l'argent me remettait à flot.

J'aurais pu être saisi dix fois et disparaître, ou bien m'en sortir en déposant le bilan, ce à quoi je me suis toujours refusé car je ne voulais pas trahir mes créanciers. J'ai donc forcé le destin en avançant avec de l'argent que je n'avais pas. Couplé à une bonne dose de chance et beaucoup de travail, un tel fatalisme m'a plutôt réussi. Je devais en avoir une conscience diffuse puisque, malgré des problèmes jusque par-dessus la tête, je dormais bien.

Lorsque j'ai organisé le concert de Madonna au parc de Sceaux, en 1987, il fallait envoyer tout l'argent aux États-Unis avant de mettre le premier billet en vente. Le problème est que j'oscillais à ce moment aux alentours de six millions de francs de découvert ; et qu'avant de gagner le moindre sou il me fallait engager une somme folle. C'est grâce à mon avocat et ami Daniel Vaconsin que la banque a accepté de creuser le trou du double. Une fois de plus, j'ai pris le risque.

Il était d'autant plus grand que je n'avais toujours pas la certitude que le concert pourrait avoir lieu dans le parc de Sceaux : le maire continuait à l'interdire. À ce premier souci était donc venu s'en ajouter un autre. Comment débloquer la situation ? J'ai eu l'idée d'aller voir Line Renaud, que je connaissais peu à l'époque. Je la savais proche du Premier ministre Jacques Chirac. Peut-être accepterait-il d'intervenir en ma faveur.

Grâce à Line, me voilà donc dans le bureau du chef du gouvernement en compagnie de sa fille Claude, devenue par la suite une amie. Chirac ne tergiverse pas :

— Je m'en occupe. Je vais charger Nicolas Sarkozy de l'organisation. Il faut donc que vous le rencontriez.

C'est à cette occasion que je fais la connaissance du personnage. En tant que conseiller départemental des Hauts-de-Seine, il était en effet bien placé pour résoudre le problème. Je lui explique tous les bienfaits que peut apporter à Jacques Chirac l'affaire Madonna. Il me laisse dire pour finalement trancher :

— Je ne suis pas d'accord du tout, je ne crois pas que ce soit bon pour Jacques Chirac. Mais puisqu'il me demande de m'en occuper, je vais le faire.

À partir de cet instant il s'est totalement investi. Au conseil général des Hauts-de-Seine, j'ai découvert réunion après réunion un général de bataille. Les choses devaient avancer et il faisait tout pour. Mais il ne parvenait toujours pas à lever le veto du maire de Sceaux. Je me tournai alors vers Charles Pasqua, ministre de l'Intérieur. Il protesta en râlant :

— N'écoutez pas ce que ce pauvre maire vous raconte. Il n'y a que moi qui peux interdire ce spectacle. Lui, il va l'empêcher avec qui ? Son garde champêtre ? La force publique, c'est moi.

Peu à peu, j'ai senti que les choses allaient s'arranger. Forts de l'autorisation de Nicolas Sarkozy et de Jacques Chirac autant que de la bénédiction de Charles Pasqua, nous nous sommes donc dispensés de l'autorisation du maire de Sceaux.

Quarante-huit heures avant la représentation, Jacques Chirac demande à recevoir Madonna à l'Hôtel de Ville de Paris. Nous voilà donc à l'attendre,

Chirac, notre amie commune Line Renaud et moi. Une voiture arrive, d'où sort une blonde. Chirac et Line se précipitent vers le grand escalier, trébuchent tous les deux et s'étalent sur les marches. Ce n'était pas Madonna, mais ma sœur ! Surprise, éclats de rire. La star est apparue quelques minutes plus tard et la visite s'est bien déroulée. Jacques Chirac s'est montré avec elle tel qu'il sait être, drôle et attentionné.

Nous attendions quatre-vingt mille personnes au parc de Sceaux ; cent trente mille sont venues. Ce qui m'a permis de combler mon découvert et de réjouir mon banquier. Une légende tenace court encore, selon laquelle, pendant le concert, Madonna aurait jeté sa petite culotte à Chirac. Elle est partie d'un journaliste et est fausse de A à Z. Car si Bernadette et Claude Chirac ont bien assisté au concert, Jacques, lui, n'en a rien vu. Et pour une raison fort simple : il se trouvait à ce moment-là dans un avion qui l'emmenait au Canada pour une visite officielle.

Le sens aigu de l'humour de Jacques Chirac n'est un secret pour personne. Quelques années passent et il est désormais président de la République. Un été, avec Line Renaud, nous sommes invités à Brégançon. Nous arrivons avec mon bateau tandis que des navires militaires croisent au large du fort pour la protection de son illustre occupant. Nous nous amarrons au ponton. Accueil plus que chaleureux de Jacques Chirac.

— Bonjour, monsieur le Président, lui dis-je. Comment allez-vous ?

— Ah, mais tu vas me tutoyer !

— Je vais essayer, mais…

— Eh bien, tu vas faire un effort !

Lorsqu'il était maire de Paris, je le tutoyais sans difficulté, mais j'avoue que, du moment où il est entré à l'Élysée, cela m'est devenu difficile. Sauf ce jour-là, à Brégançon.

Je lui propose un tour en mer. Il décline, car les navires militaires devant nous accompagner, l'escapade risque d'être compliquée. Nous sommes donc partis avec Bernadette, Claude et Line. Au retour, lors du déjeuner, Line et Chirac ont fait assaut d'humour, le Président pouvant lancer des plaisanteries énormes devant lesquelles Bernadette faisait mine de se récrier :

— Mais enfin, Jacques, que dites-vous…

Il était content de notre visite, car il s'embêtait ferme à Brégançon, alors sans piscine ni possibilité de sortir sauf à être poursuivi par une horde de curieux et de journalistes.

À quelque temps de là, Bernadette, conseillère générale de Corrèze, nous a passé commande d'un concert de Johnny en plein air. Nous avons mis le spectacle au point lors de réunions à la mairie de Sarran. J'ai découvert à cette occasion une femme pince-sans-rire et à l'humour souvent décapant. Le concert, qui eut lieu dans un champ, fut un gros succès. Jacques Chirac était venu saluer tout le monde l'après-midi précédent.

Après le spectacle, nous partons dans des voitures pour dîner dans un restaurant situé à quelques kilomètres. Alors que nous roulons un orage éclate et des trombes d'eau s'abattent sur nous. Nous arrivons enfin. Bernadette me demande ce qui ferait plaisir à l'équipe rapprochée.

— Ces gens-là n'auront jamais l'occasion de venir à l'Élysée. Si vous organisiez un petit verre, ils seraient heureux comme tout.

— On ne va pas se contenter d'un verre, ce sera un déjeuner.

Je la remercie de son attention. Pendant ce temps, à la sortie du concert, un embouteillage monstre bloque notre car de musiciens, eux aussi invités au dîner. Ils n'arriveront jamais. Bernadette plonge dans une fureur noire devant cet imprévu qu'elle impute au préfet, lequel a laissé dès la fin du spectacle la circulation reprendre au risque de ce qui s'est finalement produit : l'engorgement général des routes. À la fin du dîner, elle décide de retourner sur le terrain pour saluer les techniciens et les encourager.

Le jour J de l'invitation à l'Élysée arrive. Nous sommes conviés à huit ou dix et attendons dans un salon lorsque blam, blam, blam, voilà Jacques Chirac qui se dirige vers nous à grands pas.

— Ah, vous êtes là, tous ! Ma femme est toujours en retard, mais cela ne doit pas nous empêcher de prendre l'apéritif.

Ce qui fut fait, avant le déjeuner avec Bernadette, toujours aussi sympathique. Mon staff était aux anges.

Jacques Chirac s'est toujours montré à mon égard d'une extrême gentillesse et d'un abord très simple. Un jour, je me trouvais sur la passerelle d'embarquement pour prendre mon avion et me rendre à Toulon où, à l'époque, je gérais le Zénith, lorsque mon téléphone sonna.

— Ne quittez pas, je vous passe le Président.

— Allô, comment vas-tu ?

— Bien, monsieur le Président.

— Jean-Claude, figure-toi que je suis dans la merde et que je ne sais pas à qui m'adresser. J'ai besoin de quatre places pour tel concert. Alors je t'appelle. Tu peux me les avoir ? Mais bien sûr, je te les paie !

On se doute que j'ai obtenu ses quatre places.

Autre anecdote amusante. Je me suis occupé pendant des années d'un chien golden retriever magnifique. Un jour, Claude me dit que son fils voulait un chien, je lui conseille donc cette race formidable, le golden retriever. Et lui propose de lui présenter le mien pour qu'elle voie s'il lui convient. Jacques Chirac déboule. Il était à l'époque fou d'amour pour son propre chien qui jouissait de tous les droits dans les salons de l'Élysée. Ses yeux me fixent avec un air grave :

— Jean-Claude, je te préviens : je ne veux pas d'autre chien à l'Élysée. Si un autre rentre, fût-il le tien, je ne t'adresse plus la parole.

Une mise en garde qu'il n'a pas appliquée. Le fils de Claude a eu son golden retriever. Et Chirac a continué de m'adresser la parole.

★

Nicolas Sarkozy adorait Michel Sardou et Johnny Hallyday. Comme avec tant d'autres personnalités, c'est ce même attachement qui nous a rapprochés. J'ai par la suite lié des relations amicales avec le couple Nicolas-Cécilia. Plusieurs fois nous avons eu l'occasion de dîner ensemble, seuls ou avec des artistes. J'étais le témoin de Johnny lors de son mariage avec Lætícia à la mairie de Neuilly. Sarkozy nous a rejoints après la cérémonie pour le déjeuner. Au dessert, il s'est mis à chanter des chansons dont Johnny lui-même ne se rappelait pas. Je nous revois un autre soir, dans son restaurant italien préféré, Rebellato, alors que nous revenions du Stade de France où nous avions assisté à un match de football. Toute la soirée s'est passée à chanter avec Didier Barbelivien à la guitare, Johnny, Sarkozy et moi.

Il a pris la décision d'offrir aux Parisiens un grand concert pour fêter le 14 Juillet sur le Champ-de-Mars dès les lendemains de son élection en 2007. Cécilia a alors fait appel à mes services, et le résultat fut celui que l'on connaît : Michel Polnareff chantant devant six cent mille spectateurs. Le soir du concert, nous attendions la venue du Président, avec toute la logistique voulue pour une telle situation – renforcement des consignes de sécurité, mise à disposition d'un bureau équipé de téléphones d'urgence, etc. Nicolas Sarkozy est arrivé avec retard, seul et de très mauvaise humeur ; Cécilia et lui étaient alors en pleine séparation.

Ensuite, durant son mandat, je l'ai moins vu. Après son échec à l'élection présidentielle de 2012, il s'est installé dans des bureaux rue de Miromesnil, à cent mètres des miens, rue de Lisbonne. Je lui ai envoyé une lettre en signe d'amitié et en espérant le revoir bientôt compte tenu de sa disponibilité d'emploi du temps. Il m'a reçu une dizaine de jours plus tard. Ma déception fut alors de ne pas retrouver l'homme que je connaissais. Il me posait des questions sur ce que coûtait tel spectacle, les revenus de tel ou tel… J'étais déçu de ne plus sentir l'amitié qui nous avait liés. Ensuite, sa campagne de 2012 m'a surpris et agacé par sa droitisation excessive. Je l'ai croisé une nouvelle fois à la mairie de Neuilly, pour le mariage d'une amie qui était liée à Carla et lui. Nous nous sommes salués, et ce fut tout. Je marchais alors avec des béquilles à la suite d'une opération. Il ne m'en a pas dit un mot, ce qui, venant de cet homme, attentif et volubile, m'a étonné. Mais le même soir, au Parc des Princes, alors qu'il croisait ma fille et Yannick, il a demandé :

— J'ai vu votre père ce matin, je l'aime beaucoup, mais que lui est-il arrivé ?

Surprenante attitude d'un bien surprenant personnage. Nous ne nous sommes plus revus depuis.

⋆

Durant les années 1990, j'ai eu la satisfaction de voir mon travail récompensé par les professionnels du spectacle. En 1991, j'ai été honoré de deux Victoires de la musique : la première comme producteur de spectacle pour l'ensemble de l'année, la seconde pour le spectacle de l'année, celui de Michel Sardou. J'ai alors éprouvé le plaisir et l'honneur d'être reconnu par la profession et de voir mon artiste salué. Quelques années plus tard, en 2000, j'ai reçu une autre Victoire de la musique, pour le spectacle de Johnny Hallyday à la tour Eiffel cette fois. J'avoue avoir eu la faiblesse de penser que j'avais dû la mériter, comme les deux autres.

Un autre honneur est d'avoir représenté ma profession et défendu ses intérêts. J'ai assuré cinq mandats de deux ans comme président du syndicat des producteurs, et quatre comme dirigeant du fonds de soutien. Ces mandats successifs montrent que je n'étais pas seulement respecté pour mes activités professionnelles, mais aussi comme président de nos instances représentatives ; au point que plusieurs personnes qui n'aimaient pas trop le producteur respectaient le président. Certains, qui ne venaient pas aux assemblées générales du syndicat, envoyaient un pouvoir pour voter en mon sens. C'était le cas de Gilbert Coullier après notre première séparation. Malgré tout ce qui nous opposait, il reconnaissait ma compétence au sein du métier. Car je n'ai jamais confondu les rôles. Je n'ai ni demandé de passe-droit ni bénéficié d'interventions, tout un chacun le savait. Aussi n'y eut-il jamais, dans mes décisions, la moindre trace d'un éventuel conflit d'intérêts ou de collusion décelable.

Je me revois, il y a quelques mois, à Megève, chez Jean-Pierre Pommier, un important promoteur local de la région lyonnaise. Nous nous apprêtons à partir déjeuner chez Marc Veyrat, merveilleux personnage devenu un ami au fil des nombreux repas à sa table avec Johnny ou Michel. En attendant nous prenons l'apéritif. Alors que Jean-Pierre remplit mon verre, j'avise un petit ours sur sa cheminée.

— Tu admires Johnny ? me demande-t-il. Car il s'appelle Johnny, mon ours.

— Ah bon, c'est gentil.

— Non, c'est normal. Car vois-tu, cet appartement, j'ai pu me l'offrir grâce à toi et à tous ces spectacles avec Johnny et Michel. Tu nous as bien fait gagner notre vie, tu sais.

Heureux d'entendre le compliment, j'ai adressé un clin d'œil de connivence à Johnny l'ourson. Pour les producteurs, je reste encore le « patron », une référence dans ce métier.

*

Mes fonctions de président m'ont fourni l'occasion de travailler avec un grand nombre de hauts fonctionnaires et de croiser les ministres de la Culture qui, après le départ de Jack Lang, se sont succédé à un rythme accéléré. Et qui ne nous aidèrent pas autant que nous l'aurions voulu. Dans mes discours de président, j'avais coutume de dire que les chanteurs de variété ne devaient sans doute pas faire partie de la culture, compte tenu de toutes les subventions… que nous ne touchions pas !

Il s'agissait d'un trait d'humour pour évoquer une situation pénible. Car même si les ministres se sont montrés d'une grande courtoisie à mon égard, notre profession n'a jamais été prise en considération. Jacques Toubon écoutait avec attention ce que je lui suggérais, mais n'y donnait jamais suite. Philippe Douste-Blazy semblait certes intéressé par le déjeuner que je pourrais organiser avec des artistes et lui-même, à l'issue duquel nous nous serions fait photographier ensemble. J'appréciais beaucoup Jean-Jacques Aillagon, je le trouvais attentif et déterminé dans son action ministérielle. J'ai déjà dit combien il avait souffert lors de la longue grève des intermittents sans pour autant ouvrir la pompe à finances.

Les deux vrais succès syndicaux que j'ai remportés l'ont été sans que le ministre de la Culture du moment y soit pour grand-chose. Un jour de 1986 ou 1987, je roulais vers Bruxelles pour un concert de Johnny lorsque mon téléphone de voiture sonna. C'était Monique Le Marcis, à l'époque la grande prêtresse de RTL.

— Jean-Claude, j'ai un service à vous demander. Demain nous recevons Édouard Balladur dans notre émission « Le Journal inattendu ». Et comme fan de Johnny, il souhaiterait pouvoir l'inviter. Croyez-vous que cela soit possible ?

J'ai failli avoir un accident : M. Balladur, ministre des Finances, fan de Johnny, c'était à peine croyable

– je devais apprendre plus tard qu'il venait voir les concerts de Johnny en famille. J'ai ravalé ma surprise et me suis ressaisi :

— Monique, ça va être difficile. Johnny chante ce soir à Bruxelles, et lui faire accepter une interview demain midi... Je ne peux pas m'engager. Il faut d'abord que je lui en parle.

J'ai poursuivi ma route en cherchant le moyen d'annoncer cette demande à Johnny et en anticipant un refus. Puis une idée me traversa l'esprit. Je rappelai Monique Le Marcis.

— J'ai réfléchi. Pouvez-vous demander au directeur de cabinet de monsieur le ministre qu'il me rappelle ?

Quelques minutes plus tard, j'ai le directeur en ligne.

— Monsieur le directeur, l'interview devrait être possible, mais que monsieur le ministre ne soit pas surpris par la question que Johnny a prévu de lui poser.

— Pouvez-vous m'en dire plus ?

— Volontiers.

Quand les Anglo-Saxons se produisent en France, ils acquittent une TVA à 2,10 % alors que les artistes français sont imposés à 7 %. J'annonce donc au directeur de cabinet que Johnny posera cette question à M. Balladur.

— Très bien, monsieur Camus. La question est claire, et si vous m'y autorisez, je vais la transmettre à monsieur le ministre.

J'arrive à Bruxelles et rapporte ma conversation à Johnny. Réaction immédiate :

— Ah, il me fait chier celui-là. Demain, je dors !

— Attends, Johnny. Ne t'énerve pas. C'est ton intérêt de parler au ministre, et je vais te dire pourquoi.

Je développe mon argumentaire. Il commence par râler, ce qui est chez lui habituel.

— Mais qu'est-ce que j'en ai à foutre, moi, de tes histoires de TVA. C'est toi, le président, non ? Tu n'as qu'à arranger le truc avec le syndicat.

— On a déjà essayé, Johnny. Et ça bloque.

Je reviens à la charge. Finalement il accepte.

L'émission arrive. Comme convenu Johnny pose sa question au ministre par téléphone. Réponse d'Édouard Balladur

— Oui, monsieur Hallyday, vous avez raison, il s'agit là d'une anomalie dommageable pour nos artistes. D'ailleurs, je suis en train d'y remédier. La bonne nouvelle ne devrait pas tarder à vous parvenir.

Une semaine après, le taux de TVA était fixé à 2,10 % pour tout le monde. Mon action n'était toutefois pas achevée. Dans la mesure où certains producteurs s'étaient déjà aventurés à appliquer ce taux de 2,10 % pour les Français, j'ai rappelé le directeur de cabinet. D'abord afin de le remercier de son intervention auprès du ministre, ensuite pour lui soumettre l'idée de rendre la mesure rétroactive. Ce qui fut accepté. La victoire était donc totale.

Il y eut une suite au début des années 2010. François Baroin était ministre du Budget lorsque ce taux de TVA à 2,10 % revint sur le tapis à cause de pressions européennes. Bien que n'étant plus à cette date président du syndicat, j'ai pris ma plus belle plume pour écrire au ministre, mettant en avant ses liens personnels avec le monde du spectacle – sa compagne n'est autre que Michèle Laroque – et attirant son attention sur la menace qui pesait sur les artistes.

Je ne reçus pas de réponse. J'envoyai donc une seconde missive qui resta tout aussi lettre morte. Du moins le croyais-je. Arriva la réunion du syndicat, à laquelle je ne participai pas car je n'étais plus producteur. Elle se déroula au ministère des Finances avec les représentants du syndicat et Dinh Thien, en présence des juristes du ministère, afin de se concerter sur la rédaction du texte. Le chef de cabinet lança alors à Dinh Thien :

— Dites à M. Camus d'arrêter de harceler le ministre ; c'est d'accord !

J'avais donc conservé une certaine influence.

La deuxième réussite, moins spectaculaire pour le public mais reconnue dans la profession, je la dois au fameux « Sésame, ouvre-toi » lié à la personnalité de Johnny. La taxe parafiscale du théâtre se montait alors à 3,50 % alors que la nôtre représentait seulement 1,75 %. Nous nous battions depuis des années pour la passer à 3,50. Le ministre du Budget Michel Charasse, hostile à cette taxe parafiscale comme à toute autre, nous avait presque fichus à la porte de son bureau lorsque nous lui avions soumis le problème.

Nous sommes en 1992. Johnny se produit à Bercy. Michel Charasse, ami avec Eddy Mitchell et très proche de Véronique Colucci, vient voir son spectacle. Il en repart ravi et, pour nous exprimer ses remerciements, nous invite à son dernier dîner à Bercy, dans le grand appartement donnant la Seine ; il venait d'être élu sénateur et allait quitter ses fonctions ministérielles. J'appelle aussitôt Véronique Colucci pour lui exposer le problème :

— Jack Lang a sauvé la profession en créant le fonds de soutien et en instaurant cette taxe à 1,75 %. Michel Charasse peut sauver le fonds de soutien alimenté par cette taxe, car s'il la met à 3,50 %, cela évitera la faillite de nombreux professionnels.

— Je ne connais rien au problème et ne comprends pas un mot à ce que tu m'expliques, me répond-elle, mais je vais transmettre.

Lors du dîner, nous sommes installés à deux tables. À la nôtre, Johnny, Eddy, moi et plusieurs convives. À un moment, Johnny m'interpelle :

— Dis donc, Jean-Claude, combien je paie de SACEM ?

— 8,80 % avec des abattements. Mais... (Et là je fixe les yeux de Charasse qui préside la table.) ... tu ne paies que 1,75 % de taxe parafiscale.

— Non, monsieur, ce n'est plus le cas, coupe Charasse, car j'ai signé le décret ce matin.

Je n'ai pas le temps de remercier le ministre, car Johnny s'est tourné vers Eddy et lui demande :

— C'est quoi, la taxe parafiscale ?

— Ce n'est pas compliqué, lui rétorque Eddy, on pique du pognon sur tes recettes et on finance des jeunes artistes qui te pousseront vers la sortie.

Rires gênés dans l'assistance. J'étais mal, très mal. Il reste que, sur le plan professionnel, nous venions de remporter une belle victoire. Car ce fonds aide les artistes dans la production de spectacle. Et contrairement à ce qu'a lancé Eddy Mitchell, il ne concerne pas uniquement les jeunes. J'ai besoin d'un apport de financement pour monter un spectacle, je fais une demande au fonds et, en fonction du dossier, je l'obtiens ou pas. Pratiquement tout le monde sollicite cette aide, et beaucoup l'obtiennent après avis d'un comité.

⋆

Je tire une certaine fierté d'une autre réalisation. Afin de venir en aide à des confrères producteurs sans grandes ressources, j'ai institué une amicale. La SACEM reversait un petit pourcentage qui nous permettait de financer ces soutiens. Car, contrairement à une idée répandue, de nombreux producteurs tirent le diable par la queue, au point que je ne pense pas qu'il y en ait aujourd'hui plus d'une quinzaine qui soient à l'aise. Pour les autres, la vie peut se révéler difficile. D'abord parce que les charges qui pèsent sur leur profession n'ont fait que s'alourdir au fil des années. Ensuite parce qu'il faut accumuler les succès pour tenir le coup, et j'en sais quelque chose. Lequel succès se mesure d'abord par le bon équilibre recettes-dépenses et nécessite une gestion rigoureuse. Les très grandes salles ne sont pas forcément gages de succès ;

les frais y sont considérables, et un remplissage moyen peut se solder par une catastrophe financière. La taille des salles et le volume des recettes ne doivent donc pas faire illusion : un artiste plus modeste peut avoir son public, même s'il ne remplit pas des salles de cinq mille personnes, mais de deux mille, et cela marche car son ratio de productivité est bon.

Ce sont les mêmes calculs de rentabilité qui m'ont conduit, à la fin des années 1990, à ne plus acheter de spectacles étrangers. J'en avais pourtant une longue pratique. Le premier chanteur que j'ai fait venir en France au tout début de ma carrière, c'est Gene Vincent. Par la suite, il y en eut beaucoup d'autres, que j'ai déjà cités. Mais, au fil des années, les producteurs des grosses vedettes anglo-saxonnes ont scié leur propre branche en passant d'une répartition entre l'artiste et eux de 50/50 à 60/40, puis 70/30, jusqu'à finir parfois à 95/5… L'intérêt financier avait disparu.

Pascal Bernardin et moi avons donc fini par nous séparer tout en restant en bons termes, car nous ne pouvions plus vivre à deux sur les spectacles étrangers. Il a poursuivi sa route et moi la mienne. Mais pour lui aussi le business s'est ralenti. Compte tenu des nouvelles conditions de travail, ses dépenses sont devenues trop lourdes. Il faut dire qu'il s'est toujours montré perfectionniste, au point, par exemple, d'attacher de l'importance au design des billets ou à la décoration des loges. Alors qu'une seule chose intéressait les Anglo-Saxons : le résultat. Pour obtenir le meilleur il fallait donc limiter au maximum les dépenses. Aujourd'hui, plusieurs producteurs français restent spécialisés dans ce genre de spectacles, mais pas moi. Et je ne m'en porte que mieux.

En outre, j'éprouvais depuis des années la frustration de n'être que l'acheteur des shows, donc de ne plus pouvoir faire mon métier de producteur. Je recevais une fiche technique sur laquelle le spectacle était déjà organisé. Je n'avais qu'à m'occuper de la logistique et de la vente des billets, un point c'est tout. Les contacts avec les artistes étaient quasi inexistants. Ainsi, je n'ai fait que croiser Madonna dans sa loge et à la mairie de Paris avec Jacques Chirac. Quant à Michael Jackson, je lui ai juste serré la main, dissimulée sous son petit gant blanc, une fois à Chicago, lors d'un voyage de presse. À Paris, c'est tout juste s'il s'est rendu compte que j'existais.

En revanche, je conserve un souvenir précis de lui. Avant son concert au Parc des Princes, Jacques Chirac souhaitait lui remettre la médaille de la Ville de Paris. Jackson accepte, mais annonce qu'il ne se déplacera pas et que ce sera à Jacques Chirac de venir jusqu'à lui – en matière d'égocentrisme, difficile de faire mieux. Mais comme Jacques Chirac tient à lui remettre cette médaille, il se soumet. À l'époque, il n'y avait pas de loges, les artistes se changeaient dans des caravanes. Jacques Chirac et moi nous approchons donc de celle de Michael, frappons à sa porte et attendons qu'il sorte. La star apparaît en effet, serre la main de Chirac, lui prend la médaille et rentre sans un mot dans sa caravane.

Le lendemain, nouvelle lubie. Michael Jackson exprime la demande de visiter le Louvre, seul. Ce qui fut fait, bien sûr de nuit car de jour cela aurait été tout bonnement impossible. Personne n'a réussi à forcer le barrage, à l'exception de Jack Lang qui est parvenu à se joindre au petit groupe. Jack Lang restera toujours Jack Lang : l'homme du premier rang.

Ce spectacle de Michael Jackson a suscité en moi une autre surprise : son énorme succès. Le premier concert se joua à guichets fermés. Mais, de façon surprenante, il restait beaucoup de places pour le second. L'attente fut de courte durée. Dès la fin du premier spectacle, les gens faisaient la queue rue Daubigny, et sur cinq étages, pour s'offrir des places VIP. La FNAC et les autres vendeurs affichèrent complet en quelques heures. De sorte que, le soir du fameux concert, certains auraient fait n'importe quoi pour obtenir un siège.

J'ai retenu de cet épisode une double leçon : la première, c'est que même pour une vedette de la carrure internationale de Jackson, le succès n'est jamais acquis d'avance. Et la seconde : dans notre métier, rien ne remplacera jamais un bouche à oreille efficace. J'ai eu l'occasion de le vérifier à maintes reprises.

Comme Pascal Bernardin traitait directement avec les producteurs des artistes étrangers, nous nous sommes parfois retrouvés dans des situations cocasses ou embarrassantes. Les Rolling Stones étaient venus pour deux jours au Parc des Princes. Nous avions passé un accord avec la Mairie de Paris pour afficher nos sponsors autour du stade, et voilà que l'équipe des Anglais entend afficher ses propres publicités ! Conflit. Ils ne veulent rien entendre. Nous non plus. De surcroît, le producteur des Stones ne savait même pas qui j'étais. Mais on ne se refait pas ; je suis sorti de ma boîte, et malgré mon anglais approximatif, il a très bien compris ce que je lui disais :

— *I am the boss, here !*

D'où sa stupeur. J'ai donc aussitôt demandé à mon chef de sécurité de faire enlever ce que les Anglais avaient déjà installé. Ce qui fut fait.

Ce n'était pas mon style de céder aux pressions. Lorsque nous achetions un gros concert anglo-saxon, nous travaillions toujours avec un partenaire radio, en général RTL. Mais, pour Michael Jackson, la maison de disques Sony a tenté de traiter avec NRJ. D'où la fureur de Pascal Bernardin et la mienne. Car c'est quand même nous qui supportions le risque financier. J'ai envoyé une lettre vitriolée au président de la maison de disques, Henri de Bodinat. Qui se concluait par ces mots : « Je suis assis dans mon fauteuil depuis longtemps et je regarde les présidents passer. Je vous regarderai donc passer, comme les autres. »

Il est en effet passé. Et moi je suis resté.

9

Le temps des ennuis

Juin 1990, lendemain du concert des Rolling Stones au Parc des Princes : je trouve sur mon bureau une lettre dans laquelle mon beau-frère Gilbert Coullier, en pleine séparation d'avec ma sœur, m'annonce qu'il quitte la société.

Une douche glacée n'aurait pas eu plus d'effet. Gilbert, celui que j'ai formé et qui travaille à mes côtés depuis tant d'années… Au demeurant, il m'affirme ne pas vouloir que je sois lésé le moins du monde lors du partage de la société. Il réitère sa promesse lors d'une assemblée générale des producteurs, au mois d'octobre, à Reims, où il prend la parole en affirmant :

— Je dois tout à Jean-Claude, je ne serais pas ce que je suis dans ce métier sans lui.

Je suis ému par ses paroles, l'en remercie même, et attends la suite des événements. Débutent alors de longues négociations. Elles portent sur les indemnités que Gilbert devra me régler au titre des départs d'artistes qui choisissent de travailler avec lui. Mais les semaines passent et le ton se durcit sans que nous parvenions à un accord. Ma patience s'épuise. Mes finances aussi. Car pendant que s'éternisent ces discussions, les artistes sont déjà partis avec Gilbert, ce qui me met à sec. Au bout de neuf mois de tractations inutiles, je fais nommer un administrateur judiciaire pour lui soumettre le protocole d'accord que j'ai préparé. Ma chance a été qu'il comprenne la situation et convoque tout le monde.

— Monsieur Camus, compte tenu de la structure de votre société, je vous interdis de signer le protocole que vous proposez à M. Coullier. Car si, dans les six mois qui viennent, vous avez des problèmes, vous serez accusé de complicité de détournement d'actifs.

J'ai été un bon producteur, mais un médiocre homme d'affaires ; je l'ai toujours pensé, mais j'en ai eu ce jour-là la brutale confirmation. En fait, tout accord aboutissait à ce que je me roule moi-même dans la farine. Car, dans le projet que je proposais, Gilbert Coullier restait associé à 33 % dans la société ; il me quittait sans céder ses parts, puisque la négociation sur leur valeur n'avait pas abouti. C'est ainsi qu'on pourrait en venir à nous reprocher d'avoir appauvri la valeur d'une société dont il restait l'actionnaire. Il risquait donc de gagner sur les deux tableaux : en emmenant des artistes et en me faisant porter la responsabilité de détournement d'actifs ! Décidément, je ne suis pas doué pour trouver des montages qui me préservent.

Appuyé par mon avocat, l'administrateur annonce donc à la partie adverse que la somme sera de tant, point à la ligne. Gilbert et son conseil se retirent pour revenir une demi-heure plus tard en acceptant ces nouvelles conditions. J'ai donc reçu une somme plus importante que ce que j'avais demandé, augmentée des parts de Gilbert dans la maison de Saint-Tropez. Je finis ainsi par toucher de l'argent et récupérer toutes les parts sociales, mais ma société est devenue une coquille quasi vide. Car de concession en concession, Gilbert partira avec presque tous les artistes de notre catalogue, puisque nous nous étions partagé le travail ainsi : lui plutôt en relation avec les artistes et moi au management général, à l'exception de Johnny dont je m'occupais personnellement, mais sur lequel je ne toucherais rien pendant des mois, son spectacle à venir n'étant même pas encore programmé.

★

Un rayon de soleil brille malgré la tempête qui s'abat sur moi. Je le dois à la lucidité et à l'intuition de Michel Sardou. Il était en pleins concerts de Bercy et il assistait au laborieux processus de séparation. Dans la mesure où Gilbert et moi ne nous adressions plus la parole mais où il fallait faire tourner deux entités de production séparées, nous occupions deux bureaux côte à côte. Et rares étaient ceux qui osaient franchir ma porte de peur de déplaire à Coullier. Le dernier jour du spectacle, j'ai offert à Michel une vieille bouteille de cognac accompagnée d'un mot d'affection : « Michel, nos routes s'arrêtent là. » Je suis allé l'embrasser dans sa loge et je suis parti.

Sur ces entrefaites, Coullier installe ses bureaux place Saint-Ferdinand. L'argent ne rentre plus chez moi, mais il reste un gros solde à payer à Sardou. Le problème est que je suis incapable de verser ma part. Michel rentre des États-Unis où il vivait alors et m'appelle.

— Jean-Claude, il faudrait me régler mon solde.

— Michel, je n'ai jamais manqué à mes obligations. Mais là, je suis désolé, je ne peux pas te payer. Tu peux venir me casser la gueule si tu veux, mais cela ne changera rien au problème. Je ne peux pas te payer parce que je n'ai plus d'argent.

Il a aussitôt appelé son agent de l'époque, Vic Talar, pour l'informer de ce que je venais de lui dire. Le fait que je ne puisse régler ce dû était une révolution. C'est donc Coullier qui a fait le chèque afin de régler ce que nous devions à Michel. Mais celui-ci a très vite compris, je pense, l'intérêt que mon ex-associé pouvait en retirer. Grâce à ce geste, il passait pour le sauveur et se faisait bien voir d'une vedette qu'il convoitait. Aussi, avant de repartir pour Miami, Michel m'a convié à un déjeuner qui reste gravé dans ma mémoire.

C'était le jour de la fête de la Musique. Devant moi, pendant tout le repas, Michel a balancé entre ses deux choix de producteurs possibles :

— Je ne sais pas où j'en suis. Je vais faire du théâtre, et pour faire du théâtre tu serais peut-être mieux que Coullier, mais en même temps…

Je ne trouvais pas les mots pour lui répondre, impressionné par la franchise de cet homme qui m'exposait à la fois la difficulté de sa position et son obligation de choisir. Et puis soudain, au dessert, il a explosé :

— Mais pourquoi je te fais tout ce cinéma ? Je ne suis pas une valise qu'on emporte, moi. Je reste avec toi... Et puis merde ! C'est toi, c'est tout !

Et pour me prouver qu'il ne me racontait pas d'histoires, il a aussitôt appelé son agent et lui a annoncé qu'il quittait Coullier et restait avec moi. Ce qui m'a fait chaud au cœur. Il ajouta aussitôt :

— Je te préviens, je ne veux pas de courtisans. S'il y a quelque chose qui n'est pas bien, tu me le dis.

Très bien. Je pris note.

Sur ce nous travaillons sur un gros spectacle à Bercy. Nous organisons une avant-première avec des invités de la Mairie de Paris qui devait avoir valeur de test. Le problème est que je m'ennuie durant le spectacle. Parce que j'aime le public, je sens quasiment d'instinct comment s'opère l'alchimie entre un artiste et lui. Mais comment le dire au principal intéressé ? C'est un aveu difficile mais nécessaire, sinon le spectacle ira droit dans le mur. Il faut donc attendre le moment adéquat et ne pas brusquer les choses. Ce qui, compte tenu du caractère de Michel, représente un risque majeur.

J'ai bien fait d'être patient. La chance veut que Sardou m'interroge quelques minutes après être revenu dans sa loge :

— Alors, comment tu as trouvé ?

— Michel, je crois que tu le sais, il y a quelque chose qui ne colle pas.

— Oui, je me suis fait chier !

C'était gagné. Puisque lui l'avait dit, le travail était fait et la catastrophe que je redoutais serait évitée. Nous sommes restés jusqu'à 3 heures du matin pour revoir le spectacle. Et nous nous sommes rendu compte que tout reposait sur la place des chansons les unes par rapport aux autres, la construction d'un tour de chant étant essentielle. Le lendemain, c'était bon. Il fallait simplement attendre le bon angle pour que Michel admette le jugement que je n'avais fait que suggérer et ne se braque pas.

*

Les dégâts financiers de la séparation professionnelle étaient considérables. Je me retrouvais certes producteur de Hallyday et de Sardou, pour lesquels Coullier a toujours pensé que j'avais fait une surenchère, ou baissé nos pourcentages, afin de les garder. Or cela ne tenait pas debout : comment aurais-je pu, dans l'état financier où je me trouvais ? En revanche, Gilbert partait avec des vedettes de première grandeur telles que France Gall, Michel Berger, Patrick Bruel, Roch Voisine et beaucoup d'autres. L'hémorragie fut si forte que j'en étais, au moment de son départ, à ne plus savoir comment j'allais payer la douzaine de personnes qui travaillaient avec moi. Ma carrière risquait de prendre fin.

Et de fait, pendant un an, remonter la pente a été très difficile. Par bonheur j'ai été soutenu par les prises de position des membres de mon personnel restés à mes côtés. Ainsi Lydie Pradal, secrétaire de Coullier, lui a installé ses bureaux avant de lui annoncer qu'elle restait avec moi.

J'avais beaucoup apprécié Gilbert. Pendant de longues années, nous avions travaillé, vécu, passé des vacances ensemble, et cet attachement a accentué la violence du choc. Je nous revois en juin 1990, après l'annonce de son départ mais avant que les négociations débutent, alors qu'il était venu passer l'été dans la maison de Saint-Tropez. Le départ de ma sœur l'avait brisé, et je passai de longues heures à essayer de l'arracher à son chagrin. J'étais alors loin d'imaginer la longue guerre de tranchées qui nous attendait.

Malgré tout ce qui nous a si longtemps rapprochés, il existe entre nous une différence, et elle est cruciale : je n'ai jamais aimé l'argent. Bien sûr, je suis content d'en gagner pour vivre comme j'en ai envie, mais je ne m'en suis jamais préoccupé comme d'un but ; seulement comme d'un moyen. Gilbert voit les choses autrement. À ses yeux, l'argent a une valeur en soi, et il peut passer une heure à négocier un rabais de cinquante euros sur le taux journalier d'un technicien. Il ne cédera jamais. Pour lui, c'est une affaire de principe. J'ai la faiblesse de penser que ceux auxquels je tiens ne s'intéressent pas qu'à l'argent.

Cette passion pour l'argent, associée à une solide chance, car même au casino elle lui sourit, lui a permis d'en gagner beaucoup. Est-il bon producteur ? Oui et non. Le spectacle ne l'intéresse pas. Sa conception et son élaboration, la lenteur des répétitions et la minutie des réglages, il laisse ces détails à d'autres. En fait, il aime les artistes pour les dîners après la sortie de scène. Rien de répréhensible, chacun sa sensibilité, et il faut toutes les compétences pour que ça marche. Il se dit dans Paris que, après avoir installé l'artiste sur scène, il arrive que sa femme et lui soient tellement peu intéressés par le show qu'ils partent dîner au restaurant d'à côté avant de revenir assister à la sortie de scène. Depuis qu'il vit avec sa seconde épouse, il adore les mondanités. Le Tout-Paris se régale d'ailleurs des tweets qu'elle rédige à longueur de journée pour étaler sa vie avec Gilbert autant que celle des artistes, ce qui lui attire régulièrement des ennuis. Il se dit même que Céline Dion, très agacée, envoya à une époque une lettre recommandée à Gilbert exigeant que cessent ces tintamarres. Matt Pokora avait même fait ajouter à son contrat une clause interdisant toute communication le concernant. Mais maintenant elle est, du moins le prétend-elle, devenue une grande productrice de comédies musicales. La preuve : les désastres que furent *Les Trois Mousquetaires* et *Saturday Night Fever* !

Quand il a une idée en tête, fût-elle la plus abracadabrante, Gilbert ne la lâche jamais. Il a longtemps rêvé de la Légion d'honneur. Et comme il ne l'obtenait pas, il avait fini par se convaincre que, grâce à Line Renaud, j'étais intervenu auprès de Jacques Chirac pour lui barrer la route. Peut-on imaginer Line ou moi effectuant une telle démarche, et Jacques Chirac y accorder crédit ? De fait, Gilbert a fini par obtenir sa médaille. Et je jure que ni Line n'y moi n'y fûmes pour quoi que ce soit, pas plus que nous n'avions intrigué pour l'en priver !

Dîner à l'Élysée avec Jacques et Bernadette Chirac, Johnny Hallyday et Michel Sardou.

Jacques Chirac visitant la scène de Sarran en Corrèze, où Johnny se produira à la demande de Bernadette Chirac.

Visite à Brégançon avec mes amies Line Renaud (absente de la photo) et Claude Chirac.

Line Renaud, Brigitte et Emmanuel Macron en meeting à Berc
avant l'élection présidentielle de mai 2017

ack Lang à la cérémonie organisée pour l'attribution de ma distinction de commandeur des Arts et Lettres.

Parc de Bagatelle : Michel Sardou m'accroche les insignes de chevalier de la Légion d'honneur.

Tel le maître des lieux à l'Élysée, j'accueille Michel Sardou.

Accolade avec Michel Bouquet, le 12 mars 2007 au Pavillon Dauphine, tandis qu'il me remet les insignes d'officier de la Légion d'honneur

Un câlin avec ma Mimie d'amour.

Avec Christophe Maé en concert à Bruxelles en 2017.

Le 19 juin 2017 au théâtre de la Porte-Saint-Martin, où j'ai eu l'honneur de remettre à Jean Robert-Charrier les insignes de chevalier des Arts et Lettres.

FAMILLE

Avec mon petit-fils Joalukas.

Avec mon ami Dinh Thien, à la remise de ma décoration d'officier de la Légion d'honneur.

En famille avec ma fille Isabelle, Yannick Noah et leur fils Joalukas lors de la remise de ma distinction d'officier de la Légion d'honneur.

Portrait du photographe Stéphane de Bourgies, juin 2017.

Malgré un parisianisme flamboyant, Gilbert reste pour moi le petit provincial que les paillettes des stars fascinent. Mais quel excellent agent pour vendre les spectacles. Ce qui fait que, pendant longtemps, il a accumulé les réussites. Aujourd'hui, c'est moins sûr. Beaucoup d'artistes qui se sont jetés dans ses bras s'en vont. La roue tourne.

Sa première réussite après notre séparation fut *Starmania* dont nous avions en 1979 monté la deuxième version ensemble et qui avait été un énorme succès. Après la disparition de Michel Berger, l'idée germa de créer un nouveau *Starmania*. Plusieurs associés étaient partants pour l'aventure, mais ils se retirèrent très vite par peur d'un bouillon financier, car la production était lourde. Gilbert resta seul à la barre et monta son affaire en prenant un gros risque. Son audace fut récompensée. *Starmania* fut un raz de marée dès 1993 et pendant plusieurs années. Ce premier spectacle fut donc sa chance et fit sa fortune. Par la suite, une autre comédie musicale qu'il a produite en 2013, *Robin des Bois*, a marché très fort grâce à Matt Pokora. Il a eu moins de chance trois ans après avec *Les Trois Mousquetaires*. Cette fois, la pièce est tombée du mauvais côté et Coullier a bu un énorme bouillon de, je pense, sept ou huit millions... Sans compter la perte de *Saturday Night Fever*, en 2017, au Palais des Sports.

J'ai mis dix ans à me réconcilier avec lui. Et cela s'est fait presque par hasard. Vers 2000, je monte une tournée de Johnny, et à l'époque Gilbert était associé dans la direction du Zénith de Nice avec Denis

Thominet. Or nous devions passer par Nice, où il était pour moi hors de question de traiter avec Coullier. Nous discutons donc avec Denis Thominet et tombons d'accord sur une date, qui fut d'ailleurs une grande réussite. Tous mes techniciens étaient sur leurs gardes, mais l'accueil fut parfait. Gilbert, présent, s'est montré adorable avec tout le monde, moi compris. Il a organisé ensuite un grand dîner au célèbre restaurant À ma maison, où fut scellée notre réconciliation, laquelle a tenu encore dix ans.

Mon successeur Dinh Thien me mettait en garde :

— Il n'y a que toi pour penser que Gilbert Coullier t'aime.

Je n'en ai pas tenu compte. Après l'épisode niçois, nous nous sommes de nouveau vus et reçus à dîner, histoire de renouer nos liens d'amitié, car je ne suis pas rancunier et ces retrouvailles me faisaient plaisir. J'étais à cent lieues d'imaginer les déceptions cruelles qu'il me faudrait subir encore par sa faute, quelques années plus tard, avec Hallyday et Sardou.

*

La décennie quatre-vingt-dix avait donc commencé de manière plutôt sombre avec le départ de Gilbert Coullier. Elle devait heureusement se poursuivre de façon brillante pour ma maison de production. Non seulement j'ai réussi à me rétablir après avoir frôlé la catastrophe, mais, grâce à une série de beaux spectacles, je restai le numéro un de la profession.

Pourtant, le temps des épreuves n'était pas fini. Une nouvelle affaire s'abattit sur moi. Elle a l'allure de ces mauvais rêves dont on voudrait qu'ils s'arrêtent, mais qui gagnent tellement en intensité qu'au réveil on ne distingue plus la réalité du cauchemar.

En 1994, par l'intermédiaire d'un agent qui plaçait des spectacles dans toute la France, je vends celui de Johnny Hallyday à un producteur dans le Nord, pour une salle à Valenciennes. Dès l'annonce, les réservations sont si nombreuses qu'il me demande de transférer l'opération au stade de Valenciennes afin d'accueillir un plus large public. Je prépare donc un avenant au contrat initial pour une somme (importante à l'époque) de vingt mille francs, le cas échéant à verser en espèces. Car c'était le premier jour de la tournée et il fallait alimenter le catering, ce système de restauration sur place pour les musiciens et les techniciens.

Vient le jour du spectacle. Au lieu des espèces prévues, on me remet un chèque ; lequel finit par être encaissé normalement après quelques vicissitudes. Les polyvalents débarquent au concert, comme cela se produit parfois. Et ne nous posent aucune question.

Deux ou trois mois plus tard, des articles de journaux évoquent l'existence d'une triple billetterie pour le spectacle de Valenciennes ; la première en Belgique, mise en place par le producteur, et une autre, double, par le producteur et un employé de l'imprimerie des billets, à Valenciennes. Ce qui signifiait que la recette était largement supérieure à celle déclarée. L'agent est d'abord placé en garde à vue, puis incarcéré. Il déclare aux enquêteurs qu'il a dû faire cette triple billetterie parce que Johnny ne monte pas en scène si on ne lui remet pas vingt mille francs en espèces au bas de l'escalier ! On a les défenses que l'on peut.

Les choses duraient, l'enquête se poursuivait. Je la suivais d'un œil d'autant plus distrait que j'avais le sentiment qu'elle s'enlisait. Et puis elle ne me concernait en rien.

Un beau jour, alors que l'affaire m'est sortie de l'esprit, je reçois une convocation à la gendarmerie du boulevard Exelmans pour être entendu dans le cadre de cette affaire-là. Je m'y rends, l'esprit léger ; il ne peut s'agir que d'une formalité administrative. Je lance au gendarme enquêteur, histoire d'être drôle :

— Ah, c'est vous la terreur du Nord ?

— Non, monsieur, je ne suis pas la terreur du Nord. Mais voilà ce que j'ai à vous dire : il est 9 h 10, veuillez signer là, vous êtes en garde à vue.

Je suis cueilli à froid, c'est le moins qu'on puisse dire. Plusieurs mois se sont écoulés depuis le déclenchement de la procédure, et voilà que, par suite d'événements dont j'ignore tout, je me retrouve dans sa boucle. Le gendarme m'annonce aussi une perquisition dans mes bureaux. Nous partons rue Daubigny. Dans le parking, nous croisons mon vieux père. Il doit avoir dans les quatre-vingts ans et regarde la scène avec des yeux écarquillés : son fils encadré par deux gendarmes… Je lui lance :

— Tout va bien, papa.

Les enquêteurs ouvrent des tiroirs, regardent à droite et à gauche, ne trouvent bien sûr rien, sans qu'au demeurant je sache ce qu'ils cherchent. Ils convoquent à la gendarmerie ma sœur, alors mon associée, et ma principale collaboratrice, Lydie Pradal. Ensuite nous rentrons boulevard Exelmans. Et j'attends. Entre-temps, ma sœur et Lydie sont interrogées de façon infructueuse. J'ai beau retourner le problème en tous sens, je ne comprends rien à ce qu'on me reproche. Outre le fait que j'avais encaissé les fameux vingt mille francs en chèque, je n'étais même pas intéressé à la recette. J'avais touché mon argent de producteur, lequel avait été en son temps déclaré dans le chiffre d'affaires, point à la ligne.

Vers 16 heures, les gendarmes m'annoncent que j'ai deux solutions : soit j'accepte de les suivre à Valenciennes, soit on me met au dépôt à La Souricière en attente d'un mandat du juge d'instruction. J'opte évidemment pour le déplacement. Mais auparavant ils décident d'une nouvelle perquisition, cette fois chez moi, à Neuilly. Nous arrivons en bas de mon immeuble où je croise des voisins qui me regardent, ahuris. La perquisition ne donne rien. Nous partons aussitôt pour Valenciennes.

Arrivé là-bas, on m'ôte lunettes, ceinture, montre, et on me met en cellule. Sans m'en dire plus, toujours. Je dors comme je peux, c'est-à-dire mal. Je ne comprends rien à ce qui m'arrive, j'ai le moral perdu, plus rien ne fonctionne dans ma tête, je me sens seul et désemparé – à cette époque le mis en garde à vue n'étant pas assisté par un avocat dès le premier jour.

Dans la matinée du lendemain, je subis pendant près de deux heures une cascade de questions sur les termes du contrat, l'argent versé... L'après-midi, nouvel interrogatoire avec reprise des mêmes interrogations, auxquelles je réponds comme je peux, mais sans comprendre où tout cela va me mener. Le soir, je dors de nouveau sur ma planche, dans l'incertitude de ce qui va se passer et avec un sentiment terrible d'abandon.

Le lendemain, conformément à la loi, arrive le procureur Éric de Montgolfier. Je suis tellement à bout de nerfs que je me montre très agressif à son égard.

— Vous voulez ajouter un épisode à l'affaire Tapie ou quoi ?

— Je n'ai rien à vous dire, monsieur. Je prolonge la garde à vue.

La rencontre a duré moins d'une minute et le procureur ne m'a pas posé une seule question. Les gendarmes m'annoncent que je vais être présenté au juge d'instruction de Valenciennes. Je m'inquiète du retentissement de cette décision.

— Mais ça va faire un bruit terrible, tout ça.

— Monsieur Camus, me rassurent les gendarmes, tant que l'affaire est entre nos murs, rien ne peut filtrer.

Tu parles. J'arrive en bas des marches du tribunal où m'attendent caméras et micros. Entre-temps j'ai pris un avocat et pénètre donc dans le cabinet du magistrat assisté de mon conseil. Quelques rapides questions, puis le juge tranche :

— La situation exige le débat contradictoire, je vais donc appeler monsieur le procureur.

Il sort. Mon avocat se tourne alors vers moi, mine chiffonnée :

— Mais ça sent très mauvais, tout ça ! Un débat contradictoire ? Il va sans doute vous incarcérer.

Je n'ai pas le temps de digérer ses propos qu'arrive Éric de Montgolfier. Il me pose lui aussi quelques questions. Puis, s'adressant au juge :

— Monsieur Camus étant homme à pouvoir influencer les témoins, je demande une incarcération, de courte durée certes, mais une incarcération. J'explose :

— Faire pression sur les témoins ? Mais si j'avais dû le faire, je m'y serais mis il y a un an !

— Qu'on l'emmène. Mettez-lui les menottes.

— Monsieur le procureur, nous n'avons eu aucun souci avec monsieur Camus, il n'y a donc pas lieu de lui mettre les menottes, tient à préciser le capitaine de gendarmerie.

Montgolfier acquiesce sans un mot. Je quitte donc le cabinet du juge sans menottes, mais entre deux pandores. Ils me conduisent à la prison de Valenciennes. Tout le processus que l'on connaît par les séries télé se déroule alors : procédure administrative, fouille au corps, dépôt des affaires au greffe… Par une sorte de prémonition, j'avais pris dans ma poche du Lexomil. L'un des gardiens chargés de l'accueil des détenus me fait la leçon. Aujourd'hui, en repensant à lui, je revois un visage vieux et bougon, mais pas antipathique :

— Ah, mais, mon garçon, t'as pas le droit de garder ça avec toi !

— Mais c'est mon médecin qui me l'a prescrit.

— Bon. Tu le gardes. Mais tu ne fais pas de bêtise, hein ?

J'ai soudain l'impression d'avoir douze ans. Au moins ai-je ainsi pu prendre du Lexomil pour éviter les montées d'angoisse et m'abrutir un peu, car j'étais au énième degré en dessous de zéro. On imagine la suite : la découverte de la cellule avec les chiottes dans un coin, un endroit sordide, un codétenu déjà dans les lieux.

J'y reste deux jours et demi. Mon codétenu, très gentil, a dans les vingt-cinq ou vingt-huit ans. Il se montre arrangeant et sort en promenade pour que je puisse faire ma toilette tranquillement. Le deuxième jour, je lui dis :

— Écoute, puisque tu n'as pas d'avocat, je vais parler de toi au mien et je m'occuperai de toi quand je sortirai.

Ce que je fis. Mon avocat est parvenu par la suite à le faire mettre en liberté provisoire, à condition qu'il ait un emploi. Je me suis donc arrangé avec un ami producteur dans le Nord, Guy Marseguerra, pour qu'il le recrute. Malheureusement, cela n'a pas duré car ce garçon était instable. Il venait au travail ou ne venait pas, et en outre avait tendance à apporter sur le chantier des substances douteuses. Il s'est donc fait mettre à la porte, ce qui ne l'a pas empêché de traîner son employeur devant les prud'hommes pour licenciement abusif.

J'avais par ailleurs sympathisé avec un gardien qui m'apportait la presse et me recommandait de ne pas aller en promenade, parce que sous ma fenêtre des gars hurlaient :

— Johnny ! Jean-Claude ! Ça va Johnny ?

Dans un état second, car assommé par le Lexomil et ne comprenant rien à ce qui m'arrivait, je me demandais combien de temps j'allais rester là ! J'étais assisté par un excellent avocat, mais n'en étais pas moins en détention préventive.

Évidemment, je fais la une des journaux, « Le producteur de Johnny Hallyday en prison »... Par chance, pour moi, vient alors d'être instauré le « référé liberté ». J'ai été le premier, en France, à le gagner. Mon avocat le dépose, obtient gain de cause, vient me chercher, je suis libre, sentiment inouï. Je rentre à Paris, peinant à me représenter que c'est désormais fini.

Johnny a été formidable pendant cette période. Lui aussi a été inquiété et perquisitionné. La suspicion initiale du procureur, semble-t-il, était que lui et moi, à cause de nos liens avec Jacques Chirac, financions le RPR. Johnny est monté au créneau lors d'un 20 heures de TF1 en affirmant qu'il me gardait toute sa confiance, ce qui a un peu calmé la tempête.

Je rentre donc à Paris dans un état indescriptible de fatigue, d'énervement, d'incompréhension, et habité par un fort sentiment d'injustice. Mon ami Dinh Thien me propose d'aller au restaurant. Je montre peu d'enthousiasme mais me laisse convaincre. Nous nous rendons dans un établissement de l'île de la Jatte, à l'époque très prisé du Tout-Paris. La salle est immense. J'ai l'impression, en entrant, que toute l'assistance me dévisage. Le lendemain, je me force à aller à Roland-Garros car je suis invité à un déjeuner RTL au Village. Ma sœur et Mimie Mathy m'ont pressé de faire un effort pour ne pas rester seul à ressasser. Je monte les quelques marches qui mènent au restaurant et les journalistes me mitraillent de photos. Philippe Labro, directeur de RTL, vient vers moi, m'accueille, me serre dans ses bras, geste qui me permet d'affronter cette foule que je redoute.

Arrive le soir. C'est l'ouverture du Festival Paris Cinéma, à L'Empire. Jacques Chirac en est le président. J'y vais avec Mimie. Dès qu'il m'aperçoit depuis le haut de l'escalier, il me lance de sa voix de stentor :

— Jean-Claude ! Te voilà sorti de prison !

Il me prend dans ses bras, me félicite. Devant tant de bonne humeur, je me dis par-devers moi : « Mon affaire n'a pas l'air si grave que ça. » Au dîner, à la table à côté, Chirac remet ça :

— C'est qu'il faut qu'on lui parle vite avant qu'il retourne en détention.

Prendre ainsi les choses sous un angle humoristique m'a fait un bien fou.

L'histoire, bien que totalement dégonflée, n'était pas close pour autant. Le juge d'instruction déclara le non-lieu, mais le procureur de Montgolfier fit appel. Un nouveau juge reprit donc l'affaire et aboutit à un nouveau non-lieu. Mon avocat et moi avons alors décidé d'attaquer la justice pour le préjudice subi. J'ai touché cinq mille francs de dommages et intérêts, une belle somme à l'époque.

Les années passent. Arrive ma nomination à la Légion d'honneur. Pour la cérémonie de remise, je ne trouve rien de plus astucieux que d'envoyer une invitation à Éric de Montgolfier. Lequel m'adresse une réponse bien tournée mais fielleuse. Il m'y écrit en substance qu'il ne voudrait pas considérer cette lettre comme une provocation indigne du rang auquel j'allais être élevé et la termine par : « Néanmoins, ma conviction reste entière à votre endroit. »

Dans sa tête, j'étais toujours coupable. De quoi ? Je ne le saurai jamais.

*

Je n'étais pas seulement devenu le producteur des plus grosses vedettes françaises ; il était désormais fréquent qu'on vienne me consulter sur des projets de salles de spectacle. Ainsi, au début des années 1990, alors que je passais des vacances chez moi, à Saint-Tropez, je reçus un coup de fil du maire de Toulon, François Trucy.

— Voici la raison de mon appel. Vous connaissez par cœur les différentes salles de l'Hexagone. Leurs qualités et leurs défauts n'ont aucun secret pour vous. Or j'ai l'intention de construire un Zénith à Toulon et j'aimerais profiter de vos conseils. Quand pouvons-nous nous rencontrer ?

— Demain, cela vous convient-il ?

J'ai donc pris ma voiture pour rencontrer M. Trucy. Nous avons discuté de façon positive avant de travailler pendant des mois sur la construction du Zénith. Le résultat fut une réussite. À partir d'un splendide bâtiment existant fut édifiée une salle de neuf mille places dotée d'un système de fermeture du volume par panneaux de bois destinés à réduire la capacité selon le spectacle.

J'en ai pris la direction avant de la laisser à ma sœur. Entre autres vedettes, j'y ai programmé Tina Turner, un souvenir extraordinaire. J'étais allé voir son show plus par curiosité que par véritable intérêt ; je n'ai pas vu les deux heures passer tant sa performance m'a ébloui. Je suis retourné l'applaudir plusieurs années après, à Bercy, alors qu'elle devait avoir dans les soixante-dix ans ; et ce fut le même bonheur. Tina Turner évoluait et dansait avec aisance sur une longue passerelle de deux mètres de large, sans rambarde, qui avançait de la scène jusqu'au milieu de la salle. L'effet de proximité était extraordinaire.

Alors que je m'occupais toujours du Zénith de Toulon, les élections municipales à venir semèrent le désarroi dans le camp de François Trucy, car le candidat du Front national, Jean-Marie Le Chevallier, était donné favori. Ce fut d'ailleurs lui qui emporta le scrutin et devint maire.

Quelque temps après, un ami de Saint-Étienne m'appela. Il était au mieux avec Michel Thiollière, qui occupait le fauteuil de maire et se représentait aux élections municipales, alors que le Front national exerçait une forte menace.

— Accepterais-tu de venir prendre la parole dans un de ses meetings ? En plus, s'il est réélu, il envisage de construire un Zénith, et dans ce domaine tu en connais un rayon.

Évidemment j'acceptai, bien que je ne me sois jamais occupé de politique. Et me voici sur un podium, haranguant la foule.

— J'arrive d'un pays sinistré, sous l'emprise du Front national. Et vous voudriez qu'ici aussi le Front national l'emporte ?

Moments grandioses. La campagne s'achève, et Michel Thiollière gagne. Il est alors le plus jeune maire de l'histoire de Saint-Étienne, et son aura est forte. Nous nouons des relations amicales. Les années passent, Michel Thiollière est toujours maire, mais le Zénith envisagé reste à l'état de projet car l'État refuse de mettre la main à la poche. Arrive une manifestation culturelle, une biennale je crois, que mon ami Jean-Jacques Aillagon, ministre de la Culture, vient inaugurer. Pendant le déjeuner, je le branche :

— Jean-Jacques, que penses-tu de cette ville si éprise de culture et dans laquelle il n'y a toujours pas de Zénith ? Il faut rectifier cette erreur, et que monsieur le ministre nous donne un Zénith !

Bonne surprise, il nous annonce son accord. Michel Thiollière me demande de participer au comité de sélection des projets. J'accepte. Nous choisissons le grand architecte Norman Foster, qui réalise un chef-d'œuvre. Je viens de temps à autre sur le chantier voir comment avancent les travaux de la future salle dont le maire me presse de prendre la direction. Ce que je refuse, car je suis submergé de travail.

Alors que le bâtiment est presque achevé, le maire profite d'un passage à Paris pour venir voir une pièce dans mon théâtre. Nous partageons ensuite un dîner durant lequel j'ai droit à un grand numéro de charme.

— Vous ne pouvez pas me laisser tomber, mon cher Jean-Claude. Nous avons grâce à vous un magnifique Zénith, il faut vous en occuper.

Je finis par dire oui et prends la direction de cette salle importante, puisqu'elle compte sept mille deux cents places. Et je ne le regrette pas. Après un premier mandat, nous venons d'être renouvelés pour six ans. Nous avons réveillé cette ville sur le plan du spectacle. Elle qui était une mauvaise étape pour les tournées, car elle disposait d'une vieille salle, est devenue un bon point de chute. Mon travail a consisté à multiplier les contacts, à faire du lobbying pour convaincre les producteurs d'inscrire Saint-Étienne à leurs programmes et à séduire les promoteurs anglo-saxons pour lesquels Lyon était traditionnellement plus attractif. Avec ma directrice Sylvie Liogier, femme fantastique, et mon associé Jean-Pierre Pommier, promoteur dans la cité des Gaules, nous menons depuis le début une gestion de « bon père de famille », et les résultats sont là. La plupart des grosses tournées passent désormais par Saint-Étienne.

⋆

Mes affaires marchaient au mieux lorsque, en 1996, un nouveau coup de tonnerre manqua de m'abattre. C'est la seule fois de ma vie où j'ai sollicité l'aide d'un ministre de l'Intérieur, en l'occurrence Jean-Louis Debré. Il faut dire que l'affaire fut aussi affreuse que hors du commun, puisque j'ai subi rien de moins qu'une séquestration.

Il est aux environs de minuit et demi lorsque je rentre d'un dîner chez la femme de l'attaché de presse Gil Paquet, dont j'ai déjà parlé, avec qui j'avais été très ami et qui venait de disparaître. J'habitais Neuilly depuis quelques mois. Je pénètre dans le parking de l'immeuble, suivi par une voiture de voisins. Il tombe des cordes. Je sors de mon véhicule, et – je le comprendrai par la suite – mes agresseurs, sans doute contraints par une autre présence qui gênait leur plan, ne se manifestent pas. Je monte à mon appartement et décide de sortir mon yorkshire. Mais, comme il pleut, je choisis de le promener dans le parking, quitte à nettoyer ses besoins si nécessaire.

J'ai à peine mis un pied dans les lieux que trois types cagoulés me tombent dessus. Le hasard fait parfois bien mal les choses : mes agresseurs n'ont pas eu le temps de repartir bredouilles, tandis que je me jette une seconde fois dans leurs griffes ! Ils me font monter dans l'appartement, où je vis seul. Ma gouvernante réside dans un studio situé dans une autre partie de l'immeuble.

L'un des hommes s'adresse à moi sur un ton très menaçant. Détail que je relève aussitôt : il a un accent corse.

— On est venu voir pour que tu dédommages le petit que tu as plombé…

Je ne mets pas longtemps à faire le lien entre l'accent, les paroles menaçantes et une rumeur qui m'était revenue aux oreilles. Quelque temps auparavant, un vilain bruit avait circulé à Toulon avant d'être démenti : l'ancien maire aurait entretenu des relations sexuelles avec un jeune attardé mental. Des sympathisants du Front national avaient lancé cette infamie, au demeurant reprise par un procureur.

Protestations immédiates de ma part. Pour toute réponse, je me prends une grande claque dans la figure tandis que les insultes fusent.

— Toi et ton mec de Toulon... Tu vas voir...

Ils me jettent sur le lit. À côté, un des hommes joue avec son revolver en le pointant sur mon genou, mon visage, ma bouche.

— Tu vois, si tu parles, un coup de feu est vite parti.

Ce cinéma dure. Au point que, pendant la première heure, je crois que je vais mourir. Ils entreprennent alors de fouiller toute la maison, depuis le moindre tiroir jusqu'aux dossiers de mon bureau. Mes idées, d'abord confuses, commencent à se clarifier. S'ils avaient dû m'abattre, ils l'auraient fait. Ils s'emparent du peu d'argent mais pas des quelques bijoux que je possédais, et m'annoncent qu'un rendez-vous me sera fixé trois jours plus tard pour la remise d'une somme énorme, quelque chose comme deux ou trois millions d'euros.

À l'issue d'une nuit épouvantable, les trois types partent enfin, non sans avoir proféré des menaces à l'encontre de mon neveu, auquel je suis très attaché, ainsi que de ma gouvernante s'il me venait l'idée de parler. Le fait qu'ils aient cité deux de mes proches prouvait qu'ils disposaient de renseignements précis.

J'ai attendu qu'ils partent pour m'effondrer. Tant qu'ils avaient été présents, je n'avais pas craqué et leur avais même tenu tête en discutant pied à pied. Mais soudain je me retrouvais seul, perdu, si affolé que j'ai même songé à appeler Gilbert Coullier, avec lequel j'étais pourtant fâché à mort, pour qu'il me prête de l'argent ; ce qui en dit long sur mon état. Ensuite, alors qu'il n'est que 6 h 30 du matin, j'appelle Thierry Suc, mon collègue producteur. Pourquoi ai-je songé à lui ? Impossible de le dire.

Je craque au téléphone, ma voix se brise, et Thierry pense que je suis en train de me suicider. Il me rejoint vers 7 h 30 et me conseille aussitôt d'alerter la police. Ce à quoi je me refuse, d'abord par peur absurde de représailles de la part de ceux qui m'ont séquestré, ensuite parce que je garde un mauvais souvenir du Quai des Orfèvres depuis l'affaire Bob Marley. J'attends donc 9 heures pour appeler mon avocat qui se trouve aux sports d'hiver. À ce moment-là, ma panique est telle que je suis prêt à accepter n'importe quelle demande. Il m'en dissuade et calme mon angoisse.

— Ne mettez surtout pas le doigt dans cet engrenage, Jean-Claude ; allez voir la police et racontez-leur tout.

Me vient alors l'idée de joindre Jean-Louis Debré que j'avais rencontré deux ou trois fois avec Johnny. J'utilise l'habituel sésame :

— Je suis Jean-Claude Camus, le producteur de Johnny Hallyday. Pourrais-je parler à monsieur le ministre ? C'est important.

On me passe aussitôt Jean-Louis Debré. Je lui explique ma nuit, ma séquestration, les menaces. Il s'apprête à partir pour l'étranger, mais m'assure que son directeur de cabinet va me recevoir place

Beauvau. Je m'y rends dans l'heure. J'explique que les trois types ont téléphoné à un complice qui faisait le guet en bas, une aubaine pour les localiser. Et puis j'évoque le coup de fil que je dois recevoir trois jours plus tard. Ils m'annoncent qu'ils s'occupent de tout.

La police scientifique vient chez moi. Elle ne trouve rien, pas d'empreinte, aucune trace. Il est vrai que ma gouvernante, entre-temps, a nettoyé les lieux pendant mon absence au ministère. Les trois types doivent cependant être forts pour ne pas avoir laissé le moindre signe de leur passage.

Arrive le jour J, et le film incroyable continue. Le matin, un faux taxi vient me prendre à mes bureaux de la rue Daubigny. J'y monte. Le taxi roule jusqu'à l'avenue de Courcelles.

— Vous allez rentrer par cette porte, suivre le couloir et ressortir avenue de Wagram, où un autre taxi vous attendra, pour que vous ne soyez pas suivi, m'explique le policier qui fait office de chauffeur.

Je m'exécute, passe d'une avenue dans l'autre, monte dans un second taxi, arrive à la préfecture. On me mène dans une pièce où se trouvent plusieurs hommes et des tas d'appareils. Nous attendons l'appel, dérivé de chez moi à ici. Il survient enfin. Les policiers le situent : il provient du ministère de la Culture ! Fausse alerte. L'attente reprend. Pas d'autre coup de téléphone.

Je rentre chez moi tandis que les policiers poursuivent leur enquête minutieuse. Ils finissent par retrouver trace des téléphones, achetés sous le nom d'une société bidon, à Marseille, avec des mobicartes qui n'ont servi qu'à communiquer entre eux. Il est évident que nous n'avons pas affaire à des amateurs.

Ensuite il ne se passe rien. Pendant trois mois, je me promène avec deux gardes du corps qui m'accompagnent partout. L'été suivant, à Saint-Tropez, un garde veille jour et nuit à l'entrée de mon bateau – j'ignore comment s'accommodent les politiques d'être ainsi suivis partout, mais c'est un enfer. Toujours aucune nouvelle des lascars tandis que l'enquête ne révèle aucune piste. Mais pendant les deux ou trois années qui suivent, mon traumatisme est tel que je ne peux rentrer chez moi sans appeler un gars de ma propre sécurité qui me précède dans l'immeuble pour inspecter les lieux.

Deux ou trois ans plus tard, je pars pour un concert de Jean-Michel Jarre dans un pays du Nord. Je m'apprête à embarquer dans l'avion lorsque mon téléphone sonne :

— Allô, dis-moi, tu te rappelles... On est toujours là...

Et puis rien. La communication est coupée. J'ai sur-le-champ appelé la police. L'appel venait d'une cabine téléphonique du boulevard Saint-Michel. Il était donc impossible d'en savoir plus sur l'interlocuteur que j'avais reconnu dès les premiers mots.

Un an ou deux passent encore. Je déjeune au restaurant La Marée, près de l'avenue des Ternes, avec l'ancien chef de cabinet de Jacques Chirac, Jean-Eudes Rabut, lorsque mon téléphone retentit. Je prends l'appel. Jean-Eudes a cru à une crise cardiaque tellement je suis devenu blême.

— Allô, tu te rappelles... En tout cas, nous, on se rappelle...

L'inconnu raccroche. Depuis, plus rien. Mais la menace existe toujours, diffuse, sans que je puisse la localiser ni en savoir plus.

J'ai toutefois une conviction. Ces gens-là étaient venus chez moi pour l'argent, certes, mais surtout dans l'espoir de trouver des choses compromettantes, photos, cassettes, afin de me faire chanter. Ils n'ont rien trouvé parce qu'il n'y avait rien à trouver. L'opération venait du Sud et cachait peut-être une vengeance.

Mais il ne s'agit là que de suppositions. Quand, quelques années plus tôt, lorsque j'avais pris la direction du Zénith de Toulon, des appétits s'étaient manifestés pour s'occuper de la sécurité de la salle, j'avais bien sûr envoyé au diable ceux qui m'avaient approché. Sur ce, d'autres types avaient fait savoir qu'ils voulaient à tout prix travailler avec moi. J'avais alors découvert qu'ils étaient proches du Front national... Était-ce la bonne piste ? Je reste quoi qu'il en soit persuadé qu'il s'agissait d'une tentative pour me déstabiliser, me faire chanter, peut-être me couler, dans le métier.

L'opération a échoué. Elle m'a causé des frayeurs terribles mais n'a pas atteint son but. Les types à l'accent corse ont disparu et je suis toujours là. Le mauvais film policier est donc fini. Du moins je l'espère.

10

Le temps des séparations

L'épreuve la plus douloureuse que j'aie eu à vivre porte les prénoms de mes deux sœurs : Annette et Brigitte. J'en ai beaucoup souffert et en souffre encore, tant le traitement que toutes deux m'ont infligé a été injuste. Ces femmes, que j'ai installées dans leur vie professionnelle, non seulement ne m'en ont témoigné aucune reconnaissance, mais ont considéré qu'il s'agissait d'un dû à leur égard. Rien d'étonnant à ce que nous soyons aujourd'hui brouillés.

J'ai déjà évoqué l'arrivée d'Annette à Paris, son installation rue de Tocqueville, notre travail en commun pendant des années, cette proximité si confiante entre nous. Car dès lors que nous avons appris à nous connaître, l'entente est devenue parfaite, fusionnelle même. À cette époque, je travaillais sans employés. Elle commença donc à organiser des bals avec moi en Normandie. C'est lors d'un de ses déplacements qu'elle rencontra Gilbert Coullier, le futur père de ses enfants. Lui aussi s'agrégea progressivement à notre petit groupe. C'était un garçon très sympathique, et d'emblée nous nous sommes appréciés tous deux.

Après l'épisode calamiteux du Domaine du Château blanc auquel Gilbert participe, ma sœur et moi nous installons près de la Nation dans un petit appartement de trois pièces. Je renoue avec le monde du spectacle et propose à Gilbert de travailler à nos côtés à temps complet et de l'associer à 33 % aux productions. À l'époque, je suis encore en nom propre, pas en société, bien que cela s'appelle Zéro Production. L'affaire prend rapidement de l'ampleur, avant de se hisser au premier rang lorsque nous devenons producteurs de Johnny Hallyday et Michel Sardou. Durant une vingtaine d'années, Annette, Gilbert et moi travaillons, vivons et partons en vacances ensemble sans qu'apparaisse le moindre nuage entre nous.

À l'été 1990, Gilbert quitte la société parce que ma sœur le quitte. J'ai raconté les tractations difficiles qui s'ensuivirent.

— Puisque Gilbert s'en va, dis-je à ma sœur, je te donne les parts de Gilbert, qui représentent 33 % de la boîte, avec un salaire important.

Nous tombons d'accord. Tout se remet à bien marcher.

Jusqu'au moment où, il y a une quinzaine d'années, elle rencontre un steward sur une tournée. En dehors de son temps de travail, il appartenait à une équipe que mon chef de sécurité Jimmy Reffas employait. Le steward était le chauffeur de ma sœur et chargé de sa protection. Les mois passent, et, sous l'influence de son nouveau compagnon, ma sœur devient convaincue qu'elle « n'existe pas », que c'est moi qui suis dans « la lumière », pas elle... alors que j'ai tout fait pour la mettre en valeur. Par exemple, je lui ai obtenu la distinction de chevalier des Arts et Lettres remise lors d'une superbe réception. Mais la presse est ainsi faite qu'elle parlait plus de Jean-Claude Camus que d'elle.

Mais cette reconnaissance ne change rien. Toujours aussi persuadée de son importance, Annette réclame désormais la moitié des parts, et pas seulement un tiers. Ce que, bien sûr, je refuse. En quelques mois, l'ambiance devient si détestable que nous ne nous adressons plus la parole. Jusqu'à un déjeuner, en 2005, où ma sœur m'annonce son intention de quitter la société. Elle s'occupait alors de Chimène Badi ainsi que d'une autre chanteuse en développement, et était convaincue de son grand talent de productrice. Elle a donc l'intention de monter sa propre entreprise, mais avec deux personnes issues de la mienne et dans des bureaux séparés, et tout cela financé par ma propre entreprise ! La demande était pour le moins excessive. La négociation de départ se révèle difficile. Avec plus de vingt ans de maison et un salaire important, Annette avait droit à de grosses indemnités. De plus, je l'ai dit, elle détenait 33 % des parts de la société. Au bout d'un an, nous parvenons enfin à un accord. Un malencontreux hasard veut que cette décision intervienne au moment de la mort de notre père. Dans le car qui nous conduit à Beaumont-le-Roger pour ses obsèques, Annette et son clan se tiennent au fond, tandis que je me suis installé à l'avant avec mes proches. Elle touchera à l'arrivée beaucoup moins que la somme qu'elle aurait touchée au début, car ma patience avait atteint ses limites.

Dans une lettre figurant au dossier, je lui proposais toutefois de conserver ses parts pour ne pas entamer son capital. Mais son compagnon la mit alors en garde contre ce qu'il pensait être une manipulation et voulut la convaincre de vendre pour récupérer, disait-il, quatre ou cinq millions. Son argument : si elle gardait ses parts, je ferais en sorte que la société ne fasse plus de bénéfices afin qu'elle ne touche jamais de dividendes. Outre la duplicité qu'il me prêtait, son calcul était faux, car les parts valaient bien moins – sans oublier que je les lui avais offertes ! Son avocat, maître Koubi, s'en rendit d'ailleurs compte et, à notre demande, devint avocat médiateur. Plus tard, lorsqu'elle m'attaquera, elle ira jusqu'à prétendre que je lui avais arraché ces parts sous contrainte morale, alors que je lui avais proposé de les garder, avec preuve dans le dossier.

Nous sommes fâchés et ne nous voyons plus. Deux ans passent. Dinh Thien, mon bras droit, a alors l'idée géniale de vendre mon entreprise à Warner pour une somme importante, tandis que je reste président du conseil de surveillance. La transaction s'effectue sans problème.

Un beau jour, je reçois une assignation en référé de ma sœur. Elle m'attaque au motif que, lors de nos négociations passées, je lui aurais arraché ses parts à un prix notoirement bas, car j'étais en négociation avec

Warner. Elle perd. Je possède en effet tous les justificatifs prouvant que les négociations de vente ont débuté deux ans après l'accord avec Annette. Elle m'assigne une nouvelle fois en référé, en développant cette fois une argumentation différente. Mais les deux référés sont rejetés. Ensuite, elle m'attaque sur le fond, mais elle est condamnée à verser quatre-vingt-dix mille euros aux trois sociétés qu'elle avait assignées pour procédure abusive. Mon avocat et Dinh Thien me suggèrent alors d'abandonner les quatre-vingt-dix mille euros : si ma sœur fait appel, la procédure repartira pour trois ans. Leur conseil me paraît judicieux, et je décide de mettre un terme à une guerre qui n'a que trop duré.

Annette a par la suite monté au moins deux maisons de production et de sécurité sans succès ; preuve qu'elle n'était pas la productrice qu'elle croyait, ou qu'on lui avait fait croire qu'elle était.

Nous ne nous sommes plus jamais revus. Pour moi, cette sinistre histoire reste une blessure mortelle qui ne sera jamais cicatrisée.

*

Le conflit qui m'opposa à ma seconde sœur fut encore plus rude. À la différence d'Annette avec qui j'ai longtemps travaillé, j'ai entretenu Brigitte toute ma vie. Elle était porteuse de quelques parts dans ma société où elle figurait pour compléter le nombre d'actionnaires réglementaires. Une année, ses parts auraient dû donner lieu à un versement de bénéfice de l'ordre de cent mille francs. Comme je lui donnais régulièrement de l'argent pour vivre bien qu'elle ne participât en rien à l'activité, il n'était pas question de lui accorder les dividendes. Pourtant, il fallait bien faire apparaître ces sommes quelque part. Mon conseiller de l'époque suggéra d'établir une reconnaissance de dette à son profit, comme si Brigitte m'avait prêté cent mille francs. Cette astuce comptable se révéla aberrante ! Car, douze ans après ce montage, la voilà qui exhibe la reconnaissance de dette et exige la somme que je suis censé lui avoir empruntée, avec les intérêts... J'y ai aussitôt vu une manœuvre pour faire corps avec Annette. La pilule était amère. Jadis, lorsque son mari était dans une situation compliquée, j'avais essuyé une partie de son passif. L'avait-elle oublié ?

J'invitai à déjeuner mon ami Jean-Eudes Rabut, l'ancien chef de cabinet de Jacques Chirac, à qui j'avais demandé en son temps de confier à son mari, Édouard Leperlier, la direction du Zénith de Clermont-Ferrand. Je lui expliquai le conflit qui m'opposait à Brigitte et sa demande d'argent.

— Laisse-moi faire, me dit-il.

Il conseilla très fortement à mon beau-frère d'arrêter toute action à mon égard. Brigitte stoppa aussitôt la procédure de recouvrement de sa prétendue dette.

Arrive son anniversaire. Par stupidité, et peut-être aussi avec l'espoir de renouer nos liens, je lui envoie un chèque de quinze mille euros ; parfois ma gentillesse confine à la bêtise. Deux jours après, coup de téléphone.

— Allô ? C'est Brigitte. Merci, j'ai bien reçu le chèque. Je vais en faire bon usage. Mais on ne se revoit pas pour l'instant. Au revoir.

Avoir deux sœurs et en être arrivé là… Tout au long de notre vie, la meilleure ambiance a régné entre nous et nos parents. Maman avait déjà disparu au moment de ces tristes événements, mais mon père était toujours de ce monde. Il ne se mêlait de rien, mais il voyait. Et durant les derniers mois de son existence, je suis persuadé qu'il avait compris la situation et en souffrait.

Aujourd'hui, le bilan tient en quelques mots : les trois personnes que j'ai aidées, auxquelles j'ai construit des carrières ou qui ont vécu grâce à mon aide, à savoir Gilbert Coullier et mes deux sœurs, se sont retournées contre moi. C'est là un constat déprimant. Ma vraie famille est donc en grande partie celle que j'ai constituée : ma fille Isabelle, mon petit-fils Joalukas, mon gendre Yannick Noah, mon neveu Nicolas Coullier, Dinh Thien Ngo, Jean Robert-Charrier, que j'évoquerai plus loin, et un autre proche, Jérôme Birepinte. Au-delà, il n'y a personne. La formule célèbre « On choisit ses amis, mais on ne choisit pas sa famille » est ô combien vraie.

★

Le 14 juillet 2009 au Champ-de-Mars marqua l'apothéose de ma collaboration avec Johnny ; et la tournée qui suivit fut un énorme succès, malgré une hernie discale qui le faisait de plus en plus souffrir. Il a donc mis à profit l'interruption de décembre pour se faire opérer. Sans doute est-il sorti trop vite de la clinique et ne s'est-il pas suffisamment ménagé pendant la période de convalescence, car ensuite, contre l'avis des médecins, il est parti en vacances à Los Angeles où sa maison était en construction. C'est là-bas que se déclara une infection à la suite de l'opération. Læticia dut l'emmener d'urgence à l'hôpital. Il y fut soigné, puis plongé dans un coma artificiel.

L'affaire fit beaucoup de bruits en France. Je partis rapidement pour Los Angeles. Johnny était fatigué, certes, mais sorti de son coma et ne courant plus de danger. Je rentrai donc à Paris rassuré sur son état de santé, avant de revenir le voir quelques semaines plus tard. Il était toujours en soins, mais à domicile. Les semaines passèrent et il rentra en France tout à fait guéri. L'épisode avait été long et sévère, mais il était enfin rétabli.

Nous avons déjeuné en juin au restaurant de la Grande Cascade avant son nouveau départ pour Los Angeles. Le groupe Lagardère lui courait après dans le but de le récupérer dans sa maison de production, mais cela ne l'intéressait pas.

— Non, je ne veux pas vendre mon âme au diable.

— Mais si tu as de l'argent à prendre, lui suggérai-je, prends-le, et comme ils n'ont personne à qui confier le travail, je resterai ton producteur exécutif.

— Non, non, je ne veux pas, et ça ne m'intéresse pas.

L'ambiance était donc au beau fixe. Nous nous retrouvions soudés comme jamais et recommencions à faire des projets d'avenir après les épreuves qu'il avait traversées. Il repartit assez rapidement pour les États-Unis.

Au mois d'août, un ami m'appelle.

— Je viens de surprendre une conversation téléphonique entre Jean-Claude Darmon et Gilbert Coullier : « Veux-tu Johnny ? Il a besoin de douze millions. » Je voulais te le dire.

Stupeur. Un mois avant, nous déjeunions ensemble et parlions de l'avenir. Cependant je ne me manifeste auprès de personne, je laisse filer, j'attends. Fin août, les bruits se font plus insistants : Gilbert Coullier serait en tractations avec Johnny. Afin d'en avoir le cœur net, je tente de joindre ce dernier. Il ne prend pas mes appels. Mauvais signe. De guerre lasse, je lui laisse un message pour qu'il m'infirme ou confirme les bruits qui courent. Il finit par me rappeler. La voix est froide, dénuée d'émotion, factuelle.

— J'ai besoin de douze millions, et je suppose que tu ne les as pas.

— Bien sûr que non.

— Coullier les a. C'est tout.

À cette époque, la maison de production de Gilbert Coullier vient d'être rachetée à 40 % par Marc Ladreit de Lacharrière. Il a donc du cash. Tout est cohérent. Je ne pense donc pas à un coup de bluff, ni que Johnny va revenir. Sa décision est prise et bien prise. Il faut me résoudre à la réalité, aussi dure soit-elle : une belle histoire est en train de s'achever.

Humainement, le coup est dur. En trente et quelques années, Johnny et moi avons partagé des moments extraordinaires, connus de beaux passages et des moins bons, des brouilles et des réconciliations, mais là je n'ai rien vu venir. Le comble est que, d'un point de vue financier, Johnny n'a pas réalisé une si bonne affaire en empochant douze millions. Sur la dernière tournée qu'il a faite avec moi, et bien qu'amputée de quinze ou seize dates à cause de son état de santé, il a touché dix-sept ou dix-neuf millions.

Mais il y a plus grave que mon cas personnel. En agissant ainsi, Gilbert Coullier a cassé le métier. Jamais, auparavant, un artiste français n'exigeait d'avance, sauf cas très spécial. Aujourd'hui, même le plus modeste en réclame une. Cette nouvelle donne modifie de manière radicale les relations entre l'artiste et son producteur. Ce dernier est contraint de s'engager financièrement au-delà du raisonnable. Et puis, les multinationales telles que Décibels – qui offrent de si grosses avances – ont des comptes à rendre. D'où, je l'ai dit, l'obligation de rogner sur les frais, les décors, le personnel… L'artiste en pâtit parce qu'on ne lui accorde plus les moyens de son spectacle. Mais, dans un premier temps, le chant des sirènes opère toujours le même charme. « Tu as besoin d'argent ? En voici. »

J'ai donc traversé de sales moments, même si de nombreux signes d'amitié m'ont touché. Comme lors de ma remise de décoration à l'Orée du Bois, au lendemain de la sortie du *JDD* dans lequel Gilbert Coullier disait que je l'avais supplié de me réserver un strapontin dans la nouvelle organisation. Nombre d'amis ou de relations avaient répondu à mon invitation. Des ministres, des vedettes du spectacle, de la variété comme du théâtre. Je cite au hasard de ma mémoire Amanda Sthers, Line Renaud, Richard Berry, Claude Chirac, Michel Drucker, Yannick Noah, Francis Veber, Bertrand Delanoë, Patrick Timsit, Marc-Olivier Fogiel, Thierry Suc, Didier Bourdon, Stéphanie Fugain, Nonce Paolini, Renaud Muselier, Jean-Luc Tardieu, François Morel, Michel Bouquet, Christophe Maé, Serge Lama, Mimie Mathy, Michou, Jean-Louis Debré, Philippe Chevallier, Christophe Girard, Orlando, Angunn, Davy Sardou, Sinclair, Christopher Baldelli. La réception se déroulant la veille du Midem, beaucoup de ceux qui ne pouvaient venir m'avaient envoyé un mot chaleureux.

L'une des situations les plus pénibles à vivre est venue des médias. Je savais que RTL et TF1 s'empresseraient d'interroger Johnny sur l'affaire. Claire Chazal et Marc-Olivier Fogiel se rendirent donc à Los Angeles. Vu le climat tendu, j'appelai Marc-Olivier, qui tint à me rassurer :

— Ne t'inquiète pas. S'il nous sort quelque chose de trop violent contre toi, car on connaît notre Johnny, on arrangera ça au montage.

Et, en effet, le reportage qui passa sur les ondes de RTL était correct. Mais le soir, au 20 heures de TF1, voilà que Johnny monte en gamme :

— M. Camus est un menteur !

Je reçois ce coup de poing en pleine figure. Dès le lendemain, j'appelle Claire Chazal. L'entretien est bref :

— Je suis journaliste, monsieur. Je n'ai fait que mon métier.

Tout était dit. Que pouvais-je répondre à un tel argument ? Bien sûr, durant toute cette période, nos deux clans étaient remontés. Mais il y a les propos que l'on dit en privé et ceux que l'on tient en public, et je crois avoir toujours su refréner mes ardeurs vengeresses sur les ondes. J'ai chargé Læticia en affirmant que c'était elle qui gérait la maison et prenait toutes les décisions. Quant à Johnny, il a affirmé dans le livre d'Amanda Sthers que j'étais jaloux de sa femme et de son fils jusqu'à leur interdire la porte de sa loge… Allégations sans plus de fondement que d'intérêt. On sait bien que, dans un divorce, c'est toujours l'autre qui a tort. Mais nos déclarations fracassantes, qu'elles soient venues de lui ou de moi, nous les avons tous deux regrettées. Elles n'étaient que les fruits de nos rancœurs mutuelles.

Les épreuves que j'ai rencontrées au long de ma vie m'auront au moins servi à quelque chose : j'ai en moi une forme de fatalisme. Peu de choses m'atteignent vraiment, et j'essaie de me tenir à un principe simple : si cela se passe ainsi, c'est parce que cela devait se passer ainsi. C'est pourquoi, après cette séparation brutale, j'étais triste mais pas accablé. Par ailleurs, j'avais des compensations professionnelles qui me permettaient d'avancer le théâtre occupait déjà une large place dans ma vie.

Ce fatalisme marche dans les deux sens. Lorsque je me suis réconcilié avec Johnny, j'ai été très heureux de nos retrouvailles. Au final, nous aurons vécu une longue histoire dans laquelle le bon l'emporte très largement sur le mauvais. Et puis j'ai eu la chance que mes qualités professionnelles n'aient jamais été atteintes. Nous avons connu des égarements dans nos propos, mais il n'y eut jamais de critique sur le fond. Dans son livre, Johnny parle de moi comme d'un grand producteur qui aime les artistes, ce qui m'a touché. Combien de fois m'est-il revenu aux oreilles que Lætícia déplorait que « c'était quand même mieux avec Jean-Claude... Il n'y avait pas tous ces problèmes... ».

Ce qui s'est passé ensuite entre Gilbert Coullier et Johnny parle de lui-même. Des erreurs en tout genre ont été commises, et Johnny n'a pas eu les moyens de ses spectacles. Il voulait se produire au Stade de France une nouvelle fois. Et pour quatre dates d'un coup ! Quelle grossière erreur de la part de Coullier. C'était un projet trop ambitieux, puisque les places ont été vendues à 50 % du tarif de départ, voire moins, pour finalement ne pas parvenir à remplir... D'où la colère de ses fans. Car ceux qui avaient acheté leurs sièges un an à l'avance au prix fort trouvaient l'affaire saumâtre. Quant à moi, je regardais toutes ces péripéties avec tristesse. Et je n'ai pas eu le cœur d'aller voir le show.

La collaboration avec Coullier n'a donc duré que le temps d'une tournée. Gilbert ne s'intéressant que de loin au spectacle, Johnny n'a pas retrouvé en lui ma passion et mon professionnalisme. Je l'ai dit, c'est un excellent vendeur doté d'un beau sourire et de beaucoup de charme, mais ça ne suffit pas à faire un producteur. Par exemple il n'a jamais eu le souci de soigner les équipes. C'est une énorme différence entre nous, car moi, je me suis toujours souvenu d'où je venais. J'ai donc tenu à respecter les techniciens et tous les gens de l'ombre sans lesquels les spectacles ne seraient pas ce qu'ils sont. C'est ainsi que j'organisais de façon systématique un grand repas à un moment de la tournée et offrais à chaque technicien un cadeau à la fin. Je ne laissais jamais tomber les collaborateurs que j'appréciais. Roger Abriol, mon ancien directeur de production, était sonorisateur de Johnny avant même que je m'en occupe. Puis Michel Berger arriva, avec son équipe. Roger Abriol devait donc partir. Je l'ai pris avec moi pour faire de la régie et de la direction de scène. Nous avons travaillé trente-cinq ans ensemble. Aujourd'hui il est un grand directeur de production. Ma première collaboratrice, Lydie Pradal, est restée à mes côtés vingt-huit ans. Et tant d'autres... Eux aussi forment la famille, celle que j'ai choisie et créée, la vraie. Celle de cœur et d'esprit, pas de sang. Je ne suis pas sûr que les producteurs d'aujourd'hui, Gilbert Coullier en tête, voient les choses de la même manière.

En mai 2016, Læticia m'a téléphoné alors que le couple séjournait à Bruxelles où Johnny se produisait. Je ne lui avais pas parlé depuis six ans.

— Je te passe Johnny.

Nous avons discuté comme si nous nous étions quittés la veille, sans un mot qui fâche. Ils m'ont invité à venir le voir et j'ai été magnifiquement reçu. Parmi les vieux techniciens, tous restés fidèles à Johnny, certains pleuraient d'émotion. J'ai assisté ce jour-là à un beau spectacle interprété par un homme à la voix toujours aussi formidable et à la présence aussi forte. Ensuite, nous sommes restés un bon moment ensemble dans sa loge, en tête à tête. J'ai retrouvé mon Johnny de toujours, adorable, me répétant :

— Je suis trop content de te revoir.

J'en avais les larmes aux yeux.

Au mois de juillet qui suivit, Læticia m'a invité à un dîner intime, puisqu'elle n'avait convié que dix ou douze personnes, à Marnes-la-Coquette, pour fêter l'anniversaire de Line Renaud. Je me suis retrouvé à côté de Johnny, en face de Line et d'Emmanuel Macron, dont j'ai fait ce jour-là la connaissance, ainsi que de son épouse Brigitte. Le mouvement En Marche ! était déjà créé mais vivait le tout début de son histoire. Nous avons beaucoup parlé, entre autres sujets, du droit du travail et des blocages de la société française. L'homme est sympathique, rapide, attentif aux propos tenus autour de lui. J'ai senti sa conviction. Quant à sa détermination, il n'était pas déclaré à cette époque. J'ai eu ensuite l'occasion de dîner plusieurs fois avec Brigitte et pu suivre d'assez près une aventure qui s'est poursuivie en apothéose.

Ce déjeuner de Marnes-la-Coquette fut donc un moment parfait. Johnny et moi n'avons pas évoqué le passé professionnel récent. Je suis désormais retiré puisque j'ai vendu ma société et tourné la page. Les choses douloureuses sont derrière nous, et notre réconciliation est d'autant plus belle qu'il n'y a pas d'enjeu professionnel.

A-t-il regretté son geste de 2010 ? Il ne le dira jamais. En tout cas, aujourd'hui, la démonstration est faite : Johnny est resté trente-cinq ans avec moi, trois avec Coullier. Les chiffres parlent d'eux-mêmes. Il est maintenant en contrat avec Décibels.

★

À la mi-mars 2017, j'ai mis à profit un déplacement aux États-Unis pour aller passer une journée avec Johnny dans sa maison de Los Angeles.

Trois jours plus tôt, arrivant à Las Vegas, j'avais envoyé un texto à Lætitia la prévenant de ma présence et lui dire mon intention de venir les embrasser. Elle m'a rapidement répondu : « Mon Coco chéri, je suis très contente de te voir, et Johnny aussi. »

Je connaissais leur maison alors qu'elle était en construction, mais je ne l'avais pas vue achevée. C'est une vraie splendeur, située dans le quartier le plus chic de Pacific Palissades. À mon arrivée, Johnny regardait un film américain. Il m'a accueilli avec son habituelle chaleur et m'est apparu tranquille, bien dans sa peau. Nous avons parlé de la tournée des Vieilles Canailles qu'il reprendrait au début de l'été et de son futur spectacle parisien. Cette scène en rond qu'il m'avait refusée pendant des années, il était désormais décidé à l'utiliser. Cela m'a fait plaisir.

Je l'ai vu avec les deux petites que Lætitia et lui ont adoptées ; spectacle merveilleux et touchant. J'ai découvert un père épanoui, un homme attentif et d'une douceur avec ses enfants que je n'aurais pas soupçonnée. L'après-midi, avec Læticia, nous avons évoqué plein de bons et anciens souvenirs. Et je suis parti, heureux de ma journée, plutôt rassuré par la forme de Johnny que je m'étais attendu à trouver plus atteint par ses problèmes de santé dont la presse s'est faite l'écho et qu'il a lui-même évoqués. J'espère de tout mon cœur qu'il ne s'agira bientôt plus que d'un mauvais souvenir. J'ai assisté, à Lille et à Bruxelles, au concert des Vieilles Canailles. Certes, il était affaibli, mais toujours formidable. Cette tournée associée au traitement lui ont fait, semble-t-il, le plus grand bien. Il a prolongé l'été par de belles vacances à Saint-Barth et annonce une nouvelle tournée en 2018. La scène et les projets lui insufflent une force incroyable. Je m'enquiers de tout cela avec autant d'attention que d'affection, tant Johnny m'est cher et représente toute ma réussite, toute ma vie.

⋆

Avec Michel, la séparation s'est produite sur le mode hystérique qu'il affectionne. Notre histoire est jalonnée de coups d'accélérateur suivis de freinages brusques. Sur un motif stupide ou un coup de tête, voire une rumeur, il part en vrille. Et c'est ce qui est arrivé ce jour-là.

Le clash définitif entre nous est survenu lors de sa dernière tournée, il y a cinq ou six ans. J'étais à New York lorsqu'il m'appela :

— Depuis quand tu insultes ma productrice ? Elle t'a fait quelque chose, Valérie Michelin ? T'es viré !

J'avais eu le malheur de dire à cette femme ce que Sardou m'avait lui-même confié :

— Le disque d'or pour mon dernier album, tu parles. Ils me font bien rire... Il a mis des mois à arriver, alors qu'avant je les vendais en une semaine.

Se vexer de propos exacts rapportés à une tierce personne relevait donc du prétexte. Mais je n'essayai même pas d'argumenter, cela n'aurait servi à rien. Il restait deux mois de tournée, pendant lesquels je ne me suis pas manifesté, ni par lettre, ni par un coup de fil, ni par une visite.

Avant tout cela, un dimanche après-midi, Michel était sur la scène de l'Olympia. Nous papotions en coulisses pendant le spectacle, son épouse Anne-Marie et moi :

— Vous vous rendez compte, ce que Johnny a fait avec Coullier, tout de même...

Je la regarde et lui dis :

— Anne-Marie, vous verrez que la prochaine tournée de Michel se fera avec Coullier.

— Mais vous n'y pensez pas, Jean-Claude.

Et Michel est parti chez Gilbert Coullier, de la même façon que Johnny l'avait fait quelque temps plus tôt. Car il a toujours fait ce que faisait Johnny. En bien comme en mal.

Les années passent, sans nouvelles mutuelles. Michel et moi étions officiellement fâchés. Et puis, il y a un an, il m'invite à l'anniversaire de sa femme. On aurait dit que nous nous étions quittés la veille. Il est adorable avec moi et me confie au moment de partir :

— Je vais te dire quelque chose, Jean-Claude : je suis un con qui a fait une connerie. Mais qu'est-ce que tu veux ! J'ai voulu faire une expérience. Elle était mauvaise. Je ne la referai pas. La prochaine fois, c'est toi !

En fait, lui aussi ne sera resté que deux ans chez Coullier.

Quelques mois plus tard, il propose que nous dînions ensemble. Je retrouve alors le Sardou adorable, celui qui m'avait répété maintes fois « tu es la famille », ou encore « c'est toi et c'est toi et c'est toi… », celui qui est venu à l'enterrement de ma mère en Normandie. Tandis que je traverse le bois de Boulogne pour revenir chez moi, je me prends à rêver. Qui sait, je vais peut-être reprendre du service auprès de Michel ? Bref moment d'illusion. Évidemment, nous ne retravaillerons plus ensemble ; et pour la simple raison que je suis désormais retiré du métier. N'empêche que sa démonstration d'amitié m'a fait plaisir.

Il y a quelques mois, il m'appelle. J'ai acheté une Bentley. Il veut donc en acheter une et, comme moi, en Belgique. Je lui explique les avantages et les inconvénients, fiscaux et autres, en toute légalité. Mais il ne m'écoute plus, il est passé à autre chose – toutefois il en achète une un peu plus tard, celle qui a le plus gros moteur. Une parenthèse : sur les stars et les belles voitures, je pourrais écrire un livre complet. Au moment du premier Bercy de Johnny, je m'offre une superbe Aston Martin. Johnny sort de la salle et tombe en arrêt devant ma voiture.

— C'est à qui, ça ? demande-t-il à son secrétaire.

— C'est à Camus.

— Je veux la même !

Depuis ses débuts, il a été un enfant gâté par la vie. Pour lui, voitures, maisons, avions restent des jouets.

L'hiver dernier, Michel devait venir jouer huit jours à Bruxelles.

— On va se voir, m'annonce-t-il.

Le séjour se réduit en fait à deux journées bruxelloises et une à Liège. La mythomanie des vedettes est ainsi : rien ne suffit jamais. Deux soirs de spectacle deviennent dans leurs propos une semaine. Je le sais et en souris. Que faire d'autre ?

En début d'année, avisant les dates bruxelloises, j'envoie un message à sa femme Anne-Marie. Elle m'appelle le soir même.

— Jean-Claude, c'est vrai que ce serait bien de nous voir... mais vous avez déjà vu la pièce ?

— Oui.

— Alors dînons ensemble samedi soir.

— J'aurais préféré vendredi.

— Ah, je crois qu'il a déjà un déjeuner ce jour-là... Samedi soir, c'est mieux, Jean-Claude.

— D'accord.

Je connais Michel par cœur. Jouant le lendemain après-midi à Liège, il n'aurait jamais accepté un dîner le samedi soir. Je ne me suis pas trompé. Trois jours avant la date fixée, nouvel appel d'Annc-Marie :

— Jean-Claude, cela me fait plaisir qu'on se voie... Mais vous connaissez Michel mieux que tout le monde, il a eu deux obligations de dîner cette semaine, trois serait trop. Si vous voulez venir l'embrasser dans sa loge... Ou alors on se voit en février...

Nous ne nous sommes donc pas vus à Bruxelles, alors que j'habite à quelques centaines de mètres du théâtre où il jouait. Et cela ne m'a pas surpris. Je savais que je ne le verrais pas. Car deux ou trois mois avant, j'avais découvert sur un avis de tournée qu'il était désormais produit par un ami, Thierry Suc. C'est la raison pour laquelle il ne voulait plus dîner avec moi. Ce qui n'empêche pas que, sur le moment, ses promesses étaient sincères.

Je ne nourris pas la moindre amertume devant ce genre d'attitude. J'ai eu le bonheur de faire une carrière unique et d'accomplir des choses que, je pense, on ne fera plus jamais. Aucun producteur ne dispose aujourd'hui des budgets qui permettaient à d'énormes vedettes comme Hallyday, Sardou et Goldman d'offrir un spectacle éblouissant à un immense public. En outre, comme j'ai vendu ma société à Warner avant les départs fracassants des deux plus grosses vedettes, je suis financièrement tranquille. Quant à l'aspect professionnel, j'ai eu le temps de faire le tour de la question et de passer à autre chose.

11

Au théâtre

Je suis proche du monde du théâtre depuis ma jeunesse. C'est dans un théâtre, celui des Montanari, que je me suis familiarisé avec le spectacle vivant. Par la suite j'ai toujours raffolé des comédies musicales et du genre qui les a précédées, l'opérette. J'ai adoré jadis les grandes productions du Châtelet, entre autres avec Luis Mariano. À l'époque j'avais déjà l'envie de réaliser ce genre de spectacle.

Dès que j'en ai eu l'opportunité et les moyens, je l'ai donc fait. Ce fut d'abord *La Valise en carton*, en 1986 au Casino de Paris. Puis *Émilie Jolie*, de Philippe Chatel, *Starmania* en 1988-1989 au Théâtre de Paris, suivi de *La Légende de Jimmy* à Mogador, de *Peter Pan* au Casino de Paris, d'*Ali Baba* au Zénith, d'*Adam et Ève* au Palais des Sports – un four –, de *Cléopâtre* au même endroit. La dernière en date, où je n'étais que coproducteur, *Dirty Dancing*, fut un succès énorme au Palais des Sports. Et je croise les doigts pour *Bodyguard*, qui se jouera bientôt au même Palais des Sports.

En France, la production d'une comédie musicale signifie un engagement financier initial de trois ou quatre millions d'euros. La conséquence se déduit sans peine : on peut voir dans une salle londonienne de deux mille places un magnifique spectacle avec quarante personnes sur scène et un orchestre, car les charges sont nettement moins lourdes. Chez nous, c'est impensable. Il faut au moins le Palais des Sports ou Mogador pour amortir. Ce besoin de rentabilité pousse donc vers les grosses salles, lesquelles sont *a priori* mal adaptées aux comédies musicales, plus à l'aise dans un théâtre à l'italienne de dimensions relativement modestes. Et il faut faire vite ! Au théâtre, le démarrage peut être plus lent, car les productions sont moins grosses. Mais dans ce registre chaque salle non remplie alourdit la facture.

J'ai donc perdu beaucoup d'argent avec certaines ; entre cinq cent mille et un million d'euros pour chaque échec. Mais j'ai toujours gardé en tête le plus important : la fierté de mon spectacle. Le reste, succès ou insuccès, ne dépend pas de moi. Ainsi j'ai adoré *Peter Pan* et *Ali Baba*, qui n'ont pas marché. *Peter Pan* était d'une grande beauté, mais a souffert du sempiternel problème parisien qui veut qu'un spectacle soit destiné aux enfants ou aux adultes, mais pas à la famille dans sa totalité – à la différence de New York : la première fois où j'y ai vu *Le Roi Lion*, la salle était ainsi composée à 90 % d'adultes. Nous, Français, n'arrivons pas à monter un spectacle qui fasse l'unanimité des générations. J'ai donc connu un lourd échec avec ce *Peter*

Pan. Heureusement, le miracle existe : une comédie musicale à la fois dont je suis fier et qui marche, comme ce fut le cas de *Starmania* et *Dirty Dancing*. Les deux ont rencontré des publics nombreux et enthousiastes.

Lors du démarrage de *Starmania* au Théâtre de Paris, nous n'avions pourtant que deux salles vendues à des comités d'entreprise, et très peu de locations. Pourtant, dès le lendemain de la première, la queue s'étendait de la caisse jusqu'au trottoir, et le succès a duré. Il s'est poursuivi ensuite au théâtre Marigny pour les prolongations. La tournée, en revanche, fut plus moyenne.

Un autre point fait de cet exercice un numéro de corde raide : signer pour une comédie musicale, c'est accepter de partir d'à peu près zéro, puisque sur le papier ne figure guère qu'une idée de spectacle, quelques chansons, et quasiment rien sur ceux qui en seront les interprètes. On ne sait donc jamais où l'on va. D'autant que la France ne possède pas une culture de scène complète comme, par exemple, le Canada, où les artistes sont aussi bons chanteurs que danseurs et comédiens. Pour toutes ces incertitudes, aujourd'hui, le théâtre me suffit. Sur une comédie musicale qui me plaît, je prends une petite participation, et c'est tout. Je n'y risque plus ma chemise.

⋆

J'ai connu ma deuxième expérience théâtrale en 1996 avec Michel Sardou, en le faisant monter sur les planches du Théâtre de Paris avec la pièce *Bagatelle(s)*. Ce fut une réussite. Une nouvelle pièce fut ensuite jouée en 1999 au théâtre du Gymnase, *Comédie privée*, avec Marie-Anne Chazel, puis en 2001, il interpréta *L'Homme en question*, au Théâtre de la Porte-Saint-Martin, et enfin, en 2008, *Secret de famille*, au Théâtre des Variétés. Toujours de gros succès.

Mais sa passion ne se limitait pas au plaisir de jouer. Pendant des années, Michel a voulu acheter un théâtre, sans doute par tradition familiale ; il avait le gène des planches. J'avais beau lui répéter que nous n'avions pas le temps, il conservait son idée. Il a successivement voulu acheter le Palais-Royal et le Théâtre des Variétés à la mort de leur propriétaire Jean-Michel Rouzière, puis le Théâtre du Gymnase, sans y parvenir.

Et un jour, en 2001, il m'a échappé en m'annonçant qu'il venait de signer un compromis pour l'acquisition de la Porte-Saint-Martin.

— Mais si tu n'en veux pas, je l'achète seul.

— Non, puisqu'on fait tout ensemble on va faire ça ensemble.

— Tu verras, le théâtre est impeccable.

Je m'associe donc, mais à reculons, car l'aventure ne me tentait pas du tout. Et je visite l'établissement. Son état était effarant, avec tout à refaire de A à Z. Ensuite, la situation évolua rapidement. En 2003, Michel se retrouva en procès avec Trema, sa maison de disques qu'il voulait quitter, tandis que le théâtre marchotait avec des choix de pièces que je trouvais discutables. Comme par ailleurs Michel ne chantait plus et était embarqué dans des affaires judiciaires compliquées, son verdict ne tarda pas à tomber :

— Il faut qu'on vende.

— Tu as raison.

Je trouvai donc un acquéreur, l'ex-directeur du Casino de Paris, M. Riglet. Nous préparons un compromis, mais je vais au rendez-vous en traînant les pieds. Car entre-temps je me rends compte que je suis plus attaché aux lieux que je ne le croyais. La nuit précédant la signature, j'ai même compris que j'allais commettre une énorme bêtise. Le problème est que toutes mes remarques pour casser le compromis tombèrent à plat ; l'acheteur les acceptait l'une après l'autre ! J'étais dépité. Dans les jours qui suivirent, j'en parlai à un ami, Jean-Yves de Linares, qui me dit :

— Je suis en bons termes avec Riglet, laisse-moi faire.

Il est donc allé voir l'acheteur. Après avoir été président du syndicat des producteurs, j'étais à cette époque président du fonds de soutien. Linares ouvre les yeux de son interlocuteur :

— Tu veux acheter des salles à Paris et tu vas déclarer la guerre à Camus ? Tu es fou. Rends-lui son compromis.

Ce qui fut fait, sans indemnités, avec la seule clause que si je vendais dans les trois ans, Pierre Riglet aurait la priorité. Merci, Jean-Yves.

Tous les problèmes n'étaient pas réglés pour autant. Comme d'habitude, je ne disposais pas de l'argent pour racheter les 80 % de Michel Sardou. J'allai donc voir mon banquier, qui accepta un crédit. Je devins ainsi propriétaire à 100 %, décidai de m'occuper seul de la programmation et réalisai plus de dix millions d'euros de travaux et de sécurité, depuis le toit jusqu'aux moquettes, des sièges au ravalement des façades, des peintures à l'électricité. Au fil des années, tout a été refait.

À peu d'exceptions près, j'ai cumulé les succès. Le premier qui était déjà engagé parce qu'on avait accepté de le prendre, comme on dit, « en garage », c'est-à-dire en louant le théâtre pour une productrice, Rose Léandri, fut *Ils se sont aimés* de Laroque-Palmade. Les représentations débutèrent le 11 septembre 2001, jour des attentats de New York. Inutile de décrire la peur bleue qui m'a tenaillé pendant des heures : je redoutais une salle vide. Mais, le soir, le public fut présent et le succès dura toute la saison.

La peur que j'ai ressentie m'en rappelle une autre. Michel Sardou chantait à Bercy lorsque la guerre du Liban a éclaté. Heureusement, toutes les places étaient vendues à l'avance, car, à cette époque, Michel ou Johnny pouvait commencer un spectacle avec trois semaines de réservations assurées. Il n'y eut donc pas d'incidence. Mais il fallut installer des contrôles de sécurité partout autour de cette salle à grosse contenance – huit mille places –, ce qui en dit long sur la lourdeur du dispositif.

Notre plus gros succès fut *La Cage aux folles,* jouée entre 2009 et 2010. J'en avais obtenu les droits beaucoup plus aisément que je l'aurais pensé. C'est Roland Magdane, que j'allais applaudir au Théâtre Dejazet, qui évoqua l'hypothèse d'une reprise de cette œuvre culte avec son enthousiasme habituel. Je le ramenai à la réalité :

— Sauf que, comme Caroline Cellier ne veut pas en entendre parler, tu peux toujours t'accrocher.

En effet, la veuve de Jean Poiret refusait depuis vingt ans de céder les droits de la pièce. Cependant l'idée fit son chemin. Dès le lendemain, j'appelai l'agent de Caroline Cellier pour lui demander un rendez-vous avec celle-ci, précisant :

— Ne me demandez pas pourquoi, elle le sait déjà.

Je la rencontrai le lendemain à 14 heures, en présence de son fils Nicolas et de sa sœur Sylvie Poiret. Elle m'accueillit de façon agréable, et je la sentis d'emblée réceptive à la demande. Elle était venue voir Richard Berry à la Porte-Saint-Martin, dans *L'Emmerdeur* de Francis Veber ; le bon état des lieux l'avait impressionnée, et Richard n'avait pas tari d'éloges sur ma façon de monter un spectacle. Nous avons donc discuté de la reprise que j'envisageais, et, trois heures plus tard, je la quittai les droits en poche.

La Cage aux folles, avec Didier Bourdon et Christian Clavier, fut jouée pendant une saison et demie, et connut un taux de remplissage de 96,4 %, soit le maximum possible compte tenu des obligations et des invitations. Et je pense que si nous avions pu continuer, le succès ne se serait pas démenti.

★

Chaque spectacle est un grand bonheur ; et le jour où je n'éprouverai plus ce plaisir, je partirai loin, très loin. Il n'est pas rare que, le soir de la première, je sois ému aux larmes. Si j'éprouve une telle émotion, c'est la preuve qu'il faut la donner au public. Car il l'attend. J'ai l'habitude de dire que je ne suis pas moi-même un artistique, mais *le* public. Je me trouve immédiatement en symbiose avec ses réactions, bonnes ou mauvaises. Je les devance, même, sentant avant le lancement d'un spectacle s'il plaira ou pas. J'ai eu cette intuition très tôt, lorsque je m'occupais de Johnny au premier Palais des Sports. À partir de là, j'ai su ce que le public désirait ; si j'aime, ce sera un bon spectacle. Et je me trompe rarement, car depuis toujours, mon univers, c'est la scène. S'agit-il de la compensation de ne pas avoir moi-même joué ? C'est possible. Jeune, du temps des Montanari, j'avais envisagé de devenir comédien, mais l'envie est passée et je me suis éloigné de ce monde.

Au théâtre, ma politique reste la même que pour la variété : je veux faire du beau, un spectacle que le public aimera et dont on parlera. Le bénéfice n'est pas la nécessité première. Compte tenu de ses coûts plus raisonnables, la scène offre une liberté inattendue pour moi, habitué de longue date aux spectacles lourds.

J'assiste à toutes les répétitions, c'est un plaisir autant qu'un travail. Quand je choisis un metteur en scène, j'ai l'impression de lui remettre les clés du lieu : il doit se sentir chez lui, et moi heureux de l'accueillir. Et cela s'est toujours bien passé. Il faut dire que j'annonce la couleur d'emblée :

— Je n'interviendrai pas dans votre travail auprès des comédiens. Toutefois il faut que vous sachiez que je ne suis pas banquier, mais producteur. Le dialogue doit pouvoir s'installer entre nous si je sens les choses un peu différemment. Ainsi, il est souhaitable que la porte reste ouverte à la discussion.

La relation a toujours été bonne, à l'exception d'une fois, en 2002. C'était le second spectacle que nous montions à la Porte-Saint-Martin, du temps où Michel Sardou en était le principal propriétaire. Il s'agissait d'une pièce dans laquelle jouait Claude Brasseur, *Conversations avec mon père*, mise en scène par Marcel Bluwal. Nous avions signé, mais le spectacle se créant à Orléans, nous l'avons découvert là-bas. Et il y avait un problème : la durée de la représentation, deux heures quarante-cinq, sans entracte ! Au lieu de prendre du plaisir à voir la pièce, j'ai eu ce soir-là l'impression de subir une épreuve d'endurance. Nous convenons donc, Michel et moi, d'intervenir auprès du metteur en scène. Nous discutons avec Bluwal qui accepte de raccourcir et d'ajouter un entracte. Mais, à Paris, voilà qu'il supprime celui-ci. Conséquence : les gens partaient avant la fin, épuisés. Quant à ceux qui avaient le courage de rester jusqu'au bout, je les entendais à la sortie, en bas, là où j'aime me placer pour recueillir les échos des spectateurs :

— C'était bien, mais qu'est-ce que c'était long...

Nous avons donc essuyé un échec prévisible que le metteur en scène n'avait pas voulu anticiper ; l'absence d'entracte assassinait l'œuvre. Comme je ne fais jamais les choses à moitié, Marcel Bluwal a été de ce jour interdit dans mes murs.

Le théâtre s'apparente à une maison avec son propriétaire et ses occupants. Le directeur est le patron, et on le respecte. Car la différence avec le monde de la variété est forte. Ici, pas d'ego de la super-vedette, ce qui me repose de ce que j'ai connu durant des décennies. Les comédiens ont l'habitude du travail d'équipe et possèdent une forme de modestie, même si certains ont de fortes personnalités. Avec eux, on doit moins ruser qu'avec les stars de la chanson, moins attendre le moment favorable pour dire ce qu'on a à leur dire. Tout est plus simple et naturel. Et puis il faut servir un texte, exercice difficile qui demande du respect et de la discipline. J'en veux pour preuve les répétitions qui durent huit à douze semaines minimum, nettement plus que les quatre d'un spectacle de variétés.

J'ai écrit que le théâtre pouvait s'assimiler à une maison. C'est en effet d'abord un lieu, un espace, une mémoire. Je ressens une alchimie entre mon théâtre et moi. Un lieu chargé d'histoire, c'est fort. Lorsque j'arrive là-bas, j'entre dans une autre atmosphère, que j'aime par-dessus tout. Des collègues m'ont dit, me découvrant dans mon bureau :

— Mais on dirait que tu es un autre !

Vrai. Le théâtre ne constitue pas seulement une seconde carrière après celle des spectacles de variétés, il fait de moi un autre homme. Vivre au milieu d'une équipe est une expérience formidable. Pendant des mois nous restons ensemble, et au-delà du travail nous partageons des joies et des peines, des espoirs et parfois des déceptions. Ce qui aboutit à une osmose créatrice dont j'aurais du mal à me passer.

★

Mes plus fortes émotions, je les dois à Michel Bouquet et à ses magnifiques interprétations du *Malade imaginaire,* de *L'Avare* et de *Tartuffe.* Le comédien est aussi merveilleux que l'homme est délicat. C'était la première fois que je travaillais avec lui. Lors de la première du *Malade*, je l'ai serré dans mes bras avec émotion et chaudement remercié. Et lui de préciser :

— Ah non, c'est moi qui vais vous remercier. Vous m'avez donné ma chance et tous les moyens pour faire ce merveilleux spectacle. Merci, Jean-Claude.

Tout Michel Bouquet est là, avec sa gentillesse et sa modestie. Quel maître ! Il est revenu pour *Tartuffe* en septembre 2017, mis en scène par Michel Fau. Ce fut un autre très grand moment. Michel est un immense acteur, et sa femme, Juliette Carré, grande actrice, est en parfaite communion de jeu avec lui. Leur chaleureuse présence participe à ce qui fait aujourd'hui ma fierté : avec sa belle salle de mille cinquante places et surtout ses magnifiques comédiens, mon théâtre est désormais digne d'accueillir de très grandes œuvres.

Son aventure « classique » a commencé par un spectacle qui a fait beaucoup jaser dans la mesure où nous avons réussi à casser les barrières entre théâtre public et théâtre privé. Ce fut, en 2016, *Cyrano de Bergerac*, avec Philippe Torreton, homme pour lequel *a priori* je n'avais guère de sympathie, sans que je sache pourquoi. Puis j'ai vu son travail, et le personnage m'a conquis. La production d'un tel spectacle était très lourde financièrement. Nous n'avons toutefois pas perdu d'argent, bien que n'ayant pas pratiqué les mêmes tarifs que d'habitude afin de ne pas faire fuir les spectateurs du théâtre subventionné.

Philippe arrivait chaque jour à 16 heures, et pendant une heure lisait sa pièce. Puis, il subissait deux heures de maquillage à l'issue desquelles son visage devenait un masque parfait. À 19 h 15, avant l'ouverture des portes, il prenait place dans un grand fauteuil sur scène, qui tournait le dos au public. Les deux heures de spectacle, épuisantes pour un rôle aussi écrasant, étaient suivies de plus d'une demi-heure de démaquillage. De 16 heures à 22 h 30, Philippe était donc dans nos murs, entièrement pénétré de son rôle. En soi, il s'agissait d'une performance. J'ai, à cette occasion, découvert un homme, qui, outre un grand comédien, est un être vraiment charmant.

*

Dix ans après avoir acheté le Théâtre de la Porte-Saint-Martin, j'ai acquis celui de la Madeleine. Moi qui ne pensais pas faire une longue carrière sur les planches, j'avais donc attrapé le virus.

L'affaire s'est conclue de façon étrange. Je reçois un coup de fil de mon banquier, Dominique Lambert, qui m'annonce la mise en vente de la salle.

— Merci, mais je n'en veux pas !

J'ignore les raisons précises pour lesquelles je n'aimais pas le Théâtre de la Madeleine. Sans doute était-il trop excentré et fréquenté par un public un peu trop bourgeois et conventionnel à mon goût. Bref, il ne me parlait pas.

Quelques mois passent. Mon directeur Jean Robert-Charrier et moi rencontrons son homologue de la Madeleine où nous devions monter *Collaboration* avec Michel Bouquet. Le rendez-vous se passe bien, et nous allons ensuite manger un morceau avant le spectacle. Pour l'anecdote, Michel Bouquet n'a jamais joué *Collaboration*, alors qu'il aimait cette pièce et ce rôle. Mais il a paniqué pendant les répétitions au point de ne plus en dormir tellement il était pétrifié d'angoisse ; tout l'affolait, sa mémoire, son jeu… Par bonheur, nous avons connu d'autres belles aventures ensemble, mais sur une autre scène.

Bref, notre repas achevé, nous revenons au théâtre pour assister au spectacle du moment. Je me remettais à l'époque d'une pose difficile de prothèse au genou et avais le plus grand mal à plier la jambe. J'ai donc demandé qu'on m'installe sur une chaise. Nous nous sommes placés dans une loge, en avant-scène. Avant que le rideau s'ouvre, je regarde la salle et la trouve très belle. Avec Jean Robert-Charrier, nous sommes littéralement en extase.

À ce moment-là, mon téléphone me signale l'arrivée d'un texto. Un ami producteur, Claude Wild, m'annonce que Jack-Henri Soumère aurait acheté la Madeleine. J'envoie sur-le-champ un autre texto au directeur du théâtre, Frédéric Franck, dans lequel je lui demande pourquoi il ne m'a pas prévenu de ses intentions.

Il m'appelle dès le lendemain :

— Vous êtes intéressé ?

— Oui, vous en voulez combien ?

— Tant.

— OK, je prends.

J'avais décidé en moins d'une minute et sur la seule lecture du SMS de la veille ! Dans les deux cas d'achat de salle, c'est bel et bien le coup de cœur qui a joué, et uniquement lui. L'occasion fait le larron, et je n'ai jamais pu résister aux coups de cœur. Même à soixante-dix ans, l'âge que j'avais alors.

Avec mes réticences de départ, j'avais cependant vu juste : le succès n'a pas suivi l'achat de la Madeleine. Il est vrai que je ne m'y suis pas investi autant qu'à la Porte-Saint-Martin. J'y ai pourtant réalisé de belles œuvres, mais qui ont moins marché. Je l'ai donc revendu en octobre 2016 au groupe de Marc Ladreit de Lacharrière avec la Porte-Saint-Martin, tout en gardant pour ce dernier la liberté totale de programmation, en binôme avec mon directeur, Jean Robert-Charrier.

*

J'ai beaucoup d'amitié pour Francis Veber. Nous avons monté ensemble *L'Emmerdeur*, avec Richard Berry et Patrick Timsit, puis *Le Dîner de cons*, avec Dany Boon et Arthur, repris ensuite aux Variétés avec Philippe Chevallier et Régis Laspalès.

La première version, avec Dany Boon, fut un énorme succès, mais pas un très bon souvenir. Dès le mois de décembre, il était prévu que nous reprendrions la pièce au mois de septembre suivant, d'abord pour quinze jours à Lille, au Sébastopol, puis à la Porte-Saint-Martin. Arrive le succès de *Bienvenue chez les Ch'tis*. Et là, la pièce de départ fout le camp. Dany Boon en fait des tonnes. Sur scène, on se retrouve avec le maroilles, etc. J'ai donc été contraint de rappeler sur le tableau de service que les comédiens étaient priés de respecter l'auteur et son texte, ce qui a jeté un certain froid dans la troupe. Puis Dany Boon a décidé d'arrêter. Comme je travaille en confiance avec les comédiens, je n'avais pas fait signer d'avenant envisageant les prolongations. Il a donc tout plaqué, c'était son droit, et je suis resté fermé cinq mois, d'avril à août, avec la nécessité de programmer une autre pièce en urgence pour septembre. Pour moi, la chute fut rude. C'est le seul gros désagrément des planches que j'aie connu.

J'ai ensuite monté la tournée du *Dîner de cons* avec Philippe Chevallier et Régis Laspalès. Ils avaient donné leur accord à la condition de revenir ensuite à Paris pour cinquante représentations. Malgré mes doutes compte tenu du succès de la première distribution, j'ai accepté le risque. La tournée fut un triomphe total. Et les cinquante représentations parisiennes aux Variétés se sont transformées en succès de la saison entière.

★

Au théâtre encore plus que dans la variété, rien n'est gagné d'avance. Une fois pour toutes, j'ai donc choisi de n'écouter ni le chant des sirènes ni les attaques fielleuses. C'est la raison pour laquelle je prends mes précautions. Depuis le *Cyrano* monté en 1990, à l'époque de Coullier, avec Jean-Paul Belmondo à Marigny, je ne donne plus de générales. Au mieux elles ne servent à rien, au pire elles nuisent à la carrière de la pièce. J'ai gardé le souvenir de celle de *Cyrano* avec des Ah ! Ah ! enthousiastes et des bravos en rafales. Et puis, me mettant à la sortie, j'ai entendu les horreurs dont le Tout-Paris est capable. Ce soir-là j'ai compris comment naissent les rumeurs.

La critique peut se montrer dithyrambique sur une pièce qui ne trouvera pas son public. Ce qui ne veut pas dire que les papiers favorables ne font pas plaisir. Mais le contraire est d'ailleurs tout aussi vrai : une pièce détruite par la critique peut rencontrer un grand succès. *La Cage aux folles*, sur laquelle nous n'avons pas eu d'articles bien gentils, a été ma plus grosse réussite théâtrale en quinze ans.

Impossible, donc, de prévoir quoi que ce soit. Selon l'importance de la production, il faut compter au bas mot soixante représentations pour amortir la mise de départ. Si le spectacle est lourd, ce minimum peut monter à quatre-vingt-dix représentations, soit douze semaines pleines à sept représentations hebdomadaires. En général, on sent assez vite comment les choses vont évoluer. Lorsque la location est immédiate et commence très tôt, comme pour *La Cage aux folles*, il s'agit d'un signe prometteur.

Une pièce peut démarrer lentement et trouver son public, car au théâtre le bouche à oreille se révèle essentiel. Voici un mode de calcul pratiqué par les gens de la profession : si une pièce doit marcher, la recette du deuxième samedi doublera celle du premier samedi et faire le plein au troisième. C'est pourquoi nous surveillons les réseaux sociaux comme le lait sur le feu, avant même les critiques officielles ; ils nous donnent très vite la mesure de ce qui va arriver. Les prévisions demeurent cependant plus difficiles que pour un spectacle de variétés. Un chanteur possède son public ; celui-ci l'attend et a plaisir à le voir et revoir. Et une tournée se prépare un an à l'avance, ce qui permet de jauger le niveau de l'artiste. Le théâtre est donc un métier bien différent de celui que je pratiquais auparavant. La bonne surprise, c'est que grâce à mon sens du public je ne m'y sois pas trop trompé.

En fait, ce qui réunit mes deux carrières, la variété comme le théâtre, porte un nom : l'instinct.

Je le possède aussi, à l'occasion, pour les personnes avec qui je saisis très vite que je pourrai travailler. Isabelle Mergault n'est pas seulement actrice de théâtre et de cinéma. Elle est aussi auteur. Je l'ai rencontrée en 2002 lorsqu'elle jouait *L'Amour sur un plateau* avec Pierre Palmade au Théâtre de la Porte-Saint-Martin. Je suis tombé en amour, comme disent les Canadiennes, et je n'ai pas hésité à lui signer un contrat pour une pièce dont elle n'avait pas écrit la première ligne, tant j'avais confiance en elle. Ce fut, pour le Théâtre des Variétés, *Adieu, je reste !*. Une ovation où jouait Chantal Ladesou. Nous avons ensuite récidivé avec *Ouh Ouh*, mise en scène par Patrice Leconte, toujours dans le même théâtre. J'étais prêt à m'engager pour une autre comédie, *Ne me regardez pas comme ça !*, dont la covedette devait être Annie Cordy, mais l'agent d'Isabelle Mergault, ayant d'autres visées pour la pièce, l'a proposée à Sylvie Vartan. Le projet initial m'a paru compromis. Ne le sentant plus avec une autre artiste qu'Annie, j'ai préféré ne pas le produire. La pièce s'est jouée au Théâtre des Variétés, et je reste persuadé que le résultat aurait été meilleur avec Annie Cordy.

C'est dans *Adieu, je reste !* que j'ai vraiment découvert Chantal Ladesou avant qu'elle explose dans *Nelson*. Un vrai talent, une tornade, que le milieu n'a pas tardé à surnommer, à juste titre, la de Funès du rire. Agréable dans le travail, Chantal est une artiste attentive et gentille dont j'aurais rêvé de m'occuper, d'autant que je lui prédis un avenir glorieux.

L'instinct ne fait pas tout, et les événements extérieurs ne se privent pas à l'occasion de venir le contrarier. Au moment des attentats de novembre 2015, nous proposions *Irma la Douce* avec Lorànt Deutsch, Marie-Julie Baup et Nicole Croisille. Les critiques étaient bonnes et le spectacle magnifique ; pourtant les attentats ont vidé notre salle (comme les autres), et le succès ne fut pas celui attendu. Toutefois, mis à part des circonstances exceptionnelles, je ne crois pas qu'il faille s'épuiser dans la recherche des causes. Succès ou insuccès, c'est le public qui décide, en dehors de toute contingence extérieure.

*

Lorsque j'ai commencé à m'occuper de théâtre, j'ai surpris beaucoup de personnes dans ce monde qui n'était pas le mien. Les gens de la profession se demandaient ce qu'un voyou du show-biz venait faire parmi eux. Mais j'ai appliqué les règles que je connaissais. Les techniciens de théâtre, comme ceux de la variété, travaillent beaucoup. Il est normal de les traiter avec attention et respect. Et puis je crois avoir une nature généreuse, avec mes amis comme avec ceux qui travaillent à mes côtés. J'aime partager, et rechercher et acheter un cadeau est parfois plus agréable que d'en recevoir. C'est pourquoi les liens que je noue au sein du milieu professionnel vont au-delà du travail. À l'occasion d'un anniversaire de ma collaboratrice Lydie Pradal, j'ai organisé un petit séminaire d'entreprise pour une douzaine de collaborateurs à Courchevel à l'issue duquel nous avons fêté l'événement. Au théâtre, j'ai refait toutes les loges. Les comédiens sont accueillis, soignés, respectés. Chaque soir de première, j'organise un grand pot pour leurs invités. Cette politique m'a rapidement attiré la sympathie. Et comme le succès amène à la reconnaissance, j'ai fini par être accepté et respecté par un milieu qui, au départ, m'était fermé.

Il s'agit pourtant d'un métier difficile et incertain. La clientèle n'augmente pas, et pour les cinquante-deux théâtres privés parisiens, les temps sont difficiles. Comme les places sont assez chères, le remplissage s'effectue moins bien qu'il y a quelques années. Si une certaine indépendance reste encore de mise, pour combien de temps ?

Concernant le spectacle de variétés et les théâtres, on le sait, l'évolution va vers la disparition des producteurs indépendants. Beaucoup se font racheter par d'énormes maisons telles que Lagardère, Fimalac (de Marc Ladreit de Lacharrière), Warner (Décibels, ex-Jean-Claude Camus Productions), Vente-privee.com, Universal avec Bolloré... Et tous ceux qui produisent des disques recherchent ce qu'ils appellent « le 360 » : avoir la haute main à la fois sur le disque, la production et le spectacle. Leur logique est simple : vendant moins de copies, ils veulent tout contrôler pour rentabiliser grâce à l'ensemble des secteurs de création et de diffusion.

Mais tout n'est pas équivalent. Je fais une différence entre Warner et Marc Ladreit de Lacharrière. Je suis convaincu que le discours de ce dernier est le bon : il ne faut pas que la culture française soit managée par des groupes étrangers. Lui achète, mais laisse faire les professionnels. C'est ainsi que je lui ai vendu mes deux théâtres tout en restant libre de la programmation et de la gestion. L'attitude de Ladreit de Lacharrière s'apparente donc à une forme de mécénat. Loin de faire des super-profits, il lui arrive de perdre de l'argent, même si une tournée passe dans plusieurs salles qui lui appartiennent, ce qui recrée un équilibre.

J'ai une vraie estime pour cet homme. Quand il vient au théâtre, son bonheur fait plaisir à voir. Il me salue d'une boutade qui me réjouit :

— Ah ! Voilà la Comédie-Française !

Nous avons en effet axé une partie de notre programmation sur le haut de gamme culturel. Et tout le monde joue le jeu. Ainsi les artistes, pour jouer en dehors du réseau des théâtres subventionnés, font-ils des concessions exceptionnelles, ce qui est tout à leur honneur. Nous proposions en mai dernier à la Porte-Saint-Martin un spectacle précédemment joué dans le monde entier, *Cendrillon*, mis en scène par Joël Pommerat. Sur la demande de ce dernier, nous n'avons pas hésité à descendre de mille cinquante places de contenance à sept cents. Il faut accepter les concessions pour qu'un spectacle puisse rencontrer le public auquel on le destine. Et Marc Ladreit de Lacharrière ne s'y est pas opposé.

Une maison comme Décibels, en revanche, a des comptes à rendre à ses actionnaires américains en termes de gestion. Et j'en ai déjà énuméré les conséquences. Quant à Vincent Bolloré, je ne sais pas trop de quel côté il se situe. Certaines de ses positions m'inquiètent, entre autres son attitude à Canal +. Dans le spectacle, il n'a pas encore eu le temps de sévir ; mais il possède un tel ego que tous les drames à venir sont envisageables. On ne connaît que trop le discours qui consiste à dire : je suis le patron, je sais, je décide. Quitte à tout casser.

*

Une de mes grandes chances fut aussi d'avoir rencontré Jean Robert-Charrier, avec qui je travaille depuis des années et qui dirige aujourd'hui le Théâtre de la Porte-Saint-Martin. Ce passionné de spectacles est capable d'aller voir une pièce qu'on lui aura vantée dans n'importe quelle petite ville de France, et jouée par de jeunes comédiens inconnus.

Je l'ai rencontré en 2004, alors qu'il avait une vingtaine d'années. Au théâtre, nous employons des étudiants comédiens qui s'occupent du contrôle et du placement des spectateurs. Jean en a fait partie. Quelques semaines passèrent. J'ai un jour reçu de sa part une lettre de motivation. Il y parlait de sa passion du théâtre et de son désir de mieux en comprendre le fonctionnement. Il ajoutait qu'il aimerait connaître tous les services dans le but, un jour, de pouvoir devenir administrateur.

Sa lettre m'a surpris et touché. Manifestement, ce garçon avait le feu sacré. Il fallait lui donner sa chance. Je le convoquai.

— J'ai lu votre lettre. Vous allez commencer par la caisse.

Pendant des mois, il a assuré la fonction. Puis il est allé à la comptabilité, à l'administration, à la commercialisation, à la communication… Il tenait brillamment tous les postes au fur et à mesure, alors qu'il suivait par ailleurs des cours dans la journée. Sur ce, l'administratrice a pris sa retraite. Jean s'est imposé à moi comme étant le bon choix, et je l'ai nommé à ce poste à l'âge de vingt-six ans. C'était il y a huit ans. Et il a occupé d'emblée la place d'une façon magnifique.

Nous nous envoyons mutuellement les pièces à lire, et échangeons nos avis. Un jour, il me passe un manuscrit :

— Si tu peux regarder, ça me semble pas mal.

Je lis et trouve le texte formidable. Il est signé Jean Daubigny – adresse où mes bureaux sont restés durant vingt ans, ce qui aurait dû attirer mon attention. J'appelle aussitôt Jean :

— Mais c'est une pièce écrite pour Amanda Lear !

— Oui, j'ai aussi pensé à elle, me répond-il.

Nous faisons découvrir le texte au metteur en scène, Nicolas Briançon, lui aussi très emballé. Nous prévoyons donc une lecture au Théâtre des Variétés. Une semaine avant, Jean m'annonce qu'il a quelque chose à me dire. Ma crainte immédiate, c'est qu'il me donne sa démission.

— Jean Daubigny, c'est moi. Et personne ne le sait, m'avoue-t-il.

Bravo, l'artiste !

Arrive la lecture, qui se passe bien.

— Il faudrait que je rencontre l'auteur pour revoir certains détails..., précise Amanda Lear.

— Pour l'instant il est aux États-Unis, il faut attendre qu'il revienne, dis-je pour couper court aux questions sur cet auteur fantôme.

La décision de monter la pièce fut donc prise, au départ, sans que quiconque, à l'exception de Jean et de moi-même, sache qui en était l'auteur. *Divina* fut jouée à partir de septembre 2013 et rencontra un vif succès, comme la tournée qui suivit. La pièce s'est également montée en Italie et en Belgique. Le métier du théâtre, parfois un peu poussiéreux, se montra surpris de la réussite de ce jeune homme, à la fois administrateur et auteur. Amanda Lear, à qui il finit par l'annoncer un jour avant les répétitions, voulut jouer les affranchies :

— Espèce de con ! Si tu crois que je ne savais pas que c'était toi !

Pour faire bon poids bonne mesure, on fit même courir le bruit que j'avais donné cinquante mille euros à Amanda Lear afin qu'elle accepte de jouer la pièce. Notre monde du théâtre est bien cruel...

En 2016, cette fois sous son nom, il me donne *Nelson*. Que je prends tout de suite. La pièce est écrite pour Chantal Ladesou. Elle accepte le rôle dès la lecture. Résultat : trois cent cinquante représentations à la Porte-Saint-Martin et une tournée. L'œuvre a aussi été montée dans plusieurs pays, au Canada, en République tchèque, en Belgique et en Espagne. Il a récidivé au mois de septembre 2017 avec *Jeanne*, au Petit-Saint-Martin, avec Nicole Croisille.

Jean continue à écrire tout en dirigeant le théâtre. Directeur, auteur à succès, on se doute que ses journées sont longues. Comme il possède une puissance de travail phénoménale, cela ne l'effraie pas. Il veut tout connaître, tout découvrir, tout savoir. À son âge, il a déjà une carrière derrière lui. Si je l'ai aidé à démarrer, son succès est ma meilleure récompense, tant participer à la réussite de quelqu'un est extraordinaire. Le 19 juin 2017, j'ai ainsi eu le plaisir et l'honneur de lui remettre, au Théâtre de la Porte-Saint-Martin, les insignes de chevalier des Arts et Lettres, décoration excessivement rare à son âge. Mon émotion était grande, et sa carrière est aussi rapide que magnifique. Cette cérémonie, réunissant plus de deux cents comédiens, metteurs en scène et agents artistiques, marquait le point d'aboutissement des espoirs que j'ai placés en lui. La standing ovation qui clôtura la fête en fut d'ailleurs le plus beau témoignage.

Sa plus grande victoire est d'avoir brisé les barrières entre le théâtre public et le théâtre privé (*Cyrano* et *Cendrillon*).

Mais le métier peut être cruel. Un ami producteur, à qui je disais tout le bien que je pensais de Jean, n'a pas pu s'empêcher un jour de me mettre en garde :

— Celui-là, je te préviens, il te trahira.

Jean ne m'a jamais trahi. Nous nous complétons parfaitement. Ce qui nous lie relève de la transmission. Dinh Thien et lui forment à mes côtés comme mon bras droit et mon bras gauche.

Car Dinh Thien est mon autre « fils spirituel ». Lorsque j'ai fait sa connaissance, il avait une solide formation en droit et gestion, et il venait de quitter son travail. Il est entré il y a vingt-cinq ans dans ma maison de production pour coller les enveloppes et préparer les adresses. Petit à petit, il s'est intéressé à un métier dont il a gravi toutes les marches. Il m'a succédé à la tête de la société quand je l'ai vendue à Warner, avant de vivre une épreuve brutale : en être chassé.

Depuis, il a su rebondir merveilleusement, puisque sa première production, *Dirty Dancing*, en 2016, fut un énorme succès. Il a eu le nez, quand il a su que les droits étaient sur le marché, de les récupérer et de monter le spectacle. De l'avis général, y compris le coproducteur TF1, il a créé la meilleure version de toutes les adaptations européennes. Il est en train de monter *Bodyguard*, le casting est délicat ; il faut en effet trouver une chanteuse extraordinaire, et même deux par précaution, pour être sûre qu'elle ne s'use pas la voix. Il a aussi produit à Mogador un spectacle très réussi, *Jules Verne*, en réussissant à le rendre tout public.

Je dois beaucoup à Dinh Thien, qui a su modérer ma vie de nabab, apporter une saine gestion à ma société, qu'il a eu l'idée géniale de vendre. Il en a magistralement conduit les négociations, tout comme la cession de mes théâtres, me mettant ainsi à l'abri pour mes vieux jours. Je lui voue une reconnaissance éternelle.

Il est facile de s'entendre avec ses proches quand tout marche ; plus difficile dans les épreuves. Mais avec Dinh Thien, la connivence est solide, même en cas de coup dur. Nous montons en 2011 la comédie musicale *Adam et Ève* au Palais des Sports. Je me suis engagé dans l'opération sans rien en savoir, sauf que les chansons seront écrites par Pascal Obispo et qu'il assurera la mise en scène. Quand j'ai découvert le casting et vu l'originalité, une Ève noire et un Adam bon chanteur mais piètre comédien, j'ai commencé à me faire du souci. J'essayais en vain d'alerter Obispo pendant les répétitions en lui disant :

— Vous ne croyez pas que... ?

Lui n'entendait strictement rien. Nous sommes allés au désastre. Quatre millions d'euros de dégâts ; par chance, je n'étais intéressé qu'à hauteur de 10 %. J'ai vérifié à cette occasion ce que la variété m'avait appris : quand vous n'êtes pas maître du spectacle, le pire peut toujours arriver.

Une tournée était prévue. Dinh Thien et moi jugions qu'il ne fallait pas l'envisager. Mais Pascal Obispo et le représentant de M6, fasciné par le compositeur chanteur, étaient partants. J'appelai donc Thomas Valentin, patron de M6, afin de l'alerter :

— Est-ce que vous êtes au courant de ce qu'on va manger au Palais des Sports ?

— Non, pas vraiment. Ça ne marche pas fort, je crois ?

— Pas fort, en effet. Je vous annonce dans les quatre millions. Mais le problème, c'est qu'ils veulent partir en tournée, ce qui accroîtra encore le déficit.

L'information est vite redescendue. Le soir, le représentant de M6 me faisait la tête. J'en ai profité pour compléter le message :

— Si vous voulez partir en tournée, nous nous retirons de la société. Et votre boîte, M6, aussi.

Ils ont maintenu jusqu'au dernier moment la programmation des différentes dates. Mais en fait elle n'est jamais partie car les réservations étaient catastrophiques. Il fallait payer les dédits. Comme la société a déposé le bilan, tous les promoteurs de province ont perdu les frais déjà engagés. Cerise sur le gâteau, Pascal Obispo a fait une tournée avec un autre producteur, comme chanteur, et pour être sûr qu'on n'allait pas retenir la dette précédente sur ses recettes, il n'a pas travaillé avec certains des susdits promoteurs. Obispo appartient à une catégorie que je ne porte pas dans mon cœur : celle des artistes imbus d'eux-mêmes. Il a remporté de gros succès, avec un talent fou de compositeur, mais n'écoute personne.

*

Si le théâtre est devenu mon élément, le cinéma, lui, ne l'a jamais été. Et pour cause : la seule fois où je me suis aventuré sur ce territoire s'est soldée par une expérience calamiteuse.

Au milieu des années 1980, je m'occupais d'une chanteuse qui a eu un quart de succès, Bruna Giraldi. Elle vivait avec Richard Balducci, scénariste qui avait eu l'idée de la série des *Gendarmes de Saint-Tropez*. Nous sympathisons. Il avait en tête un énième film du même genre, *Le Facteur de Saint-Tropez*, avec Paul Préboist comme vedette et lui-même, Balducci, en tant que réalisateur. Pour des raisons qu'aujourd'hui encore je ne saisis pas, le projet m'a amusé.

Balducci m'annonce des associés pour le financement. Ceux-ci se contentent de me signer des traites. J'aurais dû me méfier, mais je ne connais rien au milieu du cinéma. Le film se tourne. Je le découvre lors de la « première mondiale » à Saint-Tropez, car je n'avais rien vu du tournage. Je me revois, au fond de la salle, de plus en plus défait tandis que la projection avance. Une séquence donne la tonalité générale : des filles, poitrine nue, jouent les essuie-glaces sur un pare-brise… Le tout était d'une vulgarité inouïe.

Le générique n'était pas terminé que j'avais déjà disparu, ne voulant pas risquer de croiser des amis lors de l'énorme réception prévue place des Lices après la projection. Être associé à un tel film constituait une honte. Je suis donc resté terré chez moi pendant plusieurs jours pour ne pas affronter quolibets et éclats de rire.

Il a ensuite fallu réclamer les traites des soi-disant associés. Et j'ai vite compris que si j'y mettais trop d'insistance, j'allais m'attirer des ennuis. Donc j'ai renoncé. J'ai ainsi perdu ma chemise pour rien. On comprendra que, dans de telles conditions, je sois à tout jamais vacciné contre le cinéma.

Johnny a joué dans des films sans que j'y mette le nez ou le moindre sou. Je ne l'en admire pas moins. Sa réussite est d'autant plus étonnante que sa clientèle en salle n'est pas celle du cinéma. La première est énorme, l'autre se réduit au lectorat de *Télérama*. Johnny n'en a que plus de mérite d'accepter des rôles beaux et difficiles qui ne lui attireront qu'un public restreint. En France, rares sont les grandes vedettes qui sont parvenues à avoir une double carrière, mis à part Yves Montand et, dans une moindre mesure, Patrick Bruel. Johnny appartient à cette catégorie restreinte, ce qui ajoute à l'estime que je lui porte.

Les hasards de la vie ont fait qu'en 2006 j'ai renoué avec une expérience cinématographique, cette fois-ci comme acteur puisque j'ai joué mon propre rôle de manager dans le film de Laurent Tuel, *Jean-Philippe*, aux côtés de Fabrice Luchini, Antoine Duléry, Jackie Berroyer et Johnny lui-même. J'ai pu ainsi m'immerger quelques jours dans l'ambiance très particulière d'un tournage. J'avoue ne pas vraiment m'y plaire. C'est le contraire du spectacle vivant. Tout est refait jusqu'à viser la perfection, et la multiplicité des contraintes techniques alourdit tout.

On l'aura compris : je préfère mille fois le théâtre.

12

Pas né pour ça

Je me rappelle comme d'hier la première fois que j'ai été reçu à l'Élysée. Jamais je n'aurais songé, jeune, en franchir un jour la porte. Mais cela s'est produit. Et comme beaucoup d'autres événements marquants de ma vie, il fut le résultat d'un enchaînement pour le moins improbable.

Au printemps 1988, la France est en pleine campagne électorale. Le Président sortant, François Mitterrand, y affronte son Premier ministre Jacques Chirac. Et je découvre dans le clip de François Mitterrand des images de Johnny, alors qu'aucune demande ne nous est parvenue. J'appelle le parti socialiste, je fais du ramdam, je proteste. Et ce qui survient ne laisse pas de me surprendre encore plus que le clip lui-même : je reçois un coup de fil du palais présidentiel.

— M. Attali souhaiterait vous recevoir.

Voilà comment je suis entré à l'Élysée. En ressentant l'émotion de me retrouver dans ce lieu magnifique et chargé d'histoire, j'ai songé : « Pense à d'où tu viens et rends-toi compte de l'endroit où tu es ! »

Je monte les marches, des huissiers m'accueillent et me conduisent au premier étage jusqu'au magnifique bureau du conseiller spécial de Mitterrand. Attali me reçoit. La pièce est immense, avec des lambris, des ors et un mobilier exceptionnel. Jacques Attali me présente des excuses au nom du Président, m'annonce que les images de Johnny Hallyday vont être retirées, et l'affaire s'arrange. Je me sens presque gêné d'avoir dérangé le conseiller du chef de l'État pour un clip de campagne et des droits de diffusion.

Par la suite je ne me suis jamais complètement habitué à un lieu aussi hors du commun, même si j'ai eu l'occasion d'y dîner à plusieurs reprises et de me rendre à des réceptions ou remises de décoration. Chaque fois, je ressens une impression bizarre et agréable ; une part de moi-même demeure le gamin qu'on invite au Château. En mars 2017, je m'y suis même rendu à deux reprises à intervalle de dix jours. D'abord pour une remise des insignes de grand officier de la Légion d'honneur à Michel Bouquet ; et la semaine suivante, pour la remise de la grand-croix de l'ordre national du Mérite à Line Renaud. Le soir de Michel Bouquet, je savais que le président Hollande venait voir *Un air de famille* au Théâtre de la Porte-Saint-Martin. À la fin de la cérémonie qui réunissait vingt ou vingt-cinq personnes, je lui ai fait remarquer qu'on ne se quittait plus, ce qui l'a fait sourire, et j'ai ajouté :

— Mais il faut que je parte pour vous accueillir, parce que je suppose que vous allez arriver plus vite que moi.

Nouveau sourire présidentiel.

*

Je n'étais pas destiné à cela. Pas seulement à vivre dans un milieu artistique et social qui n'était pas le mien, mais aussi à recevoir tout ce que cette vie m'a offert d'imprévu et de merveilleux. Ma mère me voyait instituteur, ou un métier du même genre qui soit, comme on dit, « respectable ». Elle ne pouvait imaginer que je deviendrais cet homme auquel tant de choses exceptionnelles sont arrivées. Car j'ai toujours eu le sentiment que rien n'était jamais dû. J'ai donc eu une chance inouïe de connaître ces moments, ces situations, ces êtres et ces lieux. Chaque artiste que j'ai approché, chaque reconnaissance dont j'ai bénéficié fut un bonheur ; mais aussi une surprise à laquelle je ne m'attendais pas.

Ce sont nos rêves qui nous font avancer et devenir ce que nous sommes. À Saint-Tropez, jeune, à l'époque du groupe Titanic, je regardais les yachts. Je découvrais le port, je me promenais le soir le long du quai en rêvant d'avoir un bateau comme ceux-là, un jour. Ce qui s'est produit, même si aucun des cinq que j'ai possédés n'a jamais pu prétendre à l'appellation de yacht.

Le premier que j'ai piloté, je l'avais loué. J'étais heureux comme un gosse. À peine mon permis côtier obtenu, comme ma sœur Brigitte habitait une petite ville pas très loin de Toulon, j'ai décidé de partir de Saint-Tropez avec un ou deux amis pour la rejoindre. Je ne m'étais bien sûr pas soucié de la météo, faussement confiant dans une mer d'huile. Très vite, le temps tourna. Nous étions submergés par les vagues et les embruns au point que je ne voyais plus rien. Le bateau n'avait que 6,50 mètres de long et donnait, par gros temps, une impression d'extrême fragilité. J'avançais donc le plus doucement possible et avec la plus extrême prudence, jusqu'au moment où je me suis rendu compte que nous avions dépassé Toulon. Nous n'étions donc pas rendus, et les éléments continuaient de se déchaîner. Fallait-il dire à mes deux passagers d'enfiler leurs gilets de sauvetage ? Je décidai de ne pas accroître leur peur. Finalement, après avoir passé trois fois plus de temps en mer qu'il ne fallait, nous avons fini par arriver à bon port. J'avais attrapé le virus de la navigation. Il ne m'a plus quitté.

J'ai pourtant essayé de lutter. Ma passion était telle et mes finances si incertaines que je m'étais juré de ne jamais mettre les pieds au Salon nautique, sachant ce qui risquait de se passer. Ce qui se vérifia. Je finis par franchir la porte du Salon, qui à l'époque se tenait à La Défense, et tombai en pâmoison devant une coque aux allures de cigarette allongée. Je l'achetai et le baptisai *Scorpion Ier*. J'avais enfin mon esquif à moi. Un bonheur total.

Mais tout n'a pas été simple pour autant. Un jour, à l'ancre au large de la baie de l'Escalet, à Saint-Tropez, je distingue une masse noire qui avance dans le ciel. Il faut rentrer. Je mets en route et, au bout de quelques minutes, une fumée sort de l'arrière du bateau. L'ami qui m'accompagnait me presse de sauter par-dessus bord et, chose absurde, je refuse à cause de mon téléphone portable que je ne veux ni abandonner ni plonger dans l'eau. Nous avons donc coupé le moteur pour prendre le temps de décider. Et la fumée s'est arrêtée ! Un banal câble électrique s'était détaché et se retrouvait en contact avec le moteur. D'où la fumée, et le risque d'explosion, car nous marchions à l'essence. Nous avons donc été remorqués jusqu'au port de Saint-Tropez. La honte absolue.

Ensuite, j'ai eu un Trojan, puis un Princesse 52 que j'avais nommé *Forget m*e, en souvenir de ma récente séquestration, et enfin un Léopard de vingt-trois mètres, *All my life*. J'ai arrêté là. Les dépenses devenaient excessives tandis que mes efforts de rentabilisation se révélaient vains. J'avais découvert les mille magouilles autour de la location nautique, et l'expérience m'apprit vite que je ne gagnerais jamais un centime par cette méthode. Ou bien je ne parvenais pas à le louer à cause du prix de l'essence, puisque, comme je naviguais sous pavillon français, ne voulant pas avoir de problème avec le fisc, je ne bénéficiais pas de détaxe sur l'essence. Ou bien il était loué une journée en cachette et je ne touchais pas l'argent. J'avais aussi eu vent de trafics de pièces détachées prises dans un bateau pour en dépanner un autre. Je n'en ai jamais été victime, mais au bout d'un moment, je me suis lassé de ces ambiances. J'ai décidé que je louerais un bateau lorsque j'en aurais envie, mais que je ne connaîtrais plus jamais les affres de la propriété.

Un de mes plus grands plaisirs consiste à me retrouver en mer pendant un mois. La maison pourrait brûler, je m'en fiche, je n'y suis pas. Michel Fugain disait : « Jean-Claude, sur un bateau, je ne le reconnais pas, ce n'est plus lui. » Je conduis moi-même, ayant le permis hauturier. De nombreuses fois j'ai pris la mer pour partir au loin, par exemple en Corse. J'éprouvais alors des sensations si merveilleuses que, dès mon retour, je faisais faire des contorsions à mon agenda pour libérer du temps. Ce n'était pas toujours facile car l'été je travaillais beaucoup, mais j'y parvenais.

Effet de l'âge ? Accélération du rythme de vie ? Je n'en sais trop rien. Toujours est-il que, repensant à avant, j'ai l'impression que j'avais plus de temps pour vivre et assouvir mes passions. Je louais un chalet à Courchevel, je partais à bord de mon bateau : tout était simple. Aujourd'hui, tout me paraît compliqué, les choses les plus banales sont devenues plus lourdes et semées d'embûches. Et puis il faut être en permanence joignable, SMS, mail, téléphone. Comment faisait-on avant ? On larguait les amarres et on vivait, c'est tout.

*

Il faut accomplir ses rêves afin d'en sentir les limites et de pouvoir les dépasser. J'ai longtemps participé à la vie mondaine de Saint-Tropez qui, dans les deux dernières décennies du siècle précédent, fut éblouissante. Eddy Barclay possédait une magnifique villa sur le cap. Je suis allé à de nombreuses « fêtes en blanc » courues du Tout-Paris et du Tout-Saint-Tropez, ce qui revient au même : un monde qui frétille et qui brille. Eddy organisait aussi des déjeuners fastueux, dont certains étaient des « repas à l'envers », qui commençaient par le dessert. Le personnage était sympathique et généreux, réservé mais souriant. Tous les soirs, à 18 heures, on pouvait le trouver place des Lices où il jouait sa rituelle partie de boules. Nous nous sommes rencontrés souvent, mais n'avons jamais travaillé ensemble.

Je devins moi-même acteur de cette vie flamboyante. Les difficultés professionnelles pouvaient m'assaillir, elles ne m'empêchaient pas de vivre comme un roi. Lorsque j'arrivais avec mes amis à la boîte Le Bal, je trouvais toutes les bouteilles disposées sur ma table réservée, une de chaque alcool, de la vodka au Pippermint. Et quand je me présentais en mon bateau à la plage de l'Aqua, on hissait mes couleurs. Lequel bateau avait été baptisé avant son premier départ en mer avec cinq ou six marins arborant le tee-shirt de *Scorpion Ier*, et d'autres bateaux tout autour. Au bout du ponton de l'Aqua, le patron, Paul, en tenue blanche de pape, bénissait l'engin.

Il n'était pas rare que je me retrouve avec une quinzaine de convives à table ou que je donne des réceptions pour soixante personnes. Le soir, nous remettions ça : dîner, puis tournée des boîtes. Vers 5 heures du matin nous reconstituions nos forces au Gorille avec un plat étrange qui faisait notre régal, le steak tartare poêlé. Nos chahuts de noctambules pouvaient alors tourner en bagarres, souvent pour rire, parfois réelles, jeu dans lequel Johnny n'était pas le dernier. Toutes les chaises du Gorille volaient alors sur le port. Puis nous allions dormir alors que le soleil commençait à monter dans le ciel. Les dix chambres de ma villa suffisaient rarement à abriter mes hôtes qui devaient aller dormir dans le jardin.

Telle était mon insouciance. Le milieu et les années voulaient cela. À force de vivre avec des stars, on finit par vivre comme une star, ou comme un grand gamin perpétuel, ce qui revient au même : le quotidien en vient à emprunter à la légende. J'avais une bonne étoile au-dessus de la tête et passais d'un enthousiasme à un autre, dans la folie de ce métier fait de paillettes, de luxe et de dépenses. Mon ego prenait des dimensions folles. J'arrivais à la porte d'un établissement et – j'en ai aujourd'hui honte – si on ne me reconnaissait pas, combien de fois ai-je lancé : « Mais enfin, vous ne savez pas qui je suis ! »

Tout le monde vivait au-dessus de ses moyens, ce qui entretenait la magie. Car le show-biz n'est pas loin du jeu : la mise suivante ne va pas seulement vous refaire ; elle vous transformera en multimilliardaire. Qu'importaient donc les folles dépenses d'aujourd'hui puisque demain l'argent coulerait à flots ? La preuve : je rebondissais toujours. La face visible et brillante de la médaille faite de dettes, de découverts, de passifs accumulés, c'était cela : une existence princière.

Et elle ne connaissait pas de limites. Je n'hésitais pas à prendre un hélicoptère ou un jet pour rejoindre un spectacle éloigné ou un palace à Deauville. Je m'offrais les plus belles voitures, Mercedes, Aston Martin, Bentley, Porsche. Mais pas de Ferrari, que je trouvais trop dures à la conduite, ni de Lamborghini, trop m'as-tu-vu. Un homme de goût se juge aussi à ses dégoûts. C'est ainsi que j'ai toujours pris soin de ne pas fumer le cigare en public. L'image rebattue du producteur au havane appartenait à un mauvais genre qui ne pouvait être le mien. Je m'en serais voulu d'ignorer les bonnes manières.

★

Pourtant, toute une partie de moi-même continuait à regarder le monde avec les yeux du garçon venu de sa Normandie, qui garde les pieds sur terre et sait la valeur des choses. J'étais par exemple surpris de voir certains types donner des soirées à tout casser et afficher un train de vie de monarque oriental, puis, soudain, disparaître du paysage ; ils étaient mis en examen, déclarés en faillite, jetés en prison... Ces gens-là n'appartenaient pas forcément au milieu du spectacle, plutôt à celui des affaires, mais ils se retrouvaient à Saint-Tropez parce que les artistes attiraient tout le monde.

Je garde un excellent souvenir tropézien de Jean-Paul Belmondo, personnage hors norme, optimiste impénitent à la ville comme à la scène ou sur l'écran.

Lorsqu'il faisait du ski nautique accroché derrière mon bateau, il aimait passer à côté des nageurs en leur donnant une petite tape amicale. Me revient un autre souvenir avec lui : quand sa fille Laura est née, Johnny a offert à ses proches un dîner à La Tour d'Argent pour fêter l'événement. Et au grand désespoir du patron des lieux, Claude Terrail, Belmondo a ouvert la fenêtre pour se pencher en dehors du balcon, dans le vide, histoire de faire le pitre. Pour terminer le dîner, nous avons remonté les Champs-Élysées avec un Belmondo sorti de la voiture par la portière et se livrant à des acrobaties incroyables afin de faire rire les passants.

★

Avec les années, j'ai réalisé que, parmi les centaines de personnes que j'avais reçues, à Saint-Tropez ou à Neuilly, bien peu m'avaient ouvert leur porte. Les invitations étaient presque toujours à sens unique. J'ai alors tout arrêté et n'ai plus jamais donné de fête. Uniquement des repas entre amis et intimes.

Je suis modérément attaché aux biens matériels ; moins, en tout cas, qu'aux valeurs qui doivent guider une vie. Ainsi, je n'ai pas hésité à vendre ma maison de Saint-Tropez où j'avais passé tant de merveilleuses vacances ; elle était pourtant bien belle, ma villa, les pieds dans l'eau dans la baie des Canebiers, avec le ponton du bateau au bout du jardin. Je m'en suis séparé lorsque mes affaires allaient très mal, après le départ de Gilbert Coullier, afin de ne pas déposer le bilan, ce à quoi, je l'ai dit, je me suis toujours refusé. On me l'a d'ailleurs reproché. Lors d'un contrôle fiscal, quelle ne fut pas ma surprise d'entendre le contrôleur me demander, de son air le plus tranquille, pourquoi j'avais agi de la sorte.

— Déposer le bilan ? Moi ? Compte tenu d'où je viens ? Mais ce serait infamant !

— Ah non, monsieur, c'est un acte de bonne gestion, m'a répondu cet homme.

Le contrôleur fiscal était ébahi, et moi outré. J'avais cru, dans ma naïveté, que son rôle se limitait à appliquer l'orthodoxie fiscale et à contrôler la saine gestion d'une entreprise. Mais sans doute avais-je une vision trop classique des affaires. Ce qui m'a importé plus que tout, c'est le sens de l'honneur. Certains producteurs ont déposé plusieurs fois le bilan, ce qui ne les a pas empêchés de poursuivre leur activité. Je me rappelle ainsi avoir été un jour contraint de démonter le décor d'une comédie musicale au Palais des Sports, que son producteur avait abandonné sur place après avoir déposé le bilan, non sans avoir perçu des avances sur une tournée jamais partie. Il avait si peu de fierté qu'il n'avait pas même fait le ménage derrière lui. Pour ma part, mes beaux principes m'ont servi. On savait dans la profession que je ne planterais personne, ce qui constituait une sorte d'exception. Je bénéficiais d'une telle confiance que j'ai pu monter de très grosses opérations sans verser un centime d'avance.

★

À la fin des années 1990, ma société engrangeait des recettes si impressionnantes qu'à elle seule elle assurait le tiers du chiffre d'affaires de toute la profession. Après moi, les chiffres descendaient très vite et se partageaient entre une nuée de producteurs. C'est pourtant dans ces années-là que j'ai appris à devenir plus raisonnable. Il était temps de mettre un terme à un train de vie époustouflant, dès lors que j'avais compris que je ne pourrais éternellement dépenser ce que je n'avais pas. J'ai donc vendu ma maison de Saint-Tropez et, sur les conseils de Dinh Thien, restructuré la dette et le fonctionnement de la société, rationalisé la production et réduit les coûts. Nous avons décalé les grands spectacles et les tournées afin de ne pas produire Johnny et Michel en même temps, et ainsi éviter les années creuses. J'ai aussi fait le ménage d'une cour d'amis à laquelle je m'étais habitué, mais qui ne présentait pas grand intérêt, sauf à me coûter des fortunes.

Nous avons donc pu négocier un excellent contrat de vente avec Warner, car la société marchait très bien. Jusque-là, je n'avais pas un million à la banque et ne pouvais m'arrêter de travailler. Curieusement, le fait d'être à l'abri m'a amené à réduire mon train de vie, et je suis devenu enfin raisonnable. Est-ce parce que l'espoir du lendemain a disparu ? Peut-être. Surtout, j'ai compris que bien vivre, ce n'est pas faire tout et n'importe quoi.

★

J'ai gardé mon émerveillement d'enfant. Pour moi, les belles choses sont des spectacles. Les événements qui surviennent m'apportent très souvent de la joie, car je les vis comme une chance supplémentaire. C'est pourquoi il m'arrive de remonter en selle pour m'occuper d'un artiste auquel je crois. Mais, selon la vieille loi du spectacle, le succès peut être au rendez-vous ou ne pas l'être.

Une de mes dernières expériences remonte au concours de l'Eurovision du printemps 2015. Si Lisa Angell avait été une grosse vedette, je ne l'aurais pas exposée dans un concours aussi dur. Mais, dans la mesure où elle n'était que débutante, je pensais que l'Eurovision la servirait en la faisant découvrir et qu'elle n'avait rien à y perdre. Les préparatifs et les répétitions, qui durèrent une semaine, renforcèrent ma confiance. Au cours de ceux-ci, Lisa était l'une des rares chanteuses à être applaudies. Et lorsque la salle de presse est passée aux votes, avant la soirée, elle s'est retrouvée dans les cinq premières. Malheureusement, la suite ne se déroula pas comme nous l'espérions. Lisa s'est retrouvée dans les dernières places du concours. Je m'étais donc lourdement trompé car j'avais minimisé un facteur pourtant bien connu : les citoyens votent en faveur des pays et pas pour des chansons. Lisa a donc beaucoup perdu. Et bien des personnes se sont montrées par la suite épouvantablement féroces envers elle. Ce qui ne m'empêche pas de souhaiter qu'elle puisse faire une carrière. Outre une voix sublime, elle possède un réel talent, et je ne désespère pas de la voir rebondir. C'est pourquoi, le lundi 25 septembre 2017, je lui ai offert un concert au théâtre du Petit-Saint-Martin afin qu'elle puisse retrouver son public.

★

Je n'ai aucun regret, remords ou amertume. Tout a été, sinon bien, du moins comme cela devait être. En revanche, je suis d'une extrême fragilité dans le domaine des relations humaines, familiales, amicales, sentimentales. Sous des dehors sévères, je suis un affectif profond. Les êtres et les choses de la vie m'émeuvent. Mais la bêtise du monde peut être un obstacle ! Quand j'ai organisé la première tournée des Stades pour Johnny, en 2003, j'ai proposé aux mairies où nous allions jouer :

— Puisque nous avons le stade, ce serait bien pour les gens sans grands moyens de vous vendre cinq mille places à un taux archi-réduit. Et vous pourriez les leur offrir.

Mais, à Bordeaux, un membre de l'opposition a créé le scandale en affirmant que la ville subventionnait le spectacle de Johnny Hallyday… Alain Juppé a aussitôt renoncé à l'opération, suivi par Jean-Marc Ayrault à Nantes et de nombreux autres élus. Au lieu de céder cinq mille places à vingt euros à des mairies, je les ai donc vendues au prix fort à des particuliers. Tout le monde a été perdant, sauf moi. Mais les spectateurs sans moyens se sont retrouvés victimes de la petitesse d'esprit et de la médisance qui, comme souvent, avaient eu le dernier mot. J'en ai eu une preuve supplémentaire en regardant l'émission de Marc-Olivier Fogiel, où Jean-Marie Bigard, qui allait faire le Stade de France, déclarait, en substance :

— Mon spectacle ne fonctionne pas comme celui de Hallyday avec Camus qui touche des subventions. Moi, mes places, je les vends à 20 ou 30 euros.

Scandalisé, je demande un droit de réponse, que j'obtiens. Dans l'émission suivante, je me présente avec un plan pour montrer aux téléspectateurs que les fameuses places à 20 ou 30 euros étaient toutes groupées, en haut du stade, et qu'il ne fallait donc pas jouer les pères la morale avec moi.

Quelque temps plus tard, j'accompagne un artiste à l'émission de Michel Drucker, « Vivement dimanche », et tombe nez à nez dans le couloir des loges avec Jean-Marie Bigard. Nous nous sommes salués avec la plus grande urbanité. L'incident était clos. Pour lui comme pour moi.

*

Je ne changerai pas. J'aime faire profiter ceux que j'aime de ce que je peux faire et suis dans le partage, à un point qui peut paraître à certains excessif. C'est ma nature, ce sont mes choix. Par exemple, je loue un bateau l'été pour emmener des amis en vacances, quelques artistes qui me sont chers, des producteurs ou metteurs en scène. L'atmosphère qui règne à bord est souvent propice à l'élaboration de futurs projets. Contrairement aux pratiques de certains producteurs, la presse n'est pas conviée !

Isabelle a cinquante-deux ans. Elle a un peu travaillé avec moi du temps de ses études, entre autres à la vente des billets. Nous avons appris à mieux nous connaître alors qu'elle était jeune femme, moi passant au-dessus d'une culpabilité ancienne de ne pas lui avoir donné tout le temps et l'amour qu'il lui aurait fallu quand elle était jeune. Parfois, serrant mon petit-fils dans mes bras, je pense par bouffées à ce que j'ai manqué avec Isabelle au même âge. C'est comme si je payais une facture qui ne pourra jamais être soldée parce qu'elle est immatérielle. Car notre relation père-fille a connu des passages difficiles. Nous nous sommes toujours adorés, mais pendant longtemps sans parvenir à instaurer un climat de complicité entre nous. J'essaie donc de rattraper le temps perdu et de lui prouver qu'elle est aujourd'hui ma priorité, mon pilier, ma vie. Quand nous nous voyons, nous faisons la fête, nous nous parlons avec franchise, nous rions ensemble. Nos rapports sont devenus plus vrais, et j'espère être enfin ce père dont elle a longtemps déploré l'absence. Fasse le ciel que je puisse encore longtemps profiter d'elle !

Sans me le dire, en se débrouillant seule, elle a connu un énorme succès en produisant la série *Un gars, une fille* à la télévision. Avant cela, elle m'avait embarqué dans une aventure pour produire avec elle une émission de variétés, « Toute la musique que j'aime », présentée par

Arielle Dombasle. Mais je ne me suis jamais vraiment senti à mon aise dans le monde de la télé. Du reste, nous n'avons pas réalisé une audience extraordinaire. TF1 voulait qu'on retravaille le sujet, mais j'étais tellement pris par la folie du spectacle que j'ai abandonné.

Je n'ai jamais été le producteur de Yannick ; mais sans doute ai-je été l'un des premiers à croire en son grand talent, à l'époque où il travaillait avec le producteur Olivier Picasso. Il m'avait invité chez lui, à la campagne, et je lui avais dit être intéressé par son travail. Par la suite, il s'est séparé d'Olivier Picasso, mais nous n'avons plus eu de contact. Puis, nous préparons le spectacle de Johnny au Parc des Princes. La plupart du temps, les gros artistes ne prennent pas en première partie un artiste trop connu. Pourtant, le nom de Yannick Noah me vient à l'esprit. Il est jeune, très populaire, son talent s'affirme déjà comme celui d'une vedette importante. L'idée de récompenser le public de Johnny par le cadeau de sa présence me semble bonne. Mais beaucoup n'approuvent pas mon choix, y compris Thierry Suc, le nouveau producteur de Yannick, et Robert Goldman, producteur de son dernier album, car celui-ci est déjà sorti depuis un certain temps et le spectacle ne relancera pas les ventes. Je parviens cependant à convaincre Yannick, et ce sera un énorme succès qui élargira sa clientèle au maximum. Le pari fut donc gagné.

C'est pendant cette tournée que « le gars et la fille » se sont rencontrés. À la toute dernière du spectacle, au stade de Saint-Étienne, au grand dîner que j'avais organisé, j'ai été surpris de ne pas voir ma fille. Yannick, lui, était parti avec son équipe, mais elle ? Ils avaient sans doute mieux à faire que de venir à l'ultime dîner de la tournée, comme elle me l'a avoué un ou deux mois plus tard.

Sur le moment, j'ai été réservé. Un artiste est toujours quelqu'un de difficile ; et puis Yannick avait déjà quatre enfants de deux mères différentes. Bien sûr, Isabelle n'a pas écouté les conseils de son père. Et elle a eu raison. Car cela fait maintenant quatorze ans qu'ils sont ensemble, et tout va bien. Pour moi, Yannick est un gendre exceptionnel, doué d'un sens de la famille rare à notre époque. Je suis consterné par les attaques dont il fait l'objet depuis quelques années. Il y a dix-huit ans, me semble-t-il, comme de nombreux sportifs, Yannick a résidé en Suisse un an. Depuis, il paie ses impôts en France. Connaît-on sa générosité au sein d'associations telles que Fête le mur ou Les Enfants de la Terre, dont la mission est de venir en aide aux jeunes en difficulté ? Il n'est pas le seul artiste à s'être positionné politiquement, alors pourquoi cet acharnement contre un homme si talentueux et généreux ?

L'arrivée dans ma vie de mon petit-fils Joalukas restera sans doute ma plus grande émotion. Ce petit bonhomme m'appelle Papitou. Passer du temps avec lui, le voir grandir et devenir un jeune homme, échanger avec lui, l'écouter me raconter ses histoires et répondre à ses questions, tout cela me rend profondément heureux.

*

J'ai longtemps été « le Nabab du show-biz », comme m'a surnommé le journal *Le Monde* il y a quelques années. Aujourd'hui, je ne revendique plus ce titre. Un être n'existe que pour ce qu'il est au temps présent. Et ce temps présent, pour moi, outre mon théâtre qui me passionne, ce sont mes proches.

Il y a quelque temps, une cérémonie m'a ouvert les yeux : les obsèques de Robert Thominet, grand patron de Bercy et du Palais des Sports, qui durant des décennies a eu le Tout-Paris à ses pieds. Des joutes homériques nous avaient opposés quand j'étais président des producteurs de spectacle, car nos intérêts divergeaient. Un grand respect mutuel nous habitait néanmoins. Je l'appelais « mon vieux lion ». Six mois avant de partir, à quatre-vingt-douze ans, il était toujours derrière son bureau... Je signe tout de suite pour être comme lui dans mon grand âge ! Ses obsèques eurent certes lieu à une heure et demie de Paris, mais ne s'étaient déplacés que deux représentants du métier, dont moi. Pas de couronnes ni de gerbes, sinon la mienne : « À mon vieux lion ». J'ai compris ce jour-là que le rideau ne tombe pas seulement pour les artistes, mais aussi pour ceux qui les produisent et organisent leurs spectacles.

Aujourd'hui mon téléphone sonne moins. Une journée entière sans un appel, cela se produit. Je n'en éprouve ni amertume ni aigreur. Et pourtant, combien en ai-je installé, des inconnus, dont certains sont devenus très importants. Parfois ils m'envoient un signe amical, mais pas autant que j'aurais pu le croire. L'oubli avance avec le temps. Michel Drucker l'exprime bien dans son livre. Lorsque nous nous rencontrons, lui et moi, nous nous saluons, il me sourit et ajoute :

— Tu as vu, on est toujours là, tous les deux.

Je suis un obsédé de la mort. Ou plutôt des circonstances qui entourent la mort. Ma plus grande hantise est, avec l'âge, de devenir impotent, voire pire. Aussi ai-je supplié mes proches de m'emmener en Suisse ou en Belgique si mon état général devait se délabrer, car je ne veux pas finir grabataire. Plus généralement, j'espère que nos législateurs vont enfin se pencher sur le grave problème de l'euthanasie.

Et puis j'ai vu tant de comportements sordides autour d'une dépouille que je les détesterais autour de la mienne. Bien sûr, cela ne veut pas dire grand-chose, puisque je ne serai pas là pour le voir, ce qui au demeurant me rend fou. Même mort, je voudrais savoir qui viendra et qui ne viendra pas me saluer une dernière fois ; entrouvrir le rideau et découvrir ce qui se passe dans la salle du dernier spectacle… C'est pourquoi tout est détaillé, et mes papiers maintes fois refaits. Et puis je songe à ce qui va arriver à ceux que j'aime, après ma mort, et cette pensée m'étreint.

*

Il y a quelque temps, j'ai découvert une chose dont personne n'avait pris soin de m'avertir : l'appellation de Camus Productions a disparu au profit de Décibels Productions. Sur un plan, j'étais satisfait de la modification, car la manière de travailler de mes successeurs est très éloignée de la mienne. Mais, sur un autre plan, voir mon nom effacé sans que quiconque m'en ait informé, cela m'a fait un choc. Mon bébé ne portait plus mon nom. Le premier moment de stupeur passé, j'ai retrouvé la sagesse. Après tout, était-ce si grave ?

D'autres ont essuyé le feu de plusieurs guerres ; je me suis contenté d'organiser des spectacles. Il faut croire que je n'ai pas fait trop honte à mon pays puisque je suis aujourd'hui un vieux monsieur couvert de décorations pour ce que j'ai accompli en faveur de notre profession.

Mais il faut savoir raison garder : ce sont avant tout mes artistes qui remplissaient les salles. Certes, l'alchimie d'une rencontre entre un producteur et l'artiste joue son rôle, mais c'est le talent de ce dernier qui fait venir le public ; l'intendance se contente de suivre. Personnellement, je ne rentre pas dans la relation entre le chanteur et son public, je ne fais que la rendre possible. C'est la raison pour laquelle j'ai toujours veillé à ce que l'artiste n'ait qu'une chose en tête : ce qu'il allait donner sur scène. Mon devoir était de lui libérer l'esprit de tout le reste et de lui créer un environnement agréable, jusqu'à, par exemple, placer dans sa loge ce que je savais qu'il aimait. Je répétais :

— Pense juste à chanter, je m'occupe du reste.

Et ça a marché à 100 % pendant vingt-cinq ans. Du moins avec Mimie, Michel et Johnny. Avec les autres, il pouvait y avoir des moments très forts, mais pas sur des décennies entières.

J'ai vécu des moments d'émotion intense grâce à ce métier. Lorsque nous obtenions un gros succès, j'entendais les applaudissements, les clameurs, les bravos… et je me disais une chose un peu bête, par exemple si nous étions dans une répartition à 80-20 :

— Il doit bien y avoir 20 % de ces applaudissements pour moi…

À ma place j'aurai permis cela, selon mes capacités et mes moyens.

Le jour où je ne connaîtrai plus de tels moments, j'arrêterai tout. Car la passion et l'émotion comptent plus que n'importe quoi. Avoir réalisé un beau spectacle, sentir la joie du public, quoi de plus fort ? Qu'est-ce qui peut aussi facilement vous faire monter les larmes aux yeux ?

Même si je ne détiens pas la martingale d'une vie réussie au long cours, je pense que j'ai avant tout accepté d'écrire ce livre pour donner de l'espoir aux jeunes en difficulté d'origines modestes, et leur prouver qu'avec une bonne dose de pugnacité et de persévérance on n'est jamais à l'abri d'un coup de chance. Rater, rater, rater encore mieux pour réussir enfin ! Et ne jamais se décourager.

C'est vrai, je n'étais pas né pour cette vie-là, et toutes ces années m'apparaissent aujourd'hui comme autant de rêves intenses et merveilleux. Sauf que j'ai fait mieux que les rêver. Je les ai bel et bien vécues. N'est-ce pas la définition du bonheur ?

Remerciements

Je remercie Isabelle et Dinh Thien qui ont su me convaincre de raconter.

Je remercie Bruno Tessarech pour son implication attentive à la rédaction, mon agent, Florence Sultan, pour son rôle bienveillant à tous les stades d'élaboration de ce livre.

Je remercie aussi Stéphane de Bourgies pour son exceptionnel talent de photographe.

Merci également Lætiticia d'avoir œuvré à nos retrouvailles avec Johnny.

Table